肿瘤护理

实践能力训练 PBL 教程

主　审　范理宏
主　编　陈翠萍　王　珏　毛美琪
副主编　李　莉　贺学敏　刘永珍　叶子霞
编　者　（以姓氏笔画为序）

王　刚	王　怡	王　珏	王　谊	王　毅	王　薇
王　璐	王一龙	王逸文	毛美琪	叶子霞	冯亚婷
冯桃桃	刘未铖	刘永珍	闫　妍	孙　晓	孙　静
牟旭红	李　莉	李亚炜	李芸青	李艳艳	杨　帆
杨　延	杨　欣	杨巾夏	杨佳敏	杨艳喜	吴慧群
邱慧敏	沈丽花	宋瑞梅	迟春薇	张　旋	张　瑾
张敏华	陈　悦	陈　琳	陈　磊	陈　曦	陈淑娟
陈翠萍	罗　蓓	罗顾枫	金晓红	周　静	周胜杰
周静杰	荀林娟	胡振娟	俞武贵	俞海萍	施伟慧
施培霞	闻　静	费　燕	贺学敏	秦　菲	顾　霞
倪叶彬	徐丽娟	徐启慧	唐　林	黄　艳	黄向东
黄婷霞	黄嘉诚	梅爱红	崔宇航	康　黎	屠奕超
葛莉丽	董晗琼	蒋　媛	程　琳	温　静	谢桑桑
楼成悦	鲍园园				

人民卫生出版社
·北京·

图书在版编目（CIP）数据

肿瘤护理实践能力训练 PBL 教程 / 陈翠萍，王珏，毛美琪主编 . -- 北京 : 人民卫生出版社，2025. 7.
ISBN 978-7-117-37319-7

Ⅰ. R473.73

中国国家版本馆 CIP 数据核字第 2025H2H738 号

| 人卫智网 | www.ipmph.com | 医学教育、学术、考试、健康，购书智慧智能综合服务平台 |
| 人卫官网 | www.pmph.com | 人卫官方资讯发布平台 |

肿瘤护理实践能力训练 PBL 教程

Zhongliu Huli Shijian Nengli Xunlian PBL Jiaocheng

主　　编：陈翠萍　王　珏　毛美琪
出版发行：人民卫生出版社（中继线 010-59780011）
地　　址：北京市朝阳区潘家园南里 19 号
邮　　编：100021
E - mail: pmph @ pmph.com
购书热线：010-59787592　010-59787584　010-65264830
印　　刷：北京汇林印务有限公司
经　　销：新华书店
开　　本：787×1092　1/16　印张：11
字　　数：268 千字
版　　次：2025 年 7 月第 1 版
印　　次：2025 年 8 月第 1 次印刷
标准书号：ISBN 978-7-117-37319-7
定　　价：59.00 元

打击盗版举报电话：010-59787491　E-mail: WQ @ pmph.com
质量问题联系电话：010-59787234　E-mail: zhiliang @ pmph.com
数字融合服务电话：4001118166　E-mail: zengzhi @ pmph.com

恶性肿瘤是严重威胁人类生存和社会发展的重大疾病,是 21 世纪全球最严重的公共卫生问题之一。伴随着现代医学技术的发展,新型肿瘤诊疗手段和治疗手段层出不穷,这对护理实践能力也提出了新要求。为应对新形势下的挑战,护理专业学生掌握肿瘤护理相关知识和技能,提升肿瘤护理临床实践能力是非常必要的。

本书由多名护理教育专家、问题驱动教学法即基于问题的教学方法(Problem-Based Learning,PBL)教学专家、临床护理教师及相关专业医务人员共同收集临床实际案例,按照 PBL 教学模式,以问题为导向编写,内容紧密贴合肿瘤护理现状和需求,引导学生自我思考、解决问题,以实现学习目标,有效培养临床思维能力以及团队合作精神。本书具有以下特点:

1. 本书的编写遵循"以学生为中心,以问题为基础"。学生在引导下,通过采用小组讨论的形式,围绕问题独立收集资料,发现问题,讨论问题,解决问题,培养学生自我学习能力和创新能力的教学模式编写。

2. 本书中的案例均为来自临床的肿瘤护理典型案例。每个 PBL 教案分为多幕情境,将知识点通过多幕情境引入,以问题为基础,结合临床典型案例引领学生自我学习,为教学提供便利的同时,也能够激发学生的学习兴趣,提高学生获取信息、综合评估、分析和解决问题的能力以及沟通和自我学习的能力,培养灵活运用所学知识的能力、严密的逻辑思维模式和良好的组织管理能力。

3. 本书说明了 PBL 的教学思路、方法及评估,可以帮助教师和学生总结 PBL 教学方法和要领。

本书主要供护理专业学生使用,也可作为肿瘤护理学教师的教学参考用书,同时也可供临床护理工作者继续教育培训及自学使用。

本书获同济大学本科生教材建设项目资助。本书在编写、审定以及出版的过程中,得到同济大学附属第十人民医院的大力支持,在此表达最诚挚的谢意。

在编写过程中,编委们投入了极大的热情和精力,付出了辛勤劳动,但由于编写时间仓促,水平所限,书中难免有欠妥之处。敬请读者提出宝贵意见,以期日臻完善。

陈翠萍
2025 年 1 月

目　录

第一章 肿瘤治疗与护理

第一节 肿瘤治疗概述

一、肿瘤治疗起源

有资料显示，公元前 3000 年古埃及的木乃伊中便已有了肿瘤存在的证据。而文献上最早关于肿瘤的记述可见于公元前 1660 年的埃及纸草文，最早被记载的恶性肿瘤是"乳腺癌"。埃及纸草文中记载，这种"乳腺隆起的肿块"是无法治愈的，但建议可试用砷化物制成的油膏敷之。

古希腊西方医学的鼻祖——希波克拉底发现长在皮肤上的"肿瘤"很像螃蟹向外扩张的爪子，所以就把这种恶性肿瘤命名为"carcinoma"（希腊文"螃蟹"的意思）。希波克拉底把肿瘤分为浅表生长和隐匿生长两大类，并认为是由体液中的黑胆汁积聚而成的，创立了肿瘤发生的体液学说，但他对肿瘤的治疗基本上是沿袭以前的思路，重视局部治疗。

盖伦时代，体液学说得到充分发展。盖伦认为，体液在体内到处流动，肿瘤也可以在身体各部分发生，但最常见的是发生在女性乳腺上的肿瘤，治疗上应从纠正"体液失调"入手。盖伦还认为，只要能把肿瘤去除，外科治疗是有效的。

盖伦之后，体液学说渐渐盛行。在 1 000 多年的时间里，肿瘤的治疗以内科治疗为主，人们想尽办法来纠正"体液失调"，应用了各种各样的有机物和无机物，包括植物的提取物，甚至人的排泄物。无机物中以砷制剂、锑制剂、汞制剂和铅制剂应用最多，这些药物一般都可引起强烈的消化道反应，甚至中毒，但当时认为只有通过这些反应才可以治愈肿瘤。以饮食疗法和泻药为主的治癌法并无效果，英国外科之父约翰·亨特（John Hunter）（1728—1793 年）公开称，他绝对没有"看到或听到说一个人被治愈过"。

我国医学古籍中记载的人们对肿瘤的认识一般较为强调内因的作用，把肿瘤的病因归结为气滞血瘀、痰结湿聚、邪毒蕴热、脏腑失调等，在治疗上强调以药物为主的扶正祛邪辨证论治。治疗药物主要包括清热解毒、软坚散结、活血化瘀及扶正培本四类。

肿瘤的发生往往是个漫长的过程，肿瘤的治疗更是一个漫长的过程。时至今日，肿瘤的治疗方案已经非常成熟，从外科手术、微创手术、放射治疗（简称放疗）、化学治疗（简称化疗）、靶向治疗到如今火热的免疫治疗，各种治疗方法各显神通。

二、肿瘤治疗发展

每种肿瘤治疗方法都有其优势和局限。比如,对于肿瘤的早期治疗,外科手术绝对是首选。对于已经发生转移的肿瘤,有时需要手术、放疗或化疗等联合治疗。但是,对于晚期肿瘤,手术、放疗、化疗或靶向治疗的效果都不佳。由于多数肿瘤早期没有特异症状,发现时多已是晚期,免疫治疗或许是治疗晚期肿瘤最好的选择。

外科手术是治疗肿瘤最古老的方式,可以追溯到数千年前。1809 年,美国的 McDowell 医生择期为患者切除了 1 个 9.88kg 重的卵巢肿瘤,术后患者生存 30 年。首例腹部择期手术,揭开了肿瘤外科治疗新的一页。肿瘤外科治疗的真正发展有赖于 1846 年乙醚麻醉的发现和 1865 年约瑟夫·李斯特将路易斯·巴斯德的无菌概念应用到外科手术,二者的临床应用奠定了外科手术在肿瘤治疗中的主导地位。威廉·霍尔斯特德在 1882 年首创的乳腺癌根治术,成为肿瘤史上的一次革命。肿瘤外科治疗的整块切除原则也由此建立,同时也使外科手术至今仍在有效的肿瘤治疗中居主导地位。

自 1895 年威廉·康拉德·伦琴发现了 X 线,放射疗法一直受到技术进步的推动。镭和放射活性物质的发现,是肿瘤放射治疗的里程碑。1895 年,居里夫妇发现了镭。次年,法国的贝可勒尔在一次意外事件中把镭放在衣袋中,数天后发现皮肤发痒并被灼烧,这开辟了镭在医学上的研究领域。1905 年,纽约的 Abbe 医生第一次用镭插植在肿瘤中进行治疗,从而诞生了肿瘤放射治疗的另一个方法——组织间插植法。1897 年,埃米尔·赫尔曼·格鲁贝首次用 X 线治疗了一名乳腺癌患者。放射疗法是肿瘤体积上塑造最佳等剂量,同时保留正常组织。其好处是患者治愈、器官保存和成本效益。许多不同类型肿瘤(包括乳腺癌、前列腺癌和直肠癌)的随机试验以高水平的科学证据证明了放射治疗的疗效和耐受性。在过去十余年中,对患者的生活质量具有重大意义的成就是由具有计算机辅助技术的直线加速器促成的。质子和粒子束放射疗法增强了放射性治疗的发展,通常与手术和药物治疗相结合,采用多学科和个性化的抗肿瘤策略。1922 年,美国 Coulidg 发明的首台 200kV 级深部 X 线治疗机诞生。Coutard 和 Hautant 报道应用 X 线治疗进展性喉癌取得成功,且未发生严重并发症,从而奠定了放射治疗在肿瘤学中的地位。

1941 年,查尔斯·布伦顿·哈金斯指出激素与前列腺功能之间存在着明确的关系,提出雌激素可用于治疗小鼠前列腺癌,并因此于 1966 年获得诺贝尔生理学或医学奖。1947 年,美国儿科病理学家西德尼·法伯用氨基蝶呤治疗了一名儿童白血病患者,使其病情得到部分缓解。1949 年,第一个化学制剂盐酸氮芥被用于治疗癌症,特别是霍奇金淋巴瘤患者。随后,威斯康星大学的查尔斯·海德堡及其同事开发了第一种针对非血液系统肿瘤的化学制剂——5- 氟尿嘧啶(5-fluorouracil, 5-FU)。1951 年,第一台钴-60 远距离治疗机在加拿大问世,从此开始了现代外照射治疗,改变了过去 X 线治疗机只能治疗比较表浅肿瘤的状况,进一步扩大了放射治疗适应证,治疗效果明显提高。1955 年,研究证实皮肤癌黑色素瘤与日光照射有关(环境因素)。1959 年,研究发现吸烟等生活方式因素与肺癌有关(理化因素)。1960 年,研究发现 9 号染色体和 22 号染色体易位与白血病关系密切,并最终开发了小分子抑制剂伊马替尼(遗传因素)。

靶向治疗也称为靶向治疗或个性化医疗,是一种使用药物治疗疾病且不良反应较少的肿瘤治疗方法。靶向治疗通过靶向肿瘤细胞中发现的特定异常而不影响健康细胞来发挥作用。这意味着靶向治疗仅影响某些突变并允许靶向肿瘤细胞中其他基因的正常功能。与影响全身所有细胞的其他治疗方案(如化学疗法或放射疗法)相比,靶向治疗更温和,不良反应更少。

靶向治疗药物针对肿瘤细胞中发现的特定突变。有几种不同类型的靶向治疗药物,通过阻断细胞内外分子之间的信号来控制肿瘤生长或扩散的靶基因,帮助阻止它们正常工作。一些靶向疗法会干扰 DNA 复制,使制造新的 DNA 拷贝出错,导致肿瘤细胞死亡。其他靶向疗法会阻断有助于血管生长的蛋白质,因此它们无法提供营养和氧气来保持肿瘤的生长。靶向治疗用于许多不同类型的肿瘤,包括乳腺癌、肺癌或皮肤黑色素瘤。

1968 年,美国成功制造了加速管可直立安装于机头内的驻波型电子直线加速器。从此,放射治疗进入了超高压射线治疗的新阶段。Casaertt 首次发表了组织放射性敏感性的分类。1976 年,计算机断层成像(computed tomography,CT)开始应用于临床放射治疗中,与治疗计划系统相连接,共同构成了一个快速、精确的放射治疗计划与优化系统,放射治疗进入了三维适形放射治疗的崭新历史时期。1997 年,美国食品药品监督管理局(Food and Drug Administration,FDA)批准了第一个单克隆抗体药物利妥昔单抗(靶向 CD20 分子),用于 B 细胞淋巴瘤的治疗。1999 年,第一个用于治疗实体瘤的单克隆抗体药物曲妥珠单抗,用于过度表达 HER2 蛋白的晚期乳腺癌患者。2001 年,第一个靶向药伊马替尼(格列卫)上市,用于治疗慢性粒细胞白血病(靶向 BCR-ABL 激活的酪氨酸激酶)。接着,靶向表皮生长因子受体(epidermal growth factor receptor,EGFR)的药物吉非替尼和厄洛替尼获得批准,用于治疗非小细胞肺癌。2001 年,美国 FDA 首次批准抗体药物偶联物(antibody-drug conjugate,ADC)吉妥珠单抗奥佐米星(gemtuzumab ozogamicin)上市,用于 CD33 阳性急性髓细胞白血病的治疗。2004 年,FDA 首次批准贝伐单抗用于结直肠癌患者治疗,其通过阻断血管生成而不是直接靶向肿瘤细胞发挥抗肿瘤作用,现在可用于肺癌、卵巢癌和肾癌等多种适应证的治疗。2010 年,一种阻断溶细胞性 T 淋巴细胞相关抗原(cytolytic T lymphocyte-associated antigen,CTLA)-4 蛋白的单克隆抗体药物伊匹单抗(ipilimumab)上市,其可提高晚期黑色素瘤患者的生存率。2013 年,嵌合抗原受体修饰(chimeric antigen receptor,CAR)-T 细胞疗法,通过基因修饰患者自身的 T 细胞来靶向特定癌症。临床试验显示,2 名患有急性淋巴细胞白血病的儿童经此治疗完全缓解。2014 年,免疫检查点抑制剂帕博利珠单抗(pembrolizumab)和纳武利尤单抗(nivolumab)被批准用于治疗黑色素瘤。

近年来,人类基因组图测序计划的完成带动了一系列分子水平研究技术的发展,进而推动了人们在分子水平对疾病规律的认识,使医生可以尝试从分子水平阐释患者个体疾病进展、转归以及治疗的规律,为提高人类的生存能力、改善人类健康状况,提供科学依据。

精准医学是应用现代遗传技术、分子影像技术、生物信息技术检测患者的个体遗传背景与疾病特征,结合患者生活环境和临床以及病理数据,实现精准的疾病分类及诊断,根据患者和疾病相关的特异性分子改变,制订具有个性化的疾病预防和治疗方案。

当然,精准医学的广义范畴还包括与精准医学相关的技术与药物研发等,比如小分子靶向药物、抗体药物和抗体偶联药物的研发以及精准手术操作相关的技术研发等。

第二节　肿瘤护理概述

一、肿瘤护理概念

　　肿瘤护理是指关于肿瘤预防、护理、康复的专科护理,其主要内容包括:①宣传防癌知识,促进人们建立健康生活方式,识别癌症的早期危险信号,开展防癌普查;②为肿瘤患者提供系统的护理和有效的症状管理,预防和减轻化疗、放疗等治疗所致的毒副作用;③为患者提供治疗后的整体康复,包括身体功能的康复和心理的适应;④在患者治疗和康复过程中提供连续关怀与照护,重视心理、社会、文化、精神因素对癌症患者的影响,调动可利用的社会资源,激发心理潜能,提高肿瘤患者的生活质量;⑤为肿瘤患者家属提供有力的支持。

　　世界卫生组织(World Health Organization,WHO)从两方面定义肿瘤护理:①在肿瘤的预防、早期诊断工作中发挥作用;②为晚期肿瘤患者提供社会服务。

　　国际肿瘤护理会议每两年举行一次,其中重视提高肿瘤患者的生活质量是历届会议的重要议题,一些报告围绕如何减轻肿瘤患者痛苦,如疼痛、便秘、恶心呕吐、疲乏、脱发、口腔炎等,一些报告对肿瘤患者常见症状和放疗、化疗反应提出有效措施,并阐明其机制。会议基本精神是:即使患者不能治愈,也要使他们减轻痛苦,提高生活质量,帮助他们重返社会,有意义地生活和工作。另外,会议旨在调查患者对护理工作和卫生保健的需要,在护理工作和护理教育方面进行改革,提高护理质量。

二、肿瘤护理发展

　　国家卫生健康委员会统计数据表明,肿瘤已成为我国居民的主要死亡原因之一,全球新发肿瘤患者中有 20% 在我国。各种对抗肿瘤的尖端科研技术、高新科技设备、科学治疗方法不断涌现与革新,在提高早期肿瘤患者治愈率、控制中期肿瘤患者复发率、延长晚期肿瘤患者生存时间方面均取得了良好的临床治疗效果。

(一)国际肿瘤护理发展

　　1. 1974 年,美国肿瘤护理学会(Oncology Nursing Society,ONS)成立。

　　2. 1978 年,《癌症护理》(Cancer Nursing)杂志出刊,同年在英国伦敦召开第一届国际肿瘤护理会议。

　　3. 1984 年,国际肿瘤护士协会(International Society of Nurses in Cancer Care,ISNCC)成立,它的基本任务是:推动和发展国际肿瘤护理事业,传播肿瘤理论知识,协助世界各国建立肿瘤护理组织,召开国际肿瘤护理会议,出刊《癌症护理》和通讯,促进交流,与其他国际组织协作,提供咨询。

　　4. 近年来,ISNCC 在加强国际肿瘤护士的联系,传播肿瘤专业知识,促进国际联系与合作,提供肿瘤护士教育机会方面发挥了很大的作用,肿瘤护士的专业作用不断增加。

(二)我国肿瘤护理的发展

　　1. 早在 20 世纪 30 年代,北京协和医院已设有肿瘤科。

2. 最早专治肿瘤的医院是创建于 1931 年的上海中比镭锭治疗院（复旦大学附属肿瘤医院的前身）。

3. 1952 年天津人民医院成立肿瘤科，后发展为天津市肿瘤医院。

4. 1958 年中国医学科学院肿瘤医院成立。

此后，全国各省市相继建立肿瘤医院或肿瘤研究所，一些综合性医院成立肿瘤科。肿瘤专科的建设推动了肿瘤专科护理的发展。

5. 1987 年，中华护理学会外科护理专业委员会成立了肿瘤护理专业组，并组织召开首届全国肿瘤护理会议。

6. 1989 年，中华护理学会正式成立肿瘤专业委员会。

7. 1991 年，第十届亚太国际肿瘤会议上组织了肿瘤护理分题会议和中日双边肿瘤护理讨论会。

8. 2001 年，广州中山大学肿瘤医院和中山大学护理学院成立了第一所造口治疗师学校，开始培养"造口、伤口、失禁专科护士"。

为了进一步提升肿瘤诊疗水平，推动我国肿瘤防治工作的均衡发展，中华肿瘤大会陆续召开。大会选题广泛，涉及心理护理、疾病护理、症状护理、患者教育、临终关怀、新技术、新药物使用、肿瘤预防、康复、社区护理等。各医院重视对患者的知识宣教，如放疗、化疗、手术、特殊治疗均通过口头宣教和知识问答、录音等形式进行，使患者对疗效及不良反应有所了解，增加了对治疗的信心。肿瘤科护士通过研究肿瘤患者易感因素，找出相应对策，与医生密切配合，在如何降低感染率方面做了很多有益的工作。

全国肿瘤护理新进展研讨会积极推广癌症止痛三阶梯，普及癌症止痛知识。有的医院已将疼痛等级记录设在体温单上随时记录，或自行设计疼痛治疗记录单详细记录用药止痛情况。肺癌护理程序的开发对推动我国肿瘤专科护理向科学化、现代化模式发展起了重要作用。天津市肿瘤医院研制出国产化疗药物配制操作柜，并制订了一套化疗防护措施，对保护护士的健康有指导意义。

随着肿瘤治疗新技术、新方法的相继出现，对肿瘤专科护士也提出了更高的要求。

肿瘤专科护士相关领域：患者血管通路的选择、癌症患者的营养支持、癌痛控制护理、造口护理（包括造口、伤口、失禁）、癌症术后功能康复训练、临终关怀、临床试验研究等。

提高护士对肿瘤患者的护理内涵和肿瘤护理专业水平，是当前肿瘤护理人员面临的主要问题。我国目前面临着肿瘤专科护理人才稀缺，肿瘤护士的培养、培训速度远不能满足临床工作的需要。

（三）肿瘤护理的发展趋势

1. 注重肿瘤患者的整体康复，应用循证护理的观念，提高患者生活质量　肿瘤患者综合治疗的定义为：根据患者的身心状况，肿瘤的具体部位、病理类型、侵犯范围和发展趋势，结合细胞分子学改变，有计划、合理地应用现有的多学科各种有效治疗手段，以最合适的方式、最经济的费用取得最好的治疗效果，同时最大限度地改善患者的生活质量。

2. 扩展肿瘤护理的服务范畴　要求护理人员走出医院到社区，对肿瘤高危人群进行危险因素识别，帮助他们建立健康生活方式；满足肿瘤患者生理、心理、社会、精神等方面的需求，提高肿瘤患者的生活质量；为临终患者提供姑息照护；满足患者家属的需求，帮助其提高应对能力。

3. 加强肿瘤专业护士培训 肿瘤护理是一门关于肿瘤预防、护理、康复的专科性较强的护理学科,随着肿瘤研究迅速发展,新的诊断及治疗手段、新的抗肿瘤药物被研发应用于临床,急需加强肿瘤护理专业人才培训,使肿瘤专业护士能应用相关知识,对患者进行有计划、主动、全面、连续性的护理,从而提高肿瘤患者的生存质量。

4. 开展肿瘤护理研究,提高肿瘤护理学科水平 随着肿瘤护理的发展,提高肿瘤专科护理水平日益受到重视。提高肿瘤专科护士的科研意识和科研水平,可促进肿瘤护理研究的发展。近年来,肿瘤护理研究领域不断扩展,如各种治疗不良反应的防治、症状管理、临终关怀、康复训练等。

第二章　PBL 教学

第一节　PBL 教学起源

　　1969 年,加拿大 McMaster 大学医学院正式在整个学校层面,全面推出问题驱动教学法即基于问题的教学方法(problem-based learning,PBL)。随后,这个概念开始从医学教育逐渐延展到工程教育、职业教育,进入更多的大学,乃至中小学的教育之中。

　　为什么 PBL 会从医学院开始? 原因很容易理解,也恰恰印证 PBL 学习模式的本意。要想成为一名合格的医生,就必须应对以下挑战:①一名医生仅会背书、记概念、能考试,是远远不够的,必须能够依靠自己良好的交流能力、果断的决策能力和综合的思考能力,为每一个病例制订合理的治疗方案。②医疗界是一个极速变动、永不停歇的世界,新问题层出不穷,新技术不断发展。医生必须善于自我学习,并且需要和同行不断交流,随时了解行业的最新发展情况。③要治病,光靠技术是远远不够的。如果一名医生只知道钻研医术、诊断病症,却忽略了患者,甚至忽视人的价值和意义,后果将非常可怕。所以在一开始,加拿大McMaster 大学医学院所推出的 PBL 教学法中,就将以下 3 个学习目标综合交织:①如何理解人类与社会;②医学专业及其社会功能;③如何自我学习。

　　随着人类从大规模工业时代快速进化到信息时代,乃至人工智能时代,我们越来越意识到,一名医生所要面对的上述各种挑战,其实也是所有职业都必须面对的。擅长记忆多少信息并不重要,能够根据真实世界中的真实问题去获取信息、协同他人、解决问题,在这个过程中真正认识自己、了解社会,并掌握终身学习的能力,这些才是教育的重点。这也是 PBL 的教学方式日渐被人们所认同的原因。

第二节　PBL 教学方法

　　1. 组织小组　在组成一个小组探索问题之前,学生们要互相认识,为合作学习建立基本规则,创设舒适的气氛。学习者和促进者(通常为教师)分别做自我介绍,互通姓名,形成毫无偏见的氛围。

　　2. 开始一个新问题　用少量的信息提供给学生一个复杂的问题,这个问题应该尽量与其在现实世界中的情况相接近,能够吸引学生。

　　学生中选一人做记录员,负责在"白板"上记录解决问题的过程,包括问题中的事实信息、学生们的想法和假设以及所确定的学习要点和活动计划。

在解决问题的开始,学生和促进者要对问题解决的目标形成共同的理解。促进者可能会问学生:"通过这个问题你想学到什么?"这个问题可以激发起共同的学习目标,而参照该目标,促进者可以更好地监察学生小组的进步情况,及时纠偏,或提醒学生是否需要调整目标。学生可能会向促进者提问题,以便获得有关信息,也可能通过自己做实验或其他探究活动来获取更多的事实资料。

促进者可能要提一些问题来鼓励学生的反省性思维。比如,让学生解释为什么自己认为这种方法是好的,或者在解决问题时为什么需要某些方面的信息。在解决问题的过程中,学生要确定对解决问题而言很重要,而自己又不太理解、需要进一步学习的概念,即学习要点。

在开始时,教师尽可能引导。随着学习的进行,学生能更多地管理学习要点,促进者就要慢慢地"隐退"。当学生对问题已经形成一定的理解,而某些知识的缺乏又严重阻碍了问题的解决时,学生们就要分头去探索所确定的学习要点了。

3. 后续行动 小组成员再次集合,沟通所学的东西,基于新学习的东西生成新的解决问题的假设。在分享学习成果时,很重要的一点是学生们要评价自己的信息以及他人的信息,这是促成自我学习的重要途径。

4. 活动汇报 各小组利用各种不同形式,如数学分析、图表、口头报告、戏剧表演等,报告自己的结论以及得出结论的过程。PBL 所强调的不只是让学生解决问题,而是要让他们理解问题背后的关系和机制。

5. 问题后的反思 为了提炼所学到的东西,学生们要有意地反思问题解决的过程。要考虑这个问题与以前所遇到问题的共同点与不同点,这有助于概括和理解新知识的应用情境。而且学生们在评价自己以及他人的表现时,也对自我学习和合作性问题解决活动进行反思,这对于高级思维技能的发展来说是很有意义的。

第三节 PBL 教学评价

PBL 教学评价一般采取学生自我评价(自评)、学生相互评价(互评)和教师评价(师评)相结合的形式进行,以形成性评价为主,总结性评价为辅,强调对整个学习过程的评价。

PBL 的教学效果评价主要从基础知识储备、学习态度、能力提高、合作情况、专业素质五方面进行。

1. 评价方法

(1) 形成性评价:是指对学习者学习进程的全面测评,也是对学习者课程学习成果和学习目标的阶段性考核,是课程考核的重要组成部分。形成性考核成绩的评定是对学习过程的质量控制,建立健全有效的控制系统就必须首先设立科学、合理的评定原则。这些原则不仅是形成性考核成绩控制的依据,还是教学管理部门评价控制系统效能的尺度,同时也是判定形成性考核成绩真实性和权威性的标准。其评价原则如下:

1) 目的性:形成性评价是课程考核的重要组成部分,其目的是在开放教育下能保证教学过程的如期完成,而考核评价成绩的评定就是实现这一目的的有力手段之一。

2) 完整性：形成性评价是对学习者学习过程的全面测评，其内容及成绩的构成应能体现开放教育的特征，达到素质教育的要求。因此，其内容应由作业（大作业、平时作业）、自我学习、讨论、小组活动等构成一个较完整的体系，以全面反映其学习过程。

3) 达标性：形成性评价是对学习者学习目标的阶段性测试，其各项内容须有一个完成达标的标准。

4) 时间性：形成性评价是对学习者学习成果的阶段性考核，必须强调形成性考核内容完成的时间性。

5) 真实性：是形成性评价工作和成绩的生命。

6) 创新性：形成性评价内容的设计应体现素质教育的要求和特点，在确定考核成绩时，对创造性解答问题、分析问题、研究解决问题的学生应有奖励，以鼓励学生的主动性、创造性，激发学生的学习潜能，提高学习的积极性。

(2) 总结性评价：又称结果评价，是在某一相对完整的教育阶段结束后，对整体教育目标实现的程度做出的评价。它要以预先设定的教育目标为基准，考查学生发展达成目标的程度。总结性评价的内容范围较广，概括性水平较高，可以发挥多种作用，主要体现为：

1) 考查学生群体或每个学生整体的发展水平，为各种评优、选拔提供参考依据。正是因为具有这种功能，总结性评价形态在我国历来都受到重视，而且在相当长一段时间内成为学校评价学生的唯一方法。

2) 总体把握学生掌握知识、技能的程度和能力发展水平，为教师和学生确定后续教学起点提供依据。对学生评价的原则包括：①评价学生在课程中的表现，而不是对学生本人进行评价；②评价的依据是学生的客观行为，而不是老师的感觉；③具有明确的评价目标和相应的测评环境；④评价应该遵循课程的总体设计目标，通过使用客观的标准，在整个教学过程中持续进行。

2. 对学生的评价内容 包括知识的获取能力、自我导向和自我学习能力、发现问题与解决问题的能力、团结协作与交流能力和人文关怀与职业行为素养五方面。

(1) 知识的获取能力：评估学生通过研究临床案例，自主探索和获取知识的能力、建构知识的能力以及理论与实践相结合的能力。

(2) 自我导向和自我学习能力：能自我设定明确的学习目标，有效地应用各种方法自我学习，有自主应用学习资源的能力。

(3) 发现问题与解决问题的能力：以问题解决来评定学生的学习进展是有效的办法。评价学生善于发现问题的能力，善于利用多元的方法和资源制订解决问题的计划、循证推理和进行临床思维的能力。

(4) 团结协作与交流能力：可从以下几方面进行评估：语言表达的逻辑性、连贯性；板书及书面表达方式的条理性；与大家合作、共享资源、接受不同观点的能力；能耐心有效倾听、帮助同学，乐于为小组贡献的能力。

(5) 人文关怀和职业行为素养：包括职业的纪律性、责任感以及在 PBL 讨论时表现的职业道德素养和应用医学伦理的能力等。

学生必须储备一定基础知识，才能在 PBL 中通过有效学习形成对知识的真正理解。这些基础知识储备包括：①相关基本事实、基本原理和规律等方面的基础知识；②现代科学技术，尤其是医疗技术的主要成就及其对临床医学发展的影响；③适应现代自我学习所需要的各种知识和技能；④生活、生产、科学技术发展和环境等方面的应用知识等。基础知识储备的评价指标主要通过书面考试或口头汇报进行。

3. 学习现场评价　学习现场评价包括 PBL 学习态度和能力提高评价（表 2-1 和表 2-2）。

表 2-1　PBL 学习态度评价量表

项目	评价标准	自评	互评	师评
参与性	A. 态度主动、积极。符合教学各阶段的进度及要求，能认真解决学习过程中所遇的困难 B. 态度尚认真。大部分时间能按照教学进度完成工作，对学习中遇到的困难未能积极寻找解决方法 C. 未能适当分配时间，以致未能符合教学各阶段进度 D. 态度散漫，须由教师催促才能完成工作			
准备工作	A. 准备好学习所需的材料、工具，积极准备小组所需各种证明、支撑材料 B. 基本能准备所需材料和各种证明、支撑材料 C. 准备少量所需材料及证明、支撑材料 D. 不准备或只准备少量零散材料			
考勤	A. 能够积极、按时参加各种讨论、交流、汇报 B. 基本能按时参加 C. 能参加活动，但迟到次数较多 D. 基本不参加或不能按时参加活动			

表 2-2　PBL 能力提高评价量表

项目	评价标准	自评	互评	师评
信息收集能力	A. 所收集的信息都与主题相关 B. 所收集的大部分信息与主题相关 C. 所收集的信息与主题部分相关 D. 收集无用信息			
信息分析能力	A. 学生能够分析信息并得出合理的结论 B. 学生能分析信息，并在教师指导下得出结论 C. 学生在教师指导下分析信息，并得出结论 D. 学生只是复述所收集的信息			
创新能力	A. 能灵活处理学习中出现的问题；能在对收集的信息进行分析的基础上生成新的信息 B. 能把收集的信息为我所用，生成新的信息 C. 能生成新的信息，但只提出一种解决方案 D. 只能按部就班地完成自己分配的学习任务			
解决问题能力	A. 有效地解决了开始提出的问题，设计出行之有效的解决方案，并能帮助他人解决问题 B. 有效地解决了问题，设计了解决方案 C. 基本上能够自己解决问题 D. 在别人的帮助下才能解决问题			

续表

项目	评价标准	自评	互评	师评
自我学习能力	A. 能够独立完成所承担的任务,能独立查找、分析信息,设计问题解决方案 B. 独立完成了所承担的大部分任务,能够独立查找信息,但对解决方案的设计只能提供部分意见 C. 基本上能独立查找信息、分析信息,对解决方案的设计只能提供极少意见 D. 不能独立完成角色任务、查找信息、设计解决方案			
决策能力	A. 对学习过程中遇到的问题能做出及时的判断分析并提供有效的解决办法 B. 能对出现的问题做出分析并提出解决办法 C. 能对出现的问题做出分析 D. 遇到困难则求助于他人			
合作能力	A. 能够有效地与他人共享信息,相互提供直接或间接有效的协助,共同完成任务,通过多种方式与他人合作 B. 能有效地与他人共享信息,通过有限的方式与他人合作,共同完成任务 C. 能与他人分享信息,给他人较少的帮助 D. 不能给他人帮助,在小组任务完成中起极小的作用			
专业素质	A. 讨论时善于控制自我情绪,主动分享资料,开放性地接受老师、同伴给予的建议 B. 能控制自己情绪,基本认识自身不足,能接受老师、同伴的建议 C. 不善于控制自我情绪,可以认识到自身不足,不能接受老师、同伴的建议 D. 讨论时不能控制自我情绪,不能主动分享资料,不接受老师、同伴给予的建议			

第三章 肿瘤外科治疗与护理

第一节 肿瘤外科治疗

一、肿瘤外科治疗概述

外科手术治疗仍然是治疗肿瘤最有效的方法,60% 以上的恶性肿瘤患者需要外科手术治疗,且大多数早期和较早期的实体瘤手术治疗效果显著。术中探查和切除的手术标本病理检查有助于 90% 以上恶性肿瘤患者的诊断和分期,一般认为残留的肿瘤细胞在 $5×10^6/L$ 以下时,可通过机体的免疫功能予以控制。

Halsted 原则就是:手术治疗恶性肿瘤时,要广泛整块切除肿瘤,同时完整切除区域性引流淋巴结。这一手术原则在 20 世纪上半叶为外科医师所应用,发展了各部位肿瘤的根治术,如宫颈癌根治术(1905,Wertheim)、颈淋巴结根治性切除术(1906,Crile)、直肠癌腹会阴联合根治术(1908,Miles)、支气管肺癌全肺切除术(1933,Graham)、胰腺癌根治术(1935,Whipple)等。这些手术解决了一些恶性肿瘤的根治问题,提高了生存率。近年来,肿瘤的外科治疗又有了很大发展,开展了激光手术、内镜下手术、加热及冷冻等治疗方法。显微外科技术以及器官移植等先进治疗方法,使肿瘤手术后的并发症大大减少。

手术不仅是肿瘤的重要治疗手段,也是肿瘤诊断及分期的主要工具。手术切除肿瘤不受生物学特性的限制,无潜在的致癌危险,对大部分尚未播散的肿瘤常可用手术治愈,同时术后亦可了解肿瘤的正确部位,得到正确分期。但手术亦会切除一定的正常组织,术后有一定的后遗症及功能障碍。手术也有一定的危险性和局限性,如果肿瘤超越局部及区域淋巴结就不能用手术治愈了。

二、肿瘤外科治疗原则

(一)综合治疗的原则

外科只是肿瘤综合治疗的一部分,而不是全部。肿瘤外科手术是肿瘤综合治疗中的一个重要手段,但不是唯一的。对于某些局限性肿瘤,单用手术方法即可治愈。但很多患者单靠手术治疗不能防止肿瘤复发和远处转移。肿瘤外科医师除了掌握肿瘤外科的理论及操作外,还应熟悉其他肿瘤治疗方法,如放射治疗、化学治疗、生物治疗及内分泌治疗等方法,综合设计每位患者的具体治疗方案,进行有计划的组合,有针对性地治疗,以达到最佳效果。

综合治疗方案必须根据肿瘤的病理类型、恶性程度、播散情况,以及其生物学特性而制订,须正确估计手术适应证、手术切除可能性、手术范围,做好手术前、后的充分准备。首次治疗是提高疗效的关键,常影响手术疗效。如果首次治疗不彻底,未按肿瘤手术的原则操作,则复发机会增大。复发后再次手术时,不仅手术的范围必须扩大,而且大大减小了术后根治的机会。

(二) 无瘤的原则

任何检查或手术的操作不当均可造成肿瘤的播散。术前皮肤准备时摩擦,手术时挤压、触摸肿瘤均可使肿瘤细胞转移或污染手术创面。因此,在肿瘤的诊治过程中要防止肿瘤细胞播散,预防和减少医源性播散。

1. **防止肿瘤细胞的播散**　检查肿瘤和手术操作时应轻巧,以防止瘤细胞播散。为此,应注意以下事项:①术前检查应轻柔,防止粗暴检查。②术前皮肤准备应动作轻巧,减少局部摩擦,以防止肿瘤细胞进入血液。③尽量不用局部麻醉:局部麻醉可使组织水肿,造成解剖困难;还可使局部压力增高,容易造成肿瘤细胞播散。④除抗肿瘤药物以外,不应在肿瘤内注射任何药物。⑤手术时,切口充分,暴露清楚,便于操作。⑥应用锐性分离,少用钝性分离。手术时采用电刀切割,可以减少出血,同时由于小血管及淋巴管被封闭,且高频电刀有杀灭肿瘤细胞的功能,可以减少血道播散及局部种植。⑦手术时先结扎静脉,再结扎动脉,可以减少肿瘤细胞的播散。⑧先处理手术切除的周围部分,再处理肿瘤邻近部位,一般将原发灶做整块清除。

2. **防止肿瘤细胞的局部种植**　脱落的肿瘤组织易在有外伤的组织创面上种植,手术时应采取以下措施:①创面及切缘用纱布垫保护;②肿瘤如果有溃疡或菜花样外翻表现,可用手术巾保护,或用塑料布或纱布将其包扎,使其与正常组织及创面隔离;③切除的范围要充分,包括病变周围一定范围的正常组织;④勤更换手术器械,用过的器械应用蒸馏水或 $1:1\ 000L$ 汞液冲洗后再用;⑤手术者的手套不直接接触肿瘤;⑥结直肠癌术后局部复发常在吻合口部及切口附近,因此手术时,在搬动肿瘤前,先用纱条结扎肿瘤的上下端肠管,并且在吻合前先用 $1:2\ 500L$ 汞冲洗两端肠腔,以防止瘤细胞种植于创面及沿结肠管播散;⑦手术结束时,可用抗肿瘤药物如氮芥、噻替哌、顺铂等冲洗创面,然后再依层缝合。

(三) 全面术前评估的原则

肿瘤外科治疗要从原发灶控制、转移淋巴结的处理、远处转移的防止与治疗这3个方面进行考虑。了解肿瘤和患者的全身情况,选择正确的综合治疗方法和手术式。外科医生在治疗实体瘤患者时,应明确:①患者可以用局部控制手术治疗方法来治愈;②选择的治疗手段应该能为患者提供最好的治愈率、最少的手术创伤及功能损害;③为保证局部、区域和可能存在的远处转移的控制,考虑配合应用其他辅助治疗方案。

1. **肿瘤分期的评估**　对进行肿瘤手术前必须对病变做出正确的分期,以选择恰当的治疗方法。目前常用的肿瘤分期方法是国际抗癌联盟制定的 TNM 国际分期法。其中,T 代表原发病灶,可以根据病灶大小分为 T_0、T_1、T_2、T_3、T_4 等;N 代表区域淋巴结,根据淋巴结的大小及侵犯程度分为 N_0、N_1、N_2、N_3 等;M 代表远处转移,根据有无远处转移分为 M_0 及 M_1 等。

有些肿瘤还有一些特殊的分类方法,如直肠癌的 Duke 分期、乳腺癌的 Columbia 分期等。

2. 患者全身情况的评估

(1) 正确评估患者是否有其他严重疾病,如心、肺、肝、肾等的疾病,能否耐受手术治疗。

(2) 手术对正常生理功能的扰乱程度和患者能否耐受,以及术后患者生活质量。

(3) 手术的复杂程度及手术本身的死亡率。疑难复杂的手术常有较多的并发症及较高的死亡率。

(4) 麻醉的选择:如果患者一般情况较差,近期曾有心脏疾病、肺水肿等情况,选择麻醉时应慎重。

(四)功能保全性治疗的原则

在保证肿瘤根治的前提下,尽可能保留患者的器官功能,提高患者的生活质量,降低病残率。功能保全性治疗是建立在多方面发展基础上的,包括:对外科解剖学有进一步认识;对癌症的生物学行为有深入研究;现代影像诊断学的发展;多学科多手段综合治疗的应用;手术技术改进(腔镜下手术、机器人手术);修复手段多样化;围手术期医护质量的提高;手术后康复治疗的应用等。

三、肿瘤外科治疗方法

(一)预防性手术

有些良性病变或疾病有发展成恶性肿瘤的危险性,手术能及时解决这些病变,以防止其向恶性发展。例如,先天性多发性结肠息肉病患者如果不做手术,则在 40 岁以后有 50% 的患者可发展成癌,70 岁以后几乎所有患者均有恶变倾向,因此患者最好在 30 岁之前做手术治疗;先天性睾丸未降常有发展成睾丸癌的危险,因此,患者应及早做睾丸复位术,防止发展成癌症;溃疡性结肠炎有较高的癌变机会,有 40% 的溃疡性结肠炎最终可发展成结肠癌,儿童发生溃疡性结肠炎在 10 岁时有 3% 可发展成癌,到 20 岁时则有 20% 可发展成癌,因此,当诊断确立后应及时进行手术治疗;多发性内分泌增生症常伴有发生甲状腺髓样癌的危险,对这些患者应定期检测血清降钙素,如降钙素水平增高,应行预防性甲状腺切除术,以防止发展成甲状腺髓样癌;白斑常伴随发生鳞状细胞癌的可能,因此对口咽部及外阴的白斑应及时处理,必要时应手术切除;对于易受摩擦部位的黑痣或位于指甲下、足底、外阴等部位的黑痣应考虑手术切除。

(二)诊断性手术

医生诊断和治疗肿瘤通常需要了解两部分的内容:定位诊断和定性诊断。定位诊断是通过体格检查及影像学方法了解肿瘤的部位及侵犯范围。定性诊断则是对肿瘤的良、恶性,病理类型以及分化程度的诊断。常用的定性诊断方法有细针穿刺细胞学检查、针吸活组织检查、切取活检及切除活检。

1. 细针穿刺细胞学检查 通过用细针头对怀疑的肿块进行穿刺做细胞学检查。其优点是方法简便,缺点是有一定假阳性及假阴性,因此不能以此作为根治性手术的指征。

2. 针吸活组织检查 用一些特殊的针头(如 Core-cuhum-cut 等)穿刺肿瘤,取得组织块送病理检查。其优点是可以取得病理学诊断,缺点是对某些软组织及骨肿瘤,由于针吸的组织较少,使诊断较困难;同时穿刺活检亦有可能促进肿瘤细胞的播散,因此要严格掌握指征。

3. 切取活检　常在局部麻醉下,切取一小块肿瘤组织做组织学检查以明确诊断,可用于浅表肿瘤,亦可用于深部肿瘤。肿瘤较大、不能全部切除者可以采用切取活检。

4. 切除活检　即切除整个肿瘤送病理检查以明确诊断。其优点是可以得出准确的组织学诊断,如果是良性肿瘤则不必再进一步处理;而对于恶性肿瘤,切除活检所造成的损伤较小,有助于减少医源性播散。因此,切除活检是一般肿瘤活检的首选方式,常用于较小的肿瘤以及疑似恶性黑色素瘤的活检,可用于浅表肿瘤,亦可用于深部肿瘤。尤其是骨与软组织肿瘤,必须先做活检才能决定肿瘤的切除范围;有些内脏肿瘤在治疗前也必须有病理组织学证实。如果肿瘤较大、不能全部切除,可以采用切取活检。

采用以上方法进行诊断时应注意以下原则:①针吸的腔道及瘢痕必须要在以后手术时能一并切除;②肢体肿瘤活检时的手术切口必须沿肢体的长轴,一般不作横切口;③在切取活检时,动作必须轻柔,避免机械性挤压以减少肿瘤的播散以及造成组织学诊断的困难;④切取活检与第2次手术间隔的时间越短越好,最好是在有冷冻切片的条件下进行手术,以防止肿瘤细胞播散;⑤操作时注意止血,防止由于局部血肿造成肿瘤细胞播散和以后手术困难。

5. 手术探查　此类手术的目的不仅是诊断,更重要的是了解肿瘤范围并争取切除肿瘤。探查性手术往往需要做好大手术的准备,一旦探查明确诊断而又能彻底切除时,即进行肿瘤的治疗性手术,所以术前准备必须充分。如果经探查无法进行治疗性手术,则须对肿瘤进行切取活检明确病理性质,以便进一步非手术治疗。

(三) 根治性手术

1. 原发灶的切除　恶性肿瘤都可以自局部向周围组织浸润及扩散,因此手术治疗的原则是切除原发灶及可能受累的周围组织。如果肿瘤在某一器官或组织,则要将该器官全部或大部切除,如胃癌手术时应做全胃或胃大部切除,连同大网膜、胃大弯、胃小弯、肝门及胃左动脉旁淋巴结一并切除。

2. 淋巴结的清扫　根治性手术中,对区域淋巴结应连同原发肿块整体切除或部分段切除。对于临床已有明确转移的淋巴结,除了对放疗敏感的肿瘤(如鼻咽癌、睾丸精原细胞瘤),一般均要做手术清扫。例如在胃癌、结肠癌及宫颈癌等的手术,在脏器切除的同时连同周围淋巴结一并清扫已成为常规。然而,对有些肿瘤,如乳腺癌、皮肤癌、软组织肉瘤、睾丸癌等,如临床上未扪及肿大淋巴结,是否需要行淋巴结清扫术尚有争议。对淋巴结未有明确转移时是否需要做清扫,则应该根据原发肿瘤的生物学特性、肿瘤部位和肿瘤扩散情况而定。

20世纪50—60年代,外科治疗恶性肿瘤的适应证不断扩大,发展了一些超根治手术,手术创伤很大。但是肿瘤不是局部疾病,一旦生长发展,早期病变也可能有转移。外科可以局部切除大块肿瘤,但不可能切除每一个肿瘤细胞,解决不了远处转移问题。实践证明,超根治手术并不能提高根治率。

目前提高手术疗效的措施已从单纯扩大手术范围转为恰当的手术范围,同时提高机体的免疫功能,重视肿瘤的生物学特点,加强全身的综合治疗等方面。对于早期局部性病变,如甲状腺癌、唾液腺癌、乳腺癌、宫颈癌、大肠癌等的早期病例,手术治疗可以达到较好的效果,手术后的 5 年生存率均可达到 80% 以上,其他如胃癌、食管癌等也可以获得较好的治疗效果。目前肿瘤细胞的血行播散经常影响患者临床治疗效果。因此,加强综合治疗是提高治疗效果的关键。

(四)姑息性手术

1. 原发灶的姑息性手术　姑息性手术是指对原发病灶或其转移性病灶的切除达不到根治目的,而切除肿瘤的目的是防止危害生命及对机体功能的影响,消除某些不能耐受的症状;或用一些简单的手术,防止和解除一些可能发生的症状,目的是提高生存质量。如消化道肿瘤的姑息性切除或改道手术,可以解除肿瘤的出血,防止空腔脏器的穿孔,防止消化道梗阻及肿瘤引起的疼痛。已不能做根治性切除的巨大肿瘤有出血和溃疡的情况下,为了解决出血和溃疡,也可做姑息性切除。因消化道肿瘤不能进食时可做胃造口或空肠造口等以维持营养,为进一步治疗创造条件。

2. 转移性肿瘤的手术治疗　一般来讲,转移性肿瘤的手术切除适合原发灶已能得到较好的控制,而有单个转移性病灶,无其他远处转移者;同时须考虑手术切除亦无严重并发症。

肺转移性癌的手术切除指征:①原发病灶已经得到控制;②除肺部外无其他肺外转移灶;③无其他手术禁忌证;④除外科手术外,无其他可取的有效治疗方法。

当然,在选择病例时,从手术到复发时间间隔长者效果好,一般以间隔时间在 1 年以上者的疗效最好;肿瘤生长缓慢,倍增时间越长者疗效亦越好。

肝脏转移性癌有两种情况,一种是肝脏转移癌与原发癌同时发现,一种是原发癌治疗后出现肝脏转移。结肠癌、直肠癌、胃癌、黑色素瘤、肾癌、乳腺癌、胰腺癌及妇科肿瘤等易发生肝脏转移。原发灶与肝脏转移同时发现的病例大多数是在原发灶手术时发现肝脏有转移性瘤,如果肝脏有小孤立性病灶,则在原发灶手术的同时做肝脏局部或楔形切除。结、直肠癌于术后肝脏转移,如为单个性转移灶,或多个转移灶局限于一叶者也可以手术切除。手术探查肝脏两叶均有病变而不宜手术切除者,可做肝动脉插管注射抗肿瘤药物,而有一定缓解作用。

脑转移常见的原发癌有肺癌、结肠癌、黑色素瘤、乳腺癌等。脑的单个转移病灶常是手术的指征。术前经 CT 等方法明确除脑单个转移外无其他部位转移时,可以考虑手术切除,术后常需要配合放疗或化学药物治疗。

3. 切除内分泌腺体治疗激素依赖性肿瘤　通过切除内分泌腺体,能减缓肿瘤进展。前列腺癌的生长发展同样与内分泌有密切的关系,对晚期前列腺癌已不能手术切除或年老体弱不适合做根治性手术的病例,可行双侧睾丸切除术,同时配以放射及药物治疗,常可达到较满意的姑息疗效。晚期男性乳腺癌采取双侧睾丸切除常可获得较好的效果。

4. 肿瘤外科的急症处理　肿瘤患者亦常有一些急症情况,需要应用外科方法予以解决。常见的急症情况有呼吸困难、出血、空腔脏器穿孔、肿瘤引起的继发感染以及有些重要器官受累及而需要急症手术。喉癌、甲状腺癌压迫气管时有气急,常须做气管切开手术,以解除气道梗阻现象。肺癌患者常有白细胞及血小板计数降低,易引起出血、感染及水肿等,需要急症引流。出血,如贲门癌或胃癌引起出血,必要时需要急症手术切除肿瘤或结扎通向肿瘤的血管。大多数急症情况可能是晚期病变的象征,但有些急症情况在手术后配合其他治疗或在症状解除后再施以根治性手术,可取得较好的疗效。

(五) 重建与康复手术

外科手术亦可用于肿瘤患者手术后的重建及康复手术。肿瘤患者的生存质量是非常重要的,外科医生应设法为患者进行重建或康复,使患者的外形和功能有所改善。例如,乳腺癌根治手术后用腹直肌皮瓣重建乳房,或用硅胶人工乳房填充于胸大肌后,使胸部的外形趋向完美;应用肌皮瓣进行头、面部肿瘤切除后的重建,如全舌切除术后的舌再造。近年来,应用游离肌皮瓣微血管吻合技术进行缺损部位的修补,如对肢体软组织肿瘤或腹壁肿瘤广泛切除术后的修补,使外科医师能进行更泛的手术。

(六) 减瘤手术

有时肿瘤的体积较大,手术治疗已不能达到根治目的,可将原发病灶大部分切除后用其他治疗方法控制手术后残存瘤细胞(称为减瘤手术)。这种减瘤手术仅适合原发病灶的大部分手术切除后,残留的肿瘤能用其他治疗方法,如放射治疗或化学药物治疗等有效控制的情况。因此,除某些为了姑息性解除症状的目的外,残留肿瘤组织无特殊有效的治疗方法者一般并不适合做减瘤手术。临床上,适合减瘤手术的肿瘤有卵巢肿瘤、软组织肉瘤及 Burkitt 淋巴瘤等。外科是作为减少肿瘤细胞量和肿瘤体积的方法,也是其他治疗方法的补充手段。

近年来,加速康复外科(enhanced recovery after surgery,ERAS)的理念及其路径在我国有了较为迅速的普及和应用。ERAS 是以循证医学证据为基础,以减少手术患者的生理及心理创伤应激反应为目的,通过外科、麻醉、护理、营养等多学科协作,对围手术期处理的临床路径予以优化,从而减少围手术期应激反应及术后并发症,缩短住院时间,促进患者康复。ERAS 的提出和发展推动了护理学科的发展,催生了导航护士、ERAS 护士岗位,推动了伤口专科护士、造口专科护士、康复师、静脉治疗专科护士、疼痛管理专科护士、营养管理专科护士等的发展和壮大,为患者提供专业、精准的护理服务,改善患者预后。

第二节　肿瘤外科治疗患者的护理

一、肿瘤外科护理概述

外科手术是肿瘤综合治疗的一个重要手段,护理的重点是协助患者建立对手术治疗的良好心理适应,提高机体对手术的耐受性,避免手术前后并发症的发生。

二、肿瘤外科手术前护理

1. 完善检查　遵医嘱完成患者全面的术前准备,完善各项临床辅助检查,以了解患者病情及身体器官功能状态。

2. 饮食护理　指导患者合理进食高蛋白、高热量、维生素丰富、易消化的饮食。对于不能经口进食的患者,可给予肠内、肠外营养支持治疗。术前一日晚餐嘱患者进食清淡饮食。

3. 活动与休息　鼓励患者参加适当的活动,如散步、听音乐等,以不劳累为宜。为患者提供良好的环境,保证充足的休息。睡眠欠佳者,术前晚可遵医嘱应用镇静药,以保证充足的睡眠。

4. 适应性训练　教会患者自行调整卧位和床上翻身的方法,进行床上排尿、排便训练,指导踝关节功能锻炼,部分患者还应练习术中体位。

5. 呼吸道准备

(1) 戒烟:吸烟者术前 2 周戒烟,防止呼吸道分泌物过多引起窒息。

(2) 深呼吸运动:对腹部手术者,指导其进行胸式呼吸训练。先用鼻深吸气,使胸部隆起,略微停顿,然后由口呼气。

(3) 有效咳嗽:患者取坐位,双脚着地,身体稍前倾,双手环抱一个枕头,进行数次深而缓慢的腹式呼吸。深吸气并屏气,然后缩唇(嘬嘴),缓慢呼气,在深吸一口气后屏气 3~5s,身体前倾,从胸腔进行 2~3 次短促有力的咳嗽,张口咳出痰液,咳嗽时收缩腹肌,或用自己的手按压上腹部,帮助咳嗽。

(4) 控制感染:已有呼吸道感染者,术前给予有效治疗。

6. 胃肠道准备　非胃肠手术患者,为防止麻醉或术中呕吐,术前 8h 禁食,术前 4h 禁饮。胃肠道手术者需要进行肠道准备并服用肠道杀菌药物,以减少术后感染。结直肠手术的特殊肠道准备参照结直肠癌术前护理。

7. 心理护理　应向患者做好解释工作,告知手术相关知识及必要性,减轻心理负担,增强战胜疾病的信心。

8. 术前准备

(1) 术前一日做好药物过敏试验(如青霉素、头孢类),根据手术情况备血。

(2) 术前一日晚测量呼吸、脉搏、体温,如有发热、感冒、咳嗽,应及时报告医生。

(3) 皮肤准备:手术前一日视患者情况指导其沐浴,按手术范围剃去毛发,清洁皮肤。

(4) 术日晨准备:测量体温、脉搏、呼吸、血压,取下义齿、眼镜、首饰等,根据医嘱留置胃管、尿管,术前半小时给予麻醉前用药。备好手术需要的病历、X 线片及药品等,与手术室人员做好交接。

三、肿瘤外科手术后护理

1. 饮食护理　局麻患者术后如无不适可按需进食。全麻患者当天禁食、禁饮,术后第 1 日视情况可进流质、半流质或普食。胃肠道手术者,待肠蠕动恢复,肛门排气后进少量流质饮食,逐渐过渡到半流质饮食,后改软食或普食。

2. 体位护理

(1) 全麻术后患者未清醒前,给予去枕平卧位,头偏向一侧,待生命体征平稳后根据病情需要调整卧位。

(2) 蛛网膜下腔麻醉患者术后,应平卧或头低卧位 6~8h,防止脑脊液外渗而致头痛。

(3) 硬膜外麻醉患者术后平卧 6h。

（4）局部麻醉患者可根据手术部位调整体位。

（5）患者清醒后即鼓励床上活动，2h 翻身 1 次，并做肢体的被动、主动活动。

3. 基础护理

（1）保持病室环境安静舒适，温湿度适宜，利于患者术后恢复。

（2）保持皮肤清洁，床单整洁干燥，定时翻身，预防压伤。

（3）做好晨晚间护理，保证患者"三短六洁五无"（"三短"指甲短、胡须短、头发短。"六洁"指脸洁，头发洁、手足洁、皮肤洁、会阴洁、肛门洁。"五无"指无褥疮、无坠床、无坠车、无摔伤、无烫伤）。

（4）留置尿管者，会阴护理 2 次 /d，预防泌尿系统感染。

（5）留置胃管者，口腔护理 2 次 /d，预防口腔感染。昏迷患者禁止漱口，以免引起误咽。

（6）踝泵运动：每天患者进行踝泵运动，预防深静脉血栓形成。

4. 专科护理

（1）密切观察病情变化：监测心率、血压、呼吸、血氧饱和度，每 15~30min 观察并记录 1 次，病情平稳后改为 1 次 /1~2h。

（2）呼吸道护理：给予氧气吸入，保持呼吸道通畅。每 2h 翻身拍背 1 次，嘱患者深呼吸和咳嗽，定时给予雾化吸入。痰液黏稠者给予气管内吸痰，必要时行气管镜吸痰或气管切开。

（3）药物治疗：根据手术大小、疾病程度和病情变化，调整输液成分、量和速度，以补充水、电解质和营养物质，必要时给予全血或血浆，维持有效循环血量。

（4）疼痛护理：术后有效的镇痛有利于患者休息和恢复。应评估患者疼痛的性质、程度，给予心理疏导。当患者咳嗽、咳痰时，协助或指导患者及家属用双手按压切口以减轻疼痛。疼痛剧烈者，遵医嘱给予止痛药。

（5）引流管护理

1）术后留置多根引流管者，应区分各种引流管的部位及作用，做好标识，并注明置管日期和时间。

2）妥善固定：引流管的长度适宜，防止脱落、扭曲、受压。对于麻醉未完全清醒或躁动的患者，应加强看护，防止自行拔管，必要时使用约束带。

3）保持引流管通畅：定时挤捏，防止血块或残渣堵塞。对于连接持续负压吸引装置的引流管，应经常巡视，随时调节负压，以保持持续有效的引流。

4）观察并记录引流液的颜色、性质、量：如果引流液量少、色暗红，为陈旧性出血；如果短时间引流出大量鲜红色血液或血块，则考虑活动性出血，应立即通知医生紧急处理。

5）定时更换引流袋及引流瓶，普通引流袋每24h 更换 1 次，抗反流引流袋 1 周更换 1 次，注意无菌操作。

（6）手术伤口护理：观察伤口有无渗血、渗液，伤口及周围皮肤有无发红及伤口愈合情况。保持伤口敷料清洁干燥，并注意观察术后伤口包扎是否限制胸、腹部呼吸运动或指（趾）端血液循环。对躁动、昏迷患者及不合作患儿，可适当使用约束带并防止敷料脱落。

5. 心理护理　肿瘤患者在治疗阶段遭受着诊断和治疗的双重精神压力，且外科手术切除范围较广,常影响机体和肿瘤所在器官的正常功能,如截肢、人造肛门等。应深切理解患者的心理变化,术前应耐心解释手术的必要性,认真做好术前准备,明确回答患者提出的问题,切不可说出消极的话语而加重患者的心理负担,用自己娴熟的技术取得患者的信任、配合。术后帮助患者重建机体功能,做好饮食指导,嘱患者多吃高蛋白、低动物脂肪、易消化的食物,并定期复诊。加强与患者沟通,引导说出自身感受,针对不同问题给予适当的心理疏导,指导患者积极、主动地配合治疗,树立战胜疾病的信心。

四、肿瘤外科手术并发症的预防及护理

(一)出血

出血的主要原因有术中止血不完善,创面渗血未完全控制,原痉挛小动脉断端舒张,结扎线脱落、凝血障碍等。当伤口敷料被血液渗湿时应,及时打开、检查,若发现血液持续性涌出或在拆除部分缝线后看到出血点,可明确诊断;体腔内出血因位置比较隐蔽,不易被及时发现而后果严重。例如胸腔手术后,胸腔引流管内血性引流液持续超过 100mL/h,提示有内出血。

1. 预防　手术时务必严格止血,结扎规范、牢靠,关腹前确认手术野无活动性出血点。

2. 护理

(1)密切观察患者的生命体征、手术切口,若切口敷料被血液渗湿,可怀疑为手术切口出血,应检查明确出血状况及原因。

(2)注意观察引流液的颜色、性状、量。

(3)腹部手术必要时行腹腔穿刺。

(4)对于少量出血,一般更换敷料、加压包扎或全身使用止血药;大量出血应加快输液速度,做好再次手术的准备。

(二)感染

手术后患者的体温可略升高,一般不超过 38℃,临床称之为外科手术热。但若术后 3~6d 仍持续发热,则提示存在感染或其他不良反应。

1. 预防　①严格遵守无菌原则;②注意手术操作技术精细;③加强手术前后处理,增强患者抗感染能力;④预防性使用抗菌药物。

2. 护理　应根据病情和术后不同阶段可能引起发热的原因加以分析;同时加强观察和监测,如血常规、胸部 X 线摄片、伤口分泌物涂片和培养、血培养、尿液检查等,以明确诊断并对症处理;给予物理降温,必要时可应用解热镇痛药物;此外,保证患者有足量的液体摄入;及时更换潮湿的被服。

(三)肺不张

肺不张常发生在胸、腹部大手术后,多见于老年人、长期吸烟和患有急慢性呼吸道感染者。临床表现为术后早期发热、呼吸和心率加快。患侧胸部叩诊呈浊音或实音。

1. 预防　①术前锻炼深呼吸,戒烟及治疗原有支气管炎或慢性肺部感染;②全麻手术拔管前,吸净支气管内分泌物;③术后取平卧位,头偏向一侧,防止呕吐物和口腔分泌物误

吸;④胸、腹带包扎松紧适宜,避免限制呼吸的固定或绑扎;⑤鼓励患者深呼吸、咳嗽、体位排痰或给予药物化痰,以帮助支气管内分泌物排出。

2. 护理　协助患者翻身、叩背及体位排痰,以解除支气管阻塞,使不张的肺重新膨胀;鼓励患者自行咳嗽、排痰;保证摄入足够的水分;全身或局部抗生素治疗。

(四)深静脉血栓形成

深静脉血栓常发生于术后长期卧床、活动少的老年人或肥胖者,以下肢深静脉血栓形成为多见。患者多有小腿或腹股沟区疼痛和压痛,体检示患肢凹陷性水肿,腓肠肌挤压试验或足背屈曲试验阳性。

1. 预防　鼓励患者术后早期离床活动;高危患者,下肢用弹性绷带或穿弹性袜以促进血液回流;避免久坐;血液高凝状态者,可给予抗凝药物。

2. 护理　①抬高患肢、制动;②禁忌经患肢静脉输液;③严禁按摩患肢,以防血栓脱落;④溶栓治疗和抗凝治疗,同时加强出、凝血时间和凝血酶原时间的监测。

第三节　肿瘤外科护理 PBL 案例

一、膀胱癌

第一幕

老李,男性,64 岁,是一名退休油漆工人,从事油漆行业四十余年。有 40 余年的吸烟、饮酒史,约每天 1 包烟,每顿近半斤酒,最近 1 个月小便时总会看到一些血丝,没有其他不适症状,连续两次血尿后小便颜色正常了。由于老李患有前列腺增生,便认为这与前列腺增生有关,也就不以为意了。此次家里装修房子,老李自己负责油漆工作,但完工之后血尿症状又出现了,他觉得可能是最近累了,休息几天即可,仍然没有在意。然而 1 周后,老李再次出现肉眼血尿、排尿疼痛等症状,在家人的催促下,才去医院门诊就诊。

"王医生,我这小便怎么回事,一会儿红一会儿不红的,老婆大惊小怪,非得要我来查一查! 自己的身体怎么样我还能不知道啊! 不就前列腺那点事嘛!"

"老李啊,这可不好说,上次你看前列腺的时候症状可不是这样的。别急,先做一些常规检查,没问题最好。"

医生向老李询问病史并做了体格检查后,为其安排了尿常规、心电图等检查。

【学习目标】

1. 掌握膀胱癌的临床表现。
2. 熟悉膀胱癌的诊断标准。
3. 了解膀胱的结构和功能、膀胱癌的诱因、膀胱癌的辅助检查。

第二幕

老李在门诊做了初步检查,尿常规报告显示:红细胞(镜检)28 个 /μL,白细胞(镜检) 10 个 /μL,尿隐血(+++++)。医生建议他入院做进一步检查,以确诊疾病。入院并完善各项检查后,老李在局麻下做了膀胱镜检查,并且留取标本,膀胱镜检结果提示:膀胱内多发新生物,大约 4cm×4cm。病理报告提示:(全膀胱)浸润性尿路上皮癌,高级别,癌组织浸润至膀胱固有层,其余大部分为乳头状尿路上皮癌。

医生向老李及其家属告知了诊断结果:"老李啊,这次检查出来的结果不太好,是膀胱肿瘤。根据病理报告提示,我们给出的治疗方案如下……你也可以和家里其他人商量一下。" 老李听后情绪非常激动,他说:"怎么会这样?我还一直祈祷只是前列腺的问题,竟然不是,还扯到了膀胱!我怎么会得这个毛病?这不是要我命吗!"

最终老李决定手术治疗,不过整天唉声叹气。晚上护士查房发现他不睡觉,一个人发呆。责任护士小刘在知道老李的情绪波动后,立即耐心地开导他。

在完善相关术前准备后,医生为老李择期行"全膀胱切除术 + 原位新膀胱术"。

【学习目标】

1. 掌握膀胱镜检查的目的、膀胱镜检查后的术后护理措施。
2. 熟悉膀胱镜检查的术前术后注意事项。
3. 了解膀胱癌的分期和处理原则。

第三幕

责任护士小张在知道老李的情绪波动后,立即耐心地安抚老李焦急的心情,教会他如何做提肛运动以及利用腹部压力来协助排尿,并且告知术前的各种注意事项,缓解了老李及其家人的焦虑情绪。

手术前 3d,医嘱为:无渣饮食,并给予口服庆大霉素 8 万 U t.i.d.,口服甲硝唑 0.4g t.i.d., 口服 25% 硫酸镁 10mL t.i.d.;术前 1d 禁食,静脉补充营养,术日晨行清洁灌肠,并给予留置胃管行胃肠减压。

完善术前准备后,老李在全麻下行"全膀胱切除术 + 原位新膀胱术",术后返回病房。责任护士小刘遵医嘱给老李进行吸氧、心电监护,并妥善固定各类导管(包括胃管、深静脉导管、腹腔双套管、盆腔双套管、双侧输尿管支架管、负压球、造口管、导尿管等)。家属看患者身上插了这么多导管吓坏了,都不敢碰他,急忙问护士:"为什么他身上会有这么多管子啊?他能动吗?"小刘听完家属的疑惑后,耐心地向其讲解了术后的注意事项及导管的护理要点,家属听后表示理解。

【学习目标】

1. 掌握原位新膀胱术术前胃肠道准备目的、原位新膀胱术术前护理、原位新膀胱术后各类导管的观察和护理。
2. 熟悉原位新膀胱术的术后并发症及处理。

3. 了解原位新膀胱术术后并发症的原因。

第四幕

术后,老李慢慢康复,2周后便可以自行下床活动。小刘告知老李活动须循序渐进,不能急功近利,下床时应注意导管的固定,防止导管滑脱。

经过1个月左右的治疗与护理,老李终于可以如愿出院了。此时的老李又出现新的担心:目前自己控制小便的能力还不是很好,这样就可以出院了吗?回家后还要注意些什么呢?自己真的康复,远离癌症了吗?小刘为其讲解了出院后的注意事项,并为老李答疑解惑。

【学习目标】

1. 掌握术后康复锻炼内容、出院后的健康宣教。
2. 了解疾病的预防及保健措施。

二、胶质瘤

第一幕

老朱,男性,65岁,中学教师,现已退休,有高血压病史15年,一直长期口服奥美沙坦类降压药物,血压控制稳定。6d前与老伴外出散步时突发左侧肢体无力,老伴立即呼叫"120"将其送往医院就诊。

入院查体:意识清,对答切题,发育正常,查体合作,美国国立卫生研究院脑卒中量表(National Institutes of Health Stroke Scale, NIHSS)评分4分,左侧鼻唇沟稍浅,左侧肢体肌力3级,轻偏瘫步态,其余无明显异常。因患者为老年男性,头颅CT未见明显异常,医生暂考虑为缺血性脑卒中,给予拜阿司匹林、氯吡格雷和瑞舒伐他汀口服,依达拉奉、银杏达莫静脉滴注治疗。

急诊护士小王密切关注老朱意识、瞳孔、肌力的变化。次日,小王发现老朱左侧肢体肌力仍为3级,未有明显好转,及时告知医生。医生立即给予老朱头颅磁共振成像(magnetic resonance imaging, MRI)、腰椎穿刺、脑脊液检查。脑脊液压力190mmH$_2$O。脑脊液常规:白细胞3×10^9/L,红细胞2×10^9/L。脑脊液生化:总蛋白766mg/L,糖和氯化物正常。脑脊液脱落细胞阴性,脑脊液寄生虫抗体阴性。考虑脱髓鞘病变。

头颅MRI平扫示右侧额顶叶及侧脑室旁脱髓鞘病变可能。

医生将检查结果与老朱家人沟通,表示目前疑似脑肿瘤,须进一步做病理检查明确诊断。家人表示尊重老朱的选择,便将病情与老朱沟通。老朱虽然面露恐惧,但表示只要有家人支持,再困难也会克服,不会向病魔屈服。

【学习目标】

1. 掌握颅内胶质瘤的定义和临床表现。
2. 了解颅内胶质瘤的病因、病理、辅助检查及检查意义。

第二幕

入院后,医生安排老朱尽快进行手术,老朱得知后略显紧张,害怕术后不能自理,需要长期依靠他人照顾。责任护士小王得知后,主动找老朱聊天,疏导心理,并给老朱找来手术相关资料。小王告诉老朱,脑肿瘤切除手术已相当成熟,很多病友术后康复都很不错,邻床老张术后 2 个月已经恢复日常生活,完全自理。老朱听后情绪渐渐稳定,回答道:"我家人也非常尊重我、支持我,我相信自己一定可以克服病魔。"

护士小王为老朱完成术前血常规、肝肾功能、电解质、人类免疫缺陷病毒(human immunodeficiency virus,HIV)、丙型肝炎抗体、乙型肝炎"两对半"、心电图、心脏超声、神经导航等相关检查,完成血型鉴定、备血、胃肠道准备,做好术前禁食、禁水、去除义齿与金属物品等术前宣教。

手术当天,老朱在家人的鼓励下,由护士及医生护送,安全进入手术室。

【学习目标】

1. 掌握颅内胶质瘤术前检查神经导航的临床意义、颅内胶质瘤切除术的术前护理。
2. 了解颅内胶质瘤主要治疗方法及选择标准。

第三幕

手术当天,老朱在全麻下行颅内肿瘤切除术,手术顺利。手术病理最终诊断:右额叶胶质母细胞瘤(WHO Ⅳ级),IDH1 阴性。16∶00,老朱安返病房。护士小李给予老朱心电监护、氧气吸入。查体:神志清,双侧瞳孔均为 0.25cm,对光反应灵敏,右侧肌力 5 级,左侧肌力 4 级,肌张力均正常。老朱置入深静脉导管、导尿管,护士将各导管妥善固定,标识清晰,每小时观察老朱生命体征、意识、瞳孔、肢体功能和颅内压的变化。

18∶00,护士小李发现老朱双上肢肌张力增高,牙关紧闭,左侧面部不自主抽动,怀疑发生癫痫部分发作,立即呼叫老朱,此时老朱神志迷糊。小李立即调节氧流量至 4L/min,并通知医生,之后遵医嘱给予镇静、抗癫痫药物。5min 后老朱双上肢肌张力正常,面部抽动停止,安静入睡。

【学习目标】

1. 掌握颅内胶质瘤切除术术后护理、颅内胶质瘤术后并发症的护理。
2. 了解颅内胶质瘤的病理学诊断依据、手术治疗方法、预后相关因素。

第四幕

术后 2 周,老朱已基本恢复,可生活自理,却郁郁寡欢。护士小王发现后主动上前询问。原来,老朱得知自己的病理结果为右额叶胶质母细胞瘤(WHO Ⅳ级),自己查询网上资料了解到是恶性肿瘤,很痛心,觉得与家人在一起的时光短暂了。小王了解后安慰道:"我们不能决定自己会遇到怎样的困难,但是可以决定开心地过每一天。老朱,您已经勇敢迈出了手术的第一步,往后还需要经历放疗和化疗,虽然每一步都可能很艰辛,但有家人的支持和陪伴,我相信未来您一定不会向疾病投降。"老朱叹了口气,双手攥紧了拳头:"我不害怕病魔下一秒就会夺走我的生命,我在乎的是家人的陪伴!小王护士,你就是我的见证人,见证我每一次治疗的坚持!我日后的放疗和化疗时间,以及回去后康复锻炼的事项你快再和我说说。"小王见到老朱重燃信心,也积极地向他进行起健康宣教。

📖【学习目标】

1. 掌握颅内胶质瘤切除术术后心理护理,颅内胶质瘤患者随访内容、时间和间隔,颅内胶质瘤疾病预防与康复。
2. 了解颅内胶质瘤术后放射治疗和化学治疗方法。

三、食管癌

第一幕

65岁的刘老伯是福建人,喜欢吃腌制品,喝汤就爱趁烫的时候喝,既吸烟又喝酒。他于半年前在吃东西时觉得喉咙有点不舒服,进食较粗糙食物时不适感觉更明显,喝水后哽噎感消失,偶尔还会有胸骨后烧灼样疼痛;近3个月来,进食时开始出现吞咽疼痛,食用粗硬食物时疼痛加重,现在只能进食半流质食物,还常伴有胸痛;昨天开始出现发热、声音嘶哑、饮水时剧烈呛咳。家人急忙陪同其至医院就诊。刘老伯否认高血压、糖尿病、乙型肝炎、结核病史,否认手术、输血及药物过敏史。胃镜示距门齿25~30cm处食管环周3/4圈黏膜菜花样隆起,大小约4cm×5cm,边界不清,周围黏膜呈环状隆起,食管管腔略狭窄,内镜尚能通过,狭窄段长约5cm,病理结果为高分化鳞状细胞癌。胸部CT示食管上段恶性肿瘤。刘老伯被收入胸外科进一步治疗。

📖【学习目标】

1. 掌握食管癌的病因、临床表现和饮食护理,食管癌手术的术前护理。
2. 了解食管的解剖知识(3处生理狭窄),食管癌的病理分型和治疗方法。

第二幕

责任护士小张耐心告知刘老伯检查的注意事项,并根据手术医嘱进行术前宣教。

刘老伯于入院后第3天在全麻下行食管癌根治术,手术顺利,术后安返病房,给予去枕平卧位、心电监测、低流量氧气持续吸入。责任护士妥善固定胸管、胃管、导尿管,测生命体征:心率86次/min,血压134/78mmHg(1mmHg=0.133kPa),血氧饱和度96%。

术后2h,责任护士发现刘老伯胸管涌出大量鲜红色血性液体,胸瓶里有300mL鲜红色血性液体。心电监测显示:心率132次/min,血压94/54mmHg,血氧饱和度91%。血化验提示:白细胞(white blood cell,WBC)$14.2×10^9$/L,红细胞(red blood cell,RBC)$3.24×10^{12}$/L,血红蛋白(hemoglobin,Hb)96g/L。

📖【学习目标】

掌握术后大出血及出血性休克的临床表现及应急预案,食管癌手术术后护理、术后并发症及预防措施。

───── 第三幕 ─────

使用止血药并输血以后,刘老伯的情况稳定了。在术后第 4d,刘老伯感到胸闷,气短心慌。胸腔积液量 800mL,并呈现乳糜色。刘老伯神情紧张,一旁陪护的家属则质疑手术后预后效果。

📖【学习目标】

掌握乳糜胸的临床表现、治疗方法及相关护理。

───── 第四幕 ─────

刘老伯住院 3 周后生命体征平稳,病情基本稳定,开始试着喝水。由于多日来没有进过食,刘老伯迫不及待地拿起杯子喝水,一下子就喝光了。责任护士耐心地给予饮食指导,刘老伯及其家属终于配合。当刘老伯能吃半流质饮食时,总感觉胸闷不适,并且感觉有胃酸反流。

经过床位医生的治疗及责任护士的专业指导,刘老伯虚心接受了,表示再也不乱来。在术后 3 周康复出院。

📖【学习目标】

掌握食管癌术后的健康宣教。

四、胃癌

───── 第一幕 ─────

吴阿姨,69 岁,主诉上腹部隐痛 2 个月,体重明显下降,来医院就诊。上腹部 CT 示:胃窦部胃壁局限性不规则增厚伴邻近腹腔多发小淋巴结。胃镜提示:幽门管对吻溃疡(恶性肿瘤可能),慢性浅表性胃炎。现以"胃癌"收入院。

吴阿姨和她老公一起来到了消化内科。吴阿姨显得十分不安。护士小陈接待了他们,做了详细的入院宣教。在与医生的沟通过程中,他们不断询问医生和护士:"需要手术吗? 好好的怎么会得这种毛病呢?"医生和护士小陈细心解释,耐心安抚着患者及其家属。床位医生详细询问了患者的疾病史、用药史、手术史、既往史、过敏史,得知患者一般情况可。

📖【学习目标】

1. 掌握胃癌的病因、主要临床表现,以及慢性胃炎和胃溃疡的区别。

2. 了解胃癌的发病机制。

■ 第二幕 ■

吴阿姨入院后,医生仔细查体后,发现她一般情况尚可,予二级护理,清流质饮食。医生告知吴阿姨及其老公,现在先做一些常规的检查,如血常规、电解质、肝肾功能、肿瘤标志物、凝血、血型、乙型肝炎"两对半"、胃镜、心脏超声、肺功能等。

胃镜病理报告提示胃癌,医生和患者及家属充分沟通后,制订手术方案,择期手术。

📖【学习目标】

1. 掌握手术前常规检查并学会分析异常报告,胃镜、CT等检查的注意事项,术前如何做好宣教工作。

2. 了解如何制订胃癌手术方案。

■ 第三幕 ■

在完善术前准备后,手术日陈护士和手术室护工一起做好安全核对后,护送吴阿姨进入手术室。在手术室,医生、麻醉医师和手术室护士对吴阿姨的信息进行了认真核对。手术经过6个多小时,顺利完成,术中留置深静脉穿刺管、腹腔引流管、导尿管。13:30,吴阿姨安返病房。家属、麻醉护士、陈护士共同将吴阿姨搬运至病床后,陈护士与麻醉护士核对交接,随即予以心电监护,吸氧,并妥善固定腹腔引流管、导尿管、深静脉穿刺管,保持各导管通畅,并遵医嘱予一级护理,禁食,抗炎、保胃、化痰、保肝、营养等药物支持治疗。

患者神志清,精神欠佳,生命体征平稳,伤口敷料清洁干燥。随后,陈护士针对吴阿姨的情况,对患者及其家属做了详细的健康宣教。

📖【学习目标】

掌握胃癌术后的护理常规,如导管护理、饮食护理、安全护理、疼痛护理、心理护理等;胃癌术后并发症的观察与处理;血栓风险评分,并能协助医生采取预防血栓的相应措施;空肠营养管的观察要点及护理要点。

■ 第四幕 ■

术后第13天,吴阿姨生命体征平稳,精神状态好,进食半流质食物;可自行进行洗漱、下床如厕、室内走动等日常活动;导尿管已拔除,能自行排尿;伤口敷料清洁干燥,引流液约10mL/d,色、质正常;监测各项血液指标均正常,无腹痛、腹胀等不适。予拔除引流管及深静脉穿刺管。经过医生的全面检查,吴阿姨明天可以出院了。

接到出院通知,吴阿姨和家属欣喜万分,对医务人员充满了感激之情。

📖【学习目标】

掌握胃癌术后的出院指导以及胃癌的二级预防。

五、直肠癌

第一幕

周女士,50 岁,主诉:1 个月前无明显诱因出现便血,为鲜红色,卫生纸上带血,量少。患者在医院门诊行肠镜检查,提示:齿状线外侧 1cm 至齿状线以上 3cm 见一肿块,质脆,环肠腔 1/2 周。为进一步治疗收入院。

周女士和她爱人来到医院胃肠外科。患者显得十分抑郁,护士小杜接待了他们,做了详细的入院宣教。患者询问医生和护士"听说有的人在下腹部装个袋子,以后大便就从这里出来,我是不是也这样啊?"面对患者的担忧和不安,医生和护士小杜给予了细心解释、耐心安抚。床位医生详细询问了患者的病情,得知患者有宫颈癌手术史。

【学习目标】

1. 掌握直肠癌的病因、主要临床表现,以及鉴别痔出血和直肠癌出血的方法。
2. 了解直肠癌的发病机制。

第二幕

周女士入院后,医生进行仔细查体,发现她一般情况尚可,予二级护理,无渣饮食。医生告知周女士及其爱人:现在先做一些常规检查,如血常规、电解质、肝肾功能、肿瘤标志物、凝血、血型、乙型肝炎"两对半"、心电图、心脏超声、肺功能、腹部 MRI 等,根据检查结果,确诊为直肠癌,排除手术禁忌证并进行科内讨论,制订手术方案,择期手术。

【学习目标】

1. 掌握手术前常规检查,并学会分析异常报告;肠镜、MRI、CT 等检查的注意事项;术前宣教。
2. 了解如何制订直肠癌手术方案以及术前肠造口定位方法。

第三幕

在完善术前准备后,手术日杜护士和手术室护工一起做好安全核对后,护送周女士进入手术室。在手术室,医生、麻醉医师和手术室护士对周女士的信息进行了认真核对。手术经过 5 个多小时,顺利完成,术中留置深静脉穿刺管、盆腔引流管、导尿管,结肠造口。15:00,周女士安返病房。家属、麻醉护士、杜护士共同将周女士搬运至病床后,杜护士与麻醉护士核对交接,随即予周女士心电监护、吸氧,并妥善固定盆腔引流管、导尿管、深静脉穿刺管,观察造口情况。杜护士遵医嘱予周女士一级护理,禁食,抗炎、保胃、化痰、止血、营养等药物支持治疗。

患者神志清,精神软,生命体征平稳,伤口敷料清洁、干燥。随后,杜护士针对周女士的情况,对患者及家属做了详细的健康宣教。

📖【学习目标】

掌握直肠癌术后的护理常规,如导管护理、饮食护理、安全护理、疼痛护理、心理护理等;直肠癌术后并发症的观察与处理;血栓风险评分,并能协助医生采取预防血栓的相应措施;造口的观察要点及护理要点。

第四幕

术后第 15 天,周女士生命体征平稳,精神状态好,进食半流质食物,可自行进行洗漱、下床如厕、室内走动等日常活动,导尿管已拔除,能自行排尿。伤口敷料清洁干燥,引流液约 10mL/d,色、质正常,监测各项血液指标均正常,无腹痛、腹胀等不适,予拔除引流管及深静脉穿刺管。医生经过全面检查,认为周女士明天可以出院了。

接到出院通知,周女士和家属欣喜万分,对医务人员充满了感激之情。

📖【学习目标】

掌握直肠癌术后的出院指导以及直肠癌的二级预防。

六、子宫内膜癌

第一幕

患者,女,66 岁,体健,已婚已育,生育史:2-0-0-2,既往月经周期规则(7/30 天),已绝经十来年,既往有饮酒史 20 余年,平素体胖,有家族性高血压。患者长期口服降压药,血压控制尚可。患者于半年前开始出现阴道不规则出血,量少,一直淋漓不尽,且分泌物有异味,下腹部偶有坠胀感,遂来医院就诊。入院后,行宫腔镜检查术,术中发现子宫内膜大部分为癌组织并向宫腔内突出,局部有菜花状病灶,术中留取病理组织,病理镜检示:浸润性内膜样腺癌,基底切缘、内口切缘均可见癌累及。

📖【学习目标】

1. 掌握子宫内膜癌的定义和临床表现。
2. 了解子宫内膜癌的病因、诊断方法以及转移途径。

第二幕

患者入院后,床位医师和护士共同接待。在完善各项术前准备后,手术定于第 2 天进行,需要进行术前准备,其中的肠道准备是关键的一项。由于患者不明白什么是肠道准备,护士为其进行了肠道准备相关的饮食、药物等指导,嘱其术前要准备的物品。患者表示理解,并配合护士完善术前的所有相关准备。护士还对患者进行了一系列的心理护理。

📖【学习目标】

掌握子宫内膜癌的术前准备。

第三幕

完善术前准备后,患者对治疗方式也有了一定的了解。次日,手术顺利。术后,患者安返病房。护士立即按照妇科术后护理常规给予患者吸氧、心电监护。患者术后常规留有导尿管、深静脉导管以及引流管,生命体征平稳。患者家属焦急地问护士:"护士,我妈妈现在需要注意些什么? 身上的导管很多,应该怎么护理?"护士耐心地安抚了她,并告诉她患者目前的情况及注意事项,指导她如何协助患者在床上活动。

术后第 1 天,护士再次来到病房,询问患者情况。患者:"护士,我现在伤口疼得厉害,肚子也有点胀痛。"护士说:"阿姨,您的手术很顺利! 早期下床活动有利于康复,肚子有点胀是正常的,排气后会有所好转,不用太担心。"

【学习目标】

1. 掌握子宫内膜癌的术后护理。
2. 了解子宫内膜癌的治疗原则。

第四幕

护士告知患者病情平稳,遵医嘱可以出院。护士给予患者详细的出院指导,告知饮食、活动等相关注意事项,并提醒患者出现哪些特殊情况要及时就诊,并强调了后续复查的重要性。患者及家属充分知晓,满意地出院了。

【学习目标】

掌握子宫内膜癌的出院指导。

第四章　肿瘤化学治疗与护理

第一节　肿瘤化学治疗

一、肿瘤化学治疗概述

（一）肿瘤化学治疗定义

化学药物治疗的定义：1909 年德国 Ehrlich 首先提出化学药物治疗（简称化疗）的概念，是指对病原微生物感染、寄生虫所引起的疾病及肿瘤，采用化学药物治疗的方法。理想的化疗药物应对病原微生物、寄生虫和肿瘤有高度选择性，而对机体毒性很小，从狭义上讲，现在化疗多指对于肿瘤的化学药物治疗。

（二）化学治疗在肿瘤治疗中的地位

化学药物治疗在肿瘤治疗中的地位正日益提高，已能治愈一部分化疗敏感肿瘤，如急性淋巴细胞白血病、绒毛膜上皮细胞癌、睾丸癌等，并延长晚期乳腺癌等对化疗比较敏感肿瘤的生存期。但仍有一些肿瘤对现有的化疗药物不敏感，化疗还不能延长这部分患者的生命。化疗药物的弊端是它们本身并不能区分恶性细胞还是正常细胞，因此化疗药物在杀死肿瘤细胞的同时也会杀死大量人体正常的需要分裂的干细胞，这就是为什么化疗对细胞生长比较旺盛的骨髓细胞、肝细胞、肠胃表皮细胞等都有非常严重的副作用。临床上化疗药物的使用剂量必须受到严格控制：药物太少不能起到杀死肿瘤细胞的作用，药物太多会产生过于严重的副作用，对患者造成"不可逆伤害"，甚至死亡。

1940 年后开始出现细胞毒性化疗药物。1943 年，耶鲁大学的 Gilman 将氮芥用于治疗淋巴瘤取得了短暂的疗效。1948 年，Farber 用抗叶酸剂氨甲蝶呤治疗急性淋巴细胞白血病，揭开了现代癌症化疗的序幕。此后，随着抗肿瘤药物的研究开发，化疗药物得到了快速的发展。

20 世纪 50 年代发现的药物有：氟尿嘧啶（5-FU）、巯嘌呤（6-MP）、氨甲蝶呤（MTX）、环磷酰胺（CTX）、放线菌素 D（ACTD）等，其中氨甲蝶呤治疗绒毛膜上皮细胞癌取得成功。20 世纪 60 年代，大部分目前常用的化疗药物，如长春碱（VLB）、多柔比星（ADM）、阿糖胞苷（Ara-C）、博来霉素（BLM）、顺铂（DDP）等都已被发现；细胞动力学和抗肿瘤药药动学研究取得了成绩；儿童急性淋巴细胞白血病、霍奇金病通过联合化疗已能治愈，并开始了其他实体瘤的化疗。

20 世纪 70 年代：一些肿瘤的联合化疗方案更趋于成熟，顺铂和多柔比星应用于临床，使化疗姑息性向根治性目标迈进。

20 世纪 80 年代：从植物中提取的抗肿瘤物质——紫杉醇类和喜树碱类应用于临床。

（三）肿瘤化学治疗药物的分类及作用机制

目前的化疗药物根据其来源及作用机制等不同，可分为六大类。

1. 烷化剂　主要作用于人体细胞中的 DNA，从而影响细胞的分裂。临床常用的烷化剂有环磷酰胺、白消安、氮芥、洛莫司汀等。

2. 抗代谢类化疗药　这类药物在结构上和人体正常的代谢物有差异，通过与代谢物竞争有关的受体和酶，从而阻止机体正常代谢的进行，常用的化疗药物有氟尿嘧啶、阿糖胞苷、氨甲蝶呤等。

3. 抗生素类化疗药　是一类来源于微生物的抗肿瘤物质，多由放线菌所产生。这类药物主要有丝裂霉素、多柔比星、放线菌素 D、平阳霉素等。

4. 植物类的化疗药物　从植物提取物中提取到的半成品，常用的药物有长春新碱、长春碱、依托泊苷。

5. 激素类化疗药物　常用的药物有甲地孕酮、甲羟孕酮、泼尼松等。

6. 其他类化疗药物　常用的药物有顺铂、卡铂，其作用机制是引起 DNA 链间的交联，影响 DNA 模板的功能，从而最终抑制 DNA 的合成。

临床常用的化疗药物有几十种，机制各有不同，但是无论机制如何，它们的统一作用都是干扰 DNA 的完整性与复制，作用于有丝分裂纺锤体中的微管，抑制有丝分裂，阻止肿瘤细胞的增殖、浸润、转移，直到最后杀灭癌症组织。

（四）肿瘤化学治疗预期疗效的影响因素

影响肿瘤患者化疗疗效的因素主要包括医源性因素与个体因素两方面。

1. 医源性因素　所有医疗环节中的不合理、不规范、不专业之处，都会导致患者化疗效果的降低或不良反应的发生。例如：①药物相互作用；②溶媒的选用、溶媒的用量；③配制时间、配制计算、配制方法、配制容器；④给药途径、给药顺序、给药速度等。

2. 个体因素　基因解码研究表明，患者的个体差异（不仅指患者的生理、病理、环境状况），最为关键的是基因差异。基因是决定药物代谢酶、药物转运蛋白、受体活性和功能表达的结构基础，基因信息的差异导致了不同患者对药物敏感性和抵抗性有显著差别。

二、肿瘤化学治疗原则

（一）最大获益原则

力求患者从抗肿瘤治疗中最大获益，是使用抗肿瘤药物的根本目的。用药前应充分掌握患者病情，进行严格的风险评估，权衡患者对抗肿瘤药物治疗的接受能力、对可能出现的毒副反应的耐受力和经济承受力，尽量规避风险，客观评估疗效。即使毒副作用不危及生命，并能被患者接受，也要避免所谓"无效但安全"的不当用药行为。

（二）治疗有序原则

肿瘤化学药物治疗是肿瘤整体治疗的一个重要环节，治疗前必须要有明确的病理学诊断和临床分期。应针对患者肿瘤临床分期和身体耐受情况，进行有序治疗，严格控制使用抗肿瘤药物的适应证，争取最佳疗效，改善患者的生存状况，并明确每个阶段的治疗目标。

（三）知情同意原则

用药前务必与患者及其家属充分沟通，说明治疗目的、疗效、给药方法以及可能引起的毒副作用等，医患双方尽量达成共识，并签署知情同意书。

（四）规范合理原则

抗肿瘤化学药物治疗应行之有据，规范合理，依据各专科公认的临床诊疗指南、规范或专家共识实施治疗，确保大剂量化疗和特殊化疗时应进行血药浓度监测，并根据监测结果调整药物适量、疗程足够，不宜随意更改，避免治疗过度或治疗不足。药物疗效相近时，治疗应舍繁求简，讲求效益，切忌重复用药。

（五）治疗个体化原则

实施个体化用药，应根据患者年龄、性别、种族以及肿瘤的病理类型、分期、耐受性、分子生物学特征、既往治疗情况、个人治疗意愿、经济承受能力等因素，综合制订个体化的抗肿瘤药物治疗方案，并随患者病情变化及时调整。特殊年龄（新生儿、儿童、老年人）及妊娠期、哺乳期妇女和有严重基础疾病的患者需使用抗肿瘤药物时，应充分考虑上述人群的特殊性，从严掌握适应证，制订合理、可行的治疗方案。

（六）不良反应谨慎处理原则

必须参见药品说明书谨慎选择、合理应用抗肿瘤药物，充分认识并及时发现可能出现的毒副作用，及时调整给药方案，施治前应有相应的救治预案，毒副反应一旦发生，应及时处理。

（七）鼓励参与临床试验原则

药物临床试验是在已有常规治疗的基础上，探索、拓展患者治疗获益的新途径，以求进一步改善肿瘤患者的生活质量和预后，鼓励符合条件的患者积极参加。进行细胞毒性药物临床试验必须有国家药品监督管理局的药物临床试验批件，并严格按《药物临床试验质量管理规范》进行。严禁因药物临床试验延误患者的有效治疗。加强药物经济学的应用，尽量降低患者的药物使用支出，减轻患者的经济负担。

（八）药物联合选择原则

1. 联合使用药物中的每一种药物应该在单独应用时疗效确切。
2. 所用药物应具有不完全相同的药理作用和毒性。
3. 数药同用时应不致减效或拮抗，并力求协同或增效。
4. 严格掌握药物联用的指征，降低毒副作用。

三、肿瘤化学药物治疗方法

(一)肿瘤化学药物治疗的给药方法

1. 晚期或播散性癌症的全身化疗　包括治疗和姑息性两种化疗。因对这类肿瘤患者通常缺乏其他有效的治疗方法,常常一开始就采用化学治疗,近期的目的是取得缓解,这种化疗命名为"诱导化疗",如开始采用的化疗方案失败,需改用其他方案化疗时,常称之为"补救治疗"。

2. 辅助化疗　对身体的肿瘤进行手术治疗和放疗的前后,应用化疗,使原发肿瘤缩小,同时可能消灭残存的微小转移病灶,减少了肿瘤复发和转移的机会,提高治愈率而进行的化学药物治疗称为辅助化疗。例如乳腺癌病例,腋窝淋巴受累 4 个以上者,术后有 50%~80% 的机会存在远处亚临床转移,骨肉瘤截肢术后 1 年内约有 85% 病例出现肺转移。通过辅助性化疗提高治愈率及延长无瘤生存期。辅助化疗的目的在于杀灭手术无法清除的微小病灶,减少复发,提高生存率。因此,转移复发可能性较大的肿瘤患者术后均应接受化疗。传统的观念是:对于结肠癌,仅 Ⅲ 期行化疗可延长生存期,是化疗的适应证;而对于直肠癌,Ⅰ 期也不需要进行化疗,Ⅱ、Ⅲ 期术后最好同时进行化疗和放疗。Michael 等研究了各种结直肠癌化疗方案的效价比,结果发现对所有的 Ⅱ、Ⅲ 期结直肠癌进行辅助化疗最为合理。

3. 新辅助化疗　是指在实施局部治疗方法(如手术或放疗)前所做的全身化疗,目的是使肿块缩小、及早杀灭看不见的转移细胞,以利于后续的手术、放疗等治疗。对于早期肿瘤患者,通常可以通过局部治疗方案治愈,并不需要做新辅助化疗。而对于晚期肿瘤患者,由于失去了根治肿瘤的机会,通常也不采用新辅助化疗的方法。

新辅助化疗被看作是肿瘤细胞减量治疗,即通过术前化疗减小肿瘤负荷,从而提高肿瘤的手术完全切除率,延长患者生存期。其目的是:①能缩小瘤体、减少手术的范围及创伤;②能使部分无法切除的肿瘤达到可以手术切除的目的;③可以消除潜在的微转移灶,并减少手术中的微小转移;④体内肿瘤的药物敏感性试验,可以为以后的辅助治疗提供借鉴;⑤延长患者的无进展生存时间或增加再次手术切除的机会;⑥对接受新辅助化疗的患者,需要重新进行影像学的一系列检查,重新评估能否进行手术治疗。如果外科医生认为有手术可能性,需要待患者血象恢复正常后接受手术治疗,通常是在新辅助化疗结束后的第 3~4 周。如果采用贝伐珠单抗治疗,通常需要在停止治疗后至少 6 周才能进行手术治疗;如果采用索拉非尼或舒尼替尼治疗,一般停药 1~2 周后即可考虑手术治疗,其目的是减少手术中出血,避免术后伤口不愈合。

4. 特殊途径化疗

(1)腔内化疗:包括癌性胸、腹腔及心包腔内化疗。通常将化疗药物(如丝裂霉素、顺铂、氟尿嘧啶、博来霉素)用适量的流体溶解或稀释后,经引流的导管注入各种病变的体腔内,从而达到控制恶性体腔积液的目的。比如,膀胱灌注化疗是指通过导管将化疗药物注入膀胱,并在体内储存一段时间后自然排泄尿液的化疗方法,也属于腔内化疗。

（2）椎管内化疗：白血病及许多实体瘤可侵犯中枢神经系统，尤其是脑膜最容易受侵。治疗方法是，通常采用腰椎穿刺鞘内给药，以便脑脊液内有较高的药物浓度，从而达到治疗目的。椎管内常用的药物有氨甲蝶呤及阿糖胞苷。

（3）动脉插管化疗：分为直接推注法、输液泵加压输注法及微量注射泵持续注射法。根据药物种类、设备条件选择不同的方法，临床常见是肝动脉插管连续滴注抗肿瘤药物，适用于治疗不能切除或做姑息性切除后的肝癌患者。由于肝癌血供主要来源于动脉，故此法可使药物直接作用于肿瘤组织内，提高局部药物浓度，减少全身反应，达到治疗肿瘤，缓解症状和延长生命的目的。肝动脉插管治疗原发性肝癌或肝转移癌。

（二）肿瘤化学药物治疗的效果评价

1960年，美国国家癌症研究所（National Cancer Institute，NCI）首次提出了癌症化疗疗效评价标准的概念和方法；20世纪70年代，通过影像学或体检等肿瘤评估方法，以测得的客观缓解率为依据批准抗肿瘤药物上市；1980年WHO评估化疗药物，是以肿瘤大小为标准；2000年NCI实体瘤疗效评估小组制定了用肿瘤大小评估抗肿瘤药物疗效的指导原则（RECIST），经对2000年RECIST1.0版本的修改，目前大多采用2009年修订的RECIST1.1版本的实体肿瘤疗效评价标准。在肿瘤疗效评价中，突出强调了肿瘤的可测量性（包括对于靶病灶与非靶病灶的判断和测量方法的规范）、疗效判断的标准与新的检测方式（如PET/CT）对于疗效评价的影响等。对于近期疗效判断的标准如下：

1. 完全缓解（complete remission，CR） 所有靶病灶消失，全部病理淋巴结（包括靶结节和非靶结节），其短径必须减少至<10mm。

2. 部分缓解（partial remission，PR） 靶病灶直径之和比基线水平减少至少30%。

3. 疾病进展（progressive disease，PD） 以历次测量到的所有靶病灶直径之和的最小值为参照，直径之和相对增加至少20%（如基线测量值最小，就以基线值为参照）；除此以外，必须满足直径之和的绝对值增加至少5mm（出现1个或多个新病灶也视为疾病进展）。

4. 疾病稳定（stable disease，SD） 靶病灶减小的程度未达到PR，增加的程度也未达到PD水平，介于两者之间。

此外，对于全身化疗来说，全身化疗主要应用于术后的辅助化疗或者肿瘤晚期伴有多发转移的患者。对于肿瘤晚期的患者来说，化疗效果一般需要结合影像学检查以及血液中的肿瘤标志物、患者的症状来评价。一般化疗两个周期之后复查彩超或者其他影像学检查原发病灶或者转移灶明显缩小，可以评价为化疗效果好。也有的患者虽然影像学检查没有明确的缩小，但是从患者的症状上来说明显减轻、肿瘤标志物指标下降明显，也可以认为化疗效果好。对于局部化疗来说，局部化疗一般应用于胸膜腔或者腹膜腔的灌注化疗，以控制胸腔积液、腹腔积液的产生。对于局部化疗效果的评价主要是看胸腔积液和腹腔积液是否控制，或者积液产生速度较前减慢。局部化疗也可以通过影像学或细胞学检查来评价治疗效果，影像学检查局部的病灶明显控制或者细胞学检查肿瘤细胞明显减少，可以评价为效果好。

第二节 肿瘤化学治疗患者的护理

一、肿瘤化学治疗护理概述

早在几千年前,国内外医学史上已有应用药物治疗"肿瘤"的记载,而近代药物治疗肿瘤起始于 1865 年 Lissauer 应用亚砷酸溶液治疗慢性白血病,至 1942 年 Gilman 和 Goodman 等试用氮芥治疗淋巴瘤及血液系统疾病取得了较为满意的疗效,得到了学术界广泛的重视,公认其为肿瘤化学药物治疗的开端。

近 50 年来,随着经济的发展和社会的进步,人类疾病谱也发生了巨大变化,多数传染性疾病得到了有效的控制,而慢性疾病如心血管疾病、恶性肿瘤已成为严重威胁人类健康的主要疾病。根据国际癌症研究中心(International Agency for Research on Cancer,IARC)报告:全球 2020 年癌症新发病例为 1 929 万,死亡病例 996 万;其中中国新发癌症 457 万人(占全球 23.7%),死亡病例 300 万(占全球 30%),均位列第一。癌症已成为全球最大的公共卫生问题,与其他慢性疾病如心血管疾病相比,癌症的预防与控制将面临更大的挑战。

从诊断到生命终结,肿瘤患者面临着许多挑战,因此人类在暂时没有找到切实可行治愈肿瘤方法的情况下,肿瘤护理显得至关重要。20 世纪 60 年代中期,肿瘤护理专业开始发展,以识别护士的技能和专业知识,为了能够安全实施化疗和管理相关症状,满足肿瘤患者这一群体的许多独特需求,建立了专门针对肿瘤的注重高质量、富有同情心的专科护理团队。随着医学的进步,肿瘤护理专业早已成为独立的专业,护理方法不断增多并日臻完善,它对于提高肿瘤治疗水平,减轻患者痛苦,改善生活质量等方面,越来越显示出不可忽视的力量。对于护士来说,探索可以增强对患者护理的新方法很重要。护士指导是一种可能对肿瘤患者的护理产生重大影响的实践,肿瘤护理包括心理护理、饮食护理、姑息护理、音乐护理、疼痛护理和社会支持等。他们各有所长,相互渗透,对肿瘤化学治疗起到了积极的作用。

二、肿瘤化学治疗前护理

(一) 化学治疗前的评估与准备

1. 心理状态的评估与护理 大量事实证明,肿瘤患者生命期不仅取决于病情和医疗措施,而且与患者自身的精神状态密切相关。多项调查结果表明:肿瘤患者确诊后产生否认、多疑、紧张、悲观、恐惧、绝望等负性情绪,对机体免疫功能有明显的抑制作用,严重影响生存率和生活质量。所以心理护理对肿瘤患者非常重要,也是整体护理的核心内容,心理护理质量的高低决定着护理质量的高低。因此化疗前要全面评估患者生理、心理、社会经济状况,有针对性地进行疏导、干预,使患者能以良好的心理状态接受和配合化疗。

(1) 护理评估:责任护士应积极主动询问、观察。

1) 患者的睡眠状况:是否有早醒和入睡困难。

2) 精神状态：情绪的变化。

3) 思维、反应、内在动力变化。

4) 是否出现消极意念：现在临床常用的针对肿瘤患者的心理评估量表有90项症状自评量表（SCL-90）、医院焦虑抑郁量表（HAD）、抑郁自评量表（SDS）、焦虑自评量表（SAS）、汉密尔顿抑郁量表（HAMD）、汉密尔顿焦虑量表（HAMA）、生活质量综合评定问卷（GQOLI-74）等。

（2）护理干预

1) 急性期的心理干预：①给予充分的情感支持，让患者感到不孤单；②稀释或淡化癌症等病态的恐怖性及后果的可怕性；③善于倾听与理解患者的情绪，如果发现情绪敏感者，可帮助他宣泄情感，多多给予轻松的接触、沟通；④专业医师应适时做出解惑、释疑；⑤帮助解决实际的困难，让患者能感受到家属及医护人员的真诚和善意；⑥帮助联系与他有过类似经历的老患者，采用"同伴教育"，缓解患者的不安与焦虑。

2) 慢性期的心理干预：①调整期望目标；②找出榜样；③帮助设定近期最低目标；④运用一定的技巧，根据患者情况采用相应的方法，包括移情法、暗示法、开导法、集体心理治疗等，要因人而异，缓解症状；⑤帮助患者理解生命的真正含义。

针对初次接受化疗的患者均存在恐惧、焦虑心理，担心身体无法耐受化疗药物的不良反应等情况，应耐心向患者及家属讲解，以减轻患者对化疗的担心和恐惧。对于多次化疗的患者，对自身的疾病、治疗情况、生理状态、心理状态有一定的认识和体会，应积极鼓励患者家属关心、体贴患者，尽可能减轻患者的思想顾虑。另外也可以鼓励患者听音乐、散步、参加社交活动，以转移注意力，缓解抑郁的心情。和蔼的态度、专业的技术、强烈的责任心是心理护理的基础，护士要尽可能与患者建立起良好的护患关系，为患者创造温馨、舒适的生活环境，解开患者的心结，激发患者的生存欲望，使他们走出心理阴霾，树立和医护人员紧密配合的心理认同感。

2. 营养状况的评估与护理　营养不良是癌症患者的常见问题。随着恶性肿瘤的发病率不断提高，恶性肿瘤患者营养不良的发生率高达40%~80%，大多数晚期癌症患者在其疾病过程中体重减轻，一部分发展为癌症恶病质，这是一种渐进的、非自愿的体重减轻状况。癌症恶病质与代谢异常、厌食、早饱和食物摄入减少、瘦体重消耗、肌肉无力、水肿、疲劳、免疫功能受损、味觉变化以及注意力持续时间和注意力下降有关。如果患者营养不良现象较为严重，会降低患者的生活质量，产生器官功能障碍，提高并发症发生率，严重影响患者的治疗效果。营养支持则在于正确判断患者的营养不良情况，并给予其营养干预，以改善临床结果和生活质量。营养支持的目的是预防或逆转营养下降，并可能减缓恶病质的进展。

（1）护理评估：癌症患者的营养支持计划应根据个人营养需求、营养状况、饮食限制、耐受性和可行性、胃肠功能、医疗状况以及治疗的当前和预期副作用量身定制，因此做好营养筛查与评估很重要。由欧洲肠外肠内营养学会制定的营养风险筛查表（NRS2002）对肿瘤患者同样适用，患者依据筛查表进行筛查后分数在3分以上，需要制订改善方案。如出现营养不良风险，会同样产生代谢以及功能器官问题，进而不能对患者进行一般计划；或者在不确定营养不良风险，需要由专业人员进行营养评估。以下患者必须实施营养干预：①存在严重营养不良者；②存在严重疾病者；③具有中度营养不良和轻度疾病者;④轻度营养不良和重度疾病者。患者主观整体评估(patient-generated subjective global assessment,PG-SGA)是在主观整体评估(subjective global assessment,SGA)的基础上发展起来的。最先由美国 Ottery FD 于 1994 年提出,是专门为肿瘤患者设计的营养状况评估方法。临床研究提示,PG-SGA 是一种有效的肿瘤患者特异性营养状况评估工具,因而得到美国营养师协会(American Dietetic Association,ADA)等单位的大力推荐与广泛应用。

(2) 护理措施:营养治疗可用作抗肿瘤治疗期间的辅助治疗,或作为长期给予营养物质无法维持足够营养摄入的患者。

1)膳食营养干预:膳食营养存在于肿瘤整个过程,油炸以及烟熏食物因为具有较高的苯并芘含量,极易引发消化道肿瘤;腌制食物因为具有较高的亚硝基化合物含量,容易引发胃癌;摄入过多的脂肪极易引发结直肠癌。食用食物种类应多样化,主要以谷类为主,增加水果、蔬菜以及薯类的摄入量,经常食用豆类或者其他制品,可增加蛋类、瘦肉以及鱼肉的摄入量,减少荤油和肥肉的摄入量,确保体重的适宜,并遵循清淡饮食原则,食用未变质以及清洁食物。癌前期原则如下:减少致癌物质的摄入量,食用抗氧化食物,如菌菇和木耳中的多糖,大蒜的硒以及葡萄的花青素;同时摄入食物多种多样,增加黄绿色蔬菜的摄入量。对于晚期肿瘤以及进展期肿瘤患者而言,需要对厌食进行纠正,补充人体需要的微量元素以及维生素。

2)肠外营养以及肠内营养:对肿瘤患者进行肠外营养以及肠内营养的原则和其他患者并无差异。可经口进食患者选择经口进食,如患者经口进食低于目标量的 50%,可对其予以肠内营养,如果禁食大于 1 周或者肠内营养后未达到标准,可对其实施肠外营养。护理人员重点监测内容为:对患者进行肠内营养的耐受程度、注入速度、鼻肠管位置以及鼻胃管位置。如果选择推注方法,则 200mL/ 次,6~8 次 /d。如果选择持续滴注,滴注速度应 < 150mL/h,最大剂量 2 000mL。我国肠内营养制剂包含整蛋白质型和预消化型。对于已经配备好的营养液,室内保存时间 < 24h。肠外营养则是经过静脉途径将人体需要的营养物质和能量进行输入,维持人体正常的生理活动。肠外营养途径包含经外周静脉置入中心静脉导管(peripherally inserted central venous catheter,PICC)、中心静脉及外周静脉。如患者营养支持时间大于 1 周,需要选择 PICC 或者中心静脉。护理人员需要重视输注营养液的过程中电解质、导管通道以及血糖。肠外营养输注速度为 120~150mL/h,透析过程中肠外营养液为 200mL/h。对于晚期肿瘤患者而言,如家属未要求则不需要选择肠外营养。

3. 血管通路的评估　静脉化疗是治疗恶性肿瘤的主要方法,约 90% 的患者在确诊或手术后需行化疗。化疗药物具有毒性和刺激性,其常见的血管并发症是化疗性静脉炎和药物外渗引起的组织坏死。做好血管评估、实施正确护理、了解化疗药毒副反应以提供安全的护理,在整个化疗治疗过程中具有重要意义。

(1) 评估化疗药物的性质:确定稀释药液的浓度、给药方法及输注速度,一般发疱性化疗药物采用静脉滴入法,即在建立静脉通路的基础上,观察静脉滴注通畅后,将稀释药物由墨菲氏滴管注入,药物冲入体内后再恢复至原滴数。化疗药物稀释浓度不宜过高;同时联合应用多种化疗药物时的给药顺序为先注入非发疱性药物,如果均是发疱性药物者,应先注射稀释量最少的一种化疗药物。

（2）评估患者情况：是否有静脉化疗史，曾用过的穿刺部位尽可能不重复，以防"放射性回忆反应"，即曾经放疗并发生皮炎患者，在应用抗肿瘤药物后（多柔比星、丝裂霉素、氟尿嘧啶），原照射部位可再现类似放射性皮炎改变；避免在外周循环受阻的肢体上建立静脉通路，如有上腔静脉压迫综合征者，禁止应用上肢静脉输液；乳腺癌根治术后患者禁止选在患侧肢体行静脉输液。

（3）局部静脉状况评估及选择：对于长期化疗患者需要制订静脉使用计划；刺激性强的化疗药物避免在手背或近关节处选择静脉，尽量不用足背静脉及下肢静脉建立静脉通路，避免在 24h 内曾被穿刺静脉下方重新穿刺；发疱性抗肿瘤药物应选择前臂静脉及粗、直、弹性好的静脉；对于需较长时间进行化疗的患者，建议留置经外周插管的中心静脉导管。

4. 化疗前患者的准备

（1）患者在化疗前要进行全面体格检查，特别注意对所有可能发生转移或功能改变的器官（包括所有可触及的淋巴结、肝、脾、直肠、前列腺等）进行系统的临床检查：如血常规、红细胞沉降率、血红蛋白、白细胞分类计数、血小板等；骨髓检查；生化检查；胸部 X 线检查等。护士需要借助美国东部肿瘤协作组（Eastern Cooperative Oncology Group，ECOG）评分、卡诺夫斯凯计分（Kanofsky performance score，KPS）对患者一般健康状态做出评价；和医生一起明确该患者化疗的适应证和禁忌证，降低患者化疗后的不良反应发生率。

（2）化疗前饮食调整：化疗时患者会降低对甜、酸的敏感性，同时增加苦的敏感性，因此化疗前期可以选择含糖和酸性的食品。避免饮用咖啡、浓茶，不吃苦味较强的蔬菜。选择口味较重的食品以刺激味觉，增加食欲，如洋葱、香菇等。进食清淡、少油、稍凉的食物，多食水果或饮果汁，避免进食辛辣、油炸、油腻、腌制、熏制食品。

（3）注意防止口腔溃疡：化疗药物会损伤口腔黏膜细胞。饭前、饭后刷牙，使用软毛牙刷，并经常用食盐水漱口。戒烟戒酒，保持口腔清洁。避免食用刺激性强或粗糙生硬的食物。进食要细嚼慢咽，食物温度要适宜。化疗第 7 天后注意口腔内变化，有牙龈肿胀或疼痛要及时报告医生。

（二）化学治疗的给药途径

1. 静脉注射　刺激性小的药物经过溶解后可直接进入静脉内，如氨甲蝶呤、环磷酰胺经稀释后，可经周围静脉缓慢推注。

2. 肌内注射　适用于对组织无刺激性的药物，如塞替派、博来霉素、平阳霉素等。选择长针头做深部肌内注射，以利于药物的吸收。如果药物为油类制剂，吸收差，则须制订计划，轮换并记录注射部位。

3. 口服给药　需要装入胶囊或制成肠溶制剂，以减轻药物对胃黏膜的刺激，并防止药物被胃酸破坏。如复方替加氟、卡培他滨、氟尿嘧啶等，宜睡前服用，并与盐酸异丙嗪和碳酸氢钠同服。

4. 膀胱内灌注给药　是膀胱癌的重要治疗手段之一，可作为术后的辅助治疗或单独治疗方式。手术切除浅表膀胱肿瘤之后灌注化疗药物或免疫药物，可防止复发。

5. 鞘内注射　鞘内注射给药是通过腰椎穿刺将药物直接注入蛛网膜下腔，从而使药物弥散在脑脊液中，并很快达到有效的血药浓度。据报道，经鞘内注入同位素标记白蛋白，大部分于 4~6h 即可到达脑底表面蛛网膜下腔。鞘内给药可使药物随脑脊液循环自然到达蛛网膜下腔各脑池中,并弥散在整个脑室系统。短期反复给药,可使药物维持一定的有效浓度,是一种较好的给药途径和治疗颅内感染的方法。

6. **动脉内化疗** 为提高抗肿瘤药物在肿瘤局部的有效浓度,可使用动脉给药。可将几种最有效的抗肿瘤药搭配在一起,通过导管技术找到肿瘤的供养动脉,将抗肿瘤药和栓塞剂直接注入肿瘤组织。这种疗法主要有两大优势:一方面将高浓度的药物直接作用于局部,发挥最大的抗肿瘤作用,对全身毒副作用小,使绝大部分患者能接受治疗;另一方面,将肿瘤的供血血管阻塞,使肿瘤失去血供"饿死"。肿瘤综合治疗专家郭跃生认为,这种技术特别适用于那些失去手术机会或不宜手术的肝、肺、胃、肾、盆腔、骨与软组织恶性肿瘤。

7. **腔内化疗** 指胸、腹膜腔和心包腔内化疗。一般选用可重复使用、刺激性小、抗肿瘤活性好的药物,以提高药物疗效。每次注药前可通过留置的无菌导管抽尽积液,注入药物后,协助患者更换体位,使药物与腔壁充分接触,最大限度地发挥药物作用。

(1) 胸腔内化疗:恶性胸腔积液时,可通过腔内注药直接杀死肿瘤细胞而达到治疗的目的。

(2) 腹腔内化疗:一般选择刺激性小的药物,以免引起腹痛和肠粘连。为使药物分布均匀、发挥最大的作用,须先将药物溶解于大量的溶液中,然后注入腹腔。

(3) 心包内化疗:恶性心包积液可用心包穿刺、手术心包开窗、硬化剂、全身化疗和放疗。

(三) 化学治疗药物的管理和使用

1. **分级管理** 根据肿瘤化疗药物特点、药品价格等因素,将肿瘤化疗药物分为特殊管理药物、一般管理药物和临床试验用药物三级进行管理。

(1) 特殊管理药物:指药物本身或药品包装的安全性较低,一旦药品包装破损可能对人体造成严重损害,价格相对较高,储存条件特殊,可能发生严重不良反应的肿瘤化疗药物。

(2) 一般管理药物:指未纳入特殊管理和非临床试验用药物,属于一般管理范围。

(3) 临床试验用药物:指用于临床试验的肿瘤化疗药物。

2. **使用管理**

(1) 总体原则:坚持合理用药、分级使用、严禁滥用。

(2) 具体使用方法

1) 一般管理药物:应根据病情需要,由主治及以上医师签名方可使用。

2) 特殊管理药物:必须严格掌握用药指征,需要经过相关专家讨论,由副主任、主任医师签名方可使用。紧急情况下未经会诊同意或需要越级使用的,处方量不得超过 1d 用量,并做好相关病历记录。

3) 临床试验用药物:依据原国家食品药品监督管理局发布的《药物临床试验质量管理规范》中试验用药品管理的有关规定执行。

3. **配制管理**

(1) 化疗药物配制操作的管理:配制化疗药物人员应有一定的理论基础和强烈的责任心,严格执行无菌操作规程,要注意配伍禁忌。配制药物前应知道药物的性能,要注意三查七对。进行化疗药物配制操作的护士应穿防护衣,戴一次性口罩、一次性帽子、乳胶手套和防护眼镜,戴手套前及脱离手套之后应认真洗手。

(2)化疗药物配制操作中的管理:配制药物要现用现配,1种药用1个一次性注射器,2种以上的化疗药不能混合。有些化疗药与维生素 B_6 也不能混合。打开安瓿时要垫以无菌纱布,以防划破手套;溶解药物时,溶媒应沿安瓿壁缓慢注入瓶底,待药粉浸透后再搅动。使用针腔较大的针头抽取药液,所抽药液不宜超过注射器容量的3/4,防止药液外溢。如果药液不慎溅入眼内或皮肤,立即用大量清水和生理盐水冲洗。撒在桌面或地面的药液应及时用纱布吸附并用清水冲洗。操作时应确保空针及输液管接头处衔接紧密,以免药液外漏。用注射器抽吸药液后排空气时,用1片无菌酒精棉片放在针头周围,以免药液外流污染。自小瓶吸取药液时,往小瓶内注入一些气体,产生压力再抽吸。

(3)化疗药物配制操作后的管理:药液输完后拔针时应戴橡胶手套,接触化疗药物的用具、污物应放入专用袋内集中封闭处理,化疗废弃物应放在带盖容器中,并注明标记。护士处理化疗患者的尿液、粪便、呕吐物或分泌物时必须戴手套。

4. 安全给药　药物具有两重性,即药物可以发挥对疾病的治疗作用,或称为药效或药理作用,同时也会产生与治疗目的无关甚至是相反的作用,称为副作用或不良反应。由于药物的选择是相对的,多数情况下治疗作用与副作用会同时发生,这是药物两重性的表现。这就要求我们在临床使用时要做到安全用药,安全用药的目标就是在使用药物治疗时达到最佳的利弊比,因此护士在给患者用药时必须做到以下几点:

(1)熟知常用化疗药物的不良反应

1)早期反应:恶心、呕吐、发热、膀胱炎。

2)近期反应:骨髓抑制、口腔炎、脱发、周围神经炎、麻痹性肠梗阻。

3)迟发反应:皮肤色素沉着、心脏毒性、肝毒性、不育症、致癌作用。

4)骨髓抑制:骨髓抑制较明显的药物有紫杉醇、多西他赛、伊立替康、拓扑替康、长春瑞滨、长春地辛、多柔比星、异环磷酰胺等。

(2)药物外渗的预防:化疗前护士应识别是发疱性还是非发疱性药物;输注化疗药物的人员应受过专门训练或取得从事化疗的证明,按指定的方案进行化疗;以适量稀释液稀释药物,以免药物浓度过高;为保证外周静脉畅通,理论上应按以下次序选择注射部位:前臂、手背、手腕、肘窝。对强刺激性和发疱性药物,一般采用前臂静脉给药;在注射发疱性药物前,应抽回血来证实静脉是否通畅。如发现生理盐水或葡萄糖外渗明显,则应另选注射部位,避免使用同一静脉的远端。给药速度约为5mL/min,并反复询问患者有无疼痛或烧灼感。

三、肿瘤化学治疗后护理

(一)饮食护理

肿瘤化疗药物的毒副作用会导致患者化疗后代谢紊乱、负氮平衡、免疫力低下、白细胞减少、脱发等,最终发展至恶病质。因此,对化疗患者进行饮食护理,改善营养状况十分必要。

1. 每天摄入新鲜蔬菜水果,以提高食欲,补充微量营养素。对进行放、化疗的患者,要常吃动物肝脏、猪血、瘦肉、黑芝麻、莲子、大枣、枸杞、桂圆等,以维持正常的血细胞数量和功能。

2. 护士要指导照护者采取各种方法鼓励患者进食,经常更换食谱,变化烹调方式,注意色、香、味的调配,给予高热量、高蛋白、少油腻、易消化的清淡饮食,少食多餐,可以吃富含纤维的食物,并按摩腹部。

3. 避免辛辣刺激、生冷、坚硬的食物,忌烟酒、浓茶、咖啡及粗糙的食物。

4. 建议多进食含钾高的水果,如柑橘、香蕉等。

5. 如果出现咽喉有灼热感、口干、吞咽困难等口腔黏膜反应,应给患者经常漱口保持口腔湿润,食物制成肉汁、肉汤一起进食,有助于吞咽,从而提高患者的进食量。

6. 患者化疗住院期间尽力创造干净、舒适、清洁的病房进食环境。应多饮水,促进代谢产物的排出,减轻化疗的毒副反应。

(二) 疼痛护理

1982 年,WHO 提出了癌痛"三阶梯镇痛,五项给药原则"治疗方案,即口服、按时、按阶梯、个体化、注意细节。2016 年,美国国立综合癌症网络(National Comprehensive Cancer Network,NCCN)发布的《成人癌痛临床实践指南》首次提出癌痛管理目标的"4A"原则:充分癌痛、最优生存、最小不良反应和避免异常用药。其强调了癌痛不仅是药物单一的治疗,而是全面、全程的管理过程。据报道,每天有 305 万以上的肿瘤患者有疼痛症状,晚期肿瘤患者 70% 左右以疼痛为主诉,其中 50% 属于剧烈疼痛,对患者生存产生极大负面影响。近年来,国内外控制疼痛的方法不断发展及完善。考虑到肿瘤的流行程度和疼痛对于患者生活质量的显著影响,化疗期间肿瘤患者的疼痛护理尤为重要。

疼痛护理方法包括:

1. 正确给药 慢性疼痛首选口服给药,出现持续不缓解的疼痛危象时可经皮下或静脉给药。按时给予控/缓释制剂控制患者的基础疼痛,按需给予即释制剂控制暴发痛。芬太尼透皮贴剂常选用的部位是躯干或上臂未受刺激及未受照射的平整皮肤表面,局部不能使用刺激皮肤或改变皮肤性状的用品,不能接触热源;透皮贴剂禁止刺破或剪切使用;每 72h 更换 1 次,并更换粘贴部位。

2. 观察药物不良反应 长期大剂量服用非甾体抗炎药存在上消化道出血,血小板功能障碍,心脏、肝、肾毒性的危险性。因此,需要观察患者有无出血征象,监测心脏、肝、肾功能。密切观察阿片类药物的不良反应,评估患者的排便情况、恶心、呕吐症状以及镇静表现等,尤其应注意神经系统变化,如意识障碍(嗜睡、过度镇静等)或呼吸抑制(呼吸频率 < 8 次/min、针尖样瞳孔、嗜睡样昏迷等),及时发现异常情况,必要时使用纳洛酮解救处理。

3. 建立家庭式病室 给患者创造一个良好的环境,病室的布置要安静整洁,优美温馨。

4. 建立良好的护患关系 护士要做到语言文明,举止端庄,操作熟练,以取得患者的信任,使患者敢于面对现实,积极配合治疗,顽强地与疼痛作斗争。

5. 基于 WHO 的止痛三阶梯法来减轻或缓解肿瘤引起的疼痛 三阶梯法描述了一个

肿瘤患者无法控制的疼痛逐步升级的药物治疗过程,这取决于症状的严重程度(分为:轻度、轻至中度和中至重度)。止痛阶梯的第一步是使用非阿片类药物(对乙酰氨基酚、阿司匹林或非甾体抗炎药)与或不予使用联合止痛药物 [如三环类抗抑郁药(TCA),抗癫痫药物(AED),加巴喷丁类等] 结合。当疼痛在第一步没有得到控制时,或其发病疼痛强度适中时,调用步骤二。步骤二推荐非阿片类 + 弱阿片类药物(即曲马多、可待因)加 / 减一种联合镇痛药。第三步是指初始疼痛等级为严重或疼痛对步骤二中的药物没反应时,建议使用强阿片类药物(吗啡、氢吗啡酮、羟考酮、芬太尼或美沙酮)+ 非阿片类药物 + 辅助治疗来控制症状。

6. 其他方法　包括患者自控镇痛(patient controlled analgesia,PCA)、药物阻滞破坏神经痛觉通路法及神经外科手术方法等。

7. 健康教育与随访　护士要掌握患者疼痛的信息并正确评估疼痛的程度,根据患者不同情况做出及时有效的处理。针对部分肿瘤患者化疗结束出院后也会长期口服使用镇痛药物,为此也要做好相应的健康教育。

(1) 正确认识癌痛:告知患者药物治疗可以有效控制疼痛,鼓励主动表达疼痛感受;解释阿片类药物的特性,消除患者对用药成瘾的顾虑,提高其治疗依从性。教会患者掌握疼痛自我评估的方法,每次使用的方法要保持一致。

(2) 指导正确用药:在医生指导下用药,不可自行调整用药剂量和频率;口服缓释药物整片吞服,不能掰开、碾碎服用;为避免胃肠道不适,非甾体抗炎药应在饭后服用;正确掌握透皮贴剂的使用方法。

(3) 阿片类药物不良反应的预防

1) 便秘:最常见。鼓励患者足够饮水,多吃蔬菜和水果,适当运动,保持每天排便习惯,预防性使用缓泻药。

2) 恶心呕吐:服药后初期反应,1 周左右症状逐渐消失,合理使用止吐药物,针灸疗法、放松疗法、音乐疗法等可以减轻症状。

3) 皮肤瘙痒:嘱患者不可抓挠以防皮肤损伤,局部可使用润肤剂;严重者可用止痒药物。

4) 神经系统:如出现嗜睡或过度镇静等表现,应及时就医。

(三) 环境护理

1. 患者化疗期间居住的房间应定时消毒、通风,保持空气新鲜。

2. 房间内阳光充足,光线柔和,冷暖适宜,以便使患者保持身体放松,心情愉快。

3. 有条件的病房可以为患者播放精选舒缓、优美的乐曲,以适当的音量进行播放,以缓解他们紧张、焦虑等不良心理情绪,保持身心状态良好。

(四) 输液期间护理

1. 在保护穿刺肢体的情况下,协助患者采取舒适的体位,按摩活动放松肢体,以减轻输液疲劳。

2. 加强巡视,重点观察药物滴速及穿刺部位有无红、肿、疼痛,询问患者的感受。

3. 及时给予疏导,使患者感受到被重视和关心。

(五)加强防护护理

化疗后患者的免疫力降低,天气变化时要及时加减衣服。尽量减少外出及人员的探视,远离患病的人。注意手卫生,勤洗手。出院后,需要第 3~7d 查血常规、血生化,如果发现白细胞及血小板计数低时,需要及时就诊治疗。

(六)社会支持护理

社会支持指来自家庭、亲属、同事、工会等社会各方面所给予的精神、物质上的帮助和支援。社会支持能促使患者使用更多的积极应对策略来提高患者免疫力和适应性行为,减轻身心症状。癌症的诊断使几乎所有的患者产生适应困难,他们需要来自多方面的支持。护士有责任做好这方面的工作,为患者提供社会支持的有效途径,调动有效的社会支持来源,指导患者积极寻求支持,让患者有心理归属感。

四、肿瘤化学治疗并发症的预防及护理

1. 静脉炎

(1)发病机制

1)由于静脉内长期输入浓度较高、刺激性较强的化疗药物,或放置刺激性大的塑料管而引起的化学性或机械性的局部炎症反应,从而使血管内壁受损。

2)化学药物的刺激作用只是诱因,主要原因与神经传导有关,化疗药物产生一定的神经系统毒性,主要是指化疗药物对周围末梢神经产生损害作用。

(2)常见药物:如多柔比星、环磷酰胺、氟尿嘧啶和丝裂霉素等均易引起变态反应,使血管通透性增高,药液外渗至周围组织导致静脉炎。

(3)临床表现:突发红肿、灼热、出现硬结节或条索状物,有明显的疼痛或压痛,即静脉炎。静脉炎的临床表现可分为 3 类。

1)红热型:沿静脉血管走向区域发热、肿胀及疼痛。

2)栓塞型:沿静脉走向处变硬,呈条索状硬结;外观皮肤有色素沉着;血流不畅伴疼痛。

3)坏死型:沿静脉穿刺部位疼痛加剧,皮肤发黑坏死,甚至深达肌层。

(4)预防及处理原则

1)选择好输液部位,避开手腕和肘窝以及施行过广泛切除性外科手术的肢体末端,乳腺癌根治术后避免患肢注射,避免下肢静脉。合适的部位为前臂,应避免在同一部位多次穿刺,有计划地调换静脉,选择静脉从小到大,由下到上,由远端到近端。

2)在可能的情况下,应考虑采用中心静脉留置针。

3)静脉注射药物时,药液的浓度不宜过高,给药速度不宜过快,减少对静脉的刺激。

4)注射化疗药物前,必须先用 0.9% 氯化钠注射液诱导,确保针头在静脉内再注入化疗药。输液过程中加强观察,并询问患者注射部位是否有疼痛、肿胀等不适。

5)输入化疗药物后,应该用 0.9% 氯化钠注射液充分冲洗管道后再拔针(除奥沙利铂外,奥沙利铂输入前后必须要用 5% 葡萄糖注射液冲洗静脉管道),使化疗药物完全进入体内,并减少药液对血管壁的刺激。

6）在用药前详细向患者讲解药物渗出的临床表现，如果出现局部隆起、疼痛或输液不畅时，及时呼叫护士。

7）一旦疑有外漏，应马上停止注射，保留针头，接空针，从原静脉抽吸残留在针头、输液管中的药物，并用硫酸镁冷敷（奥沙利铂外漏一周内禁止冷敷），抬高患肢。

（5）健康教育

1）患者化疗期间要注意休息，观察化疗一侧肢体的血供及皮肤状况，如果有红肿、灼热的感觉应立即告知护士，及时停止化疗药物的继续输入。

2）化疗期间不要随意调节药物的输注速度，防止速度过快损伤血管壁。

2. 消化道毒性反应

（1）化疗导致的恶心呕吐相关病理生理示意图见图 4-1。

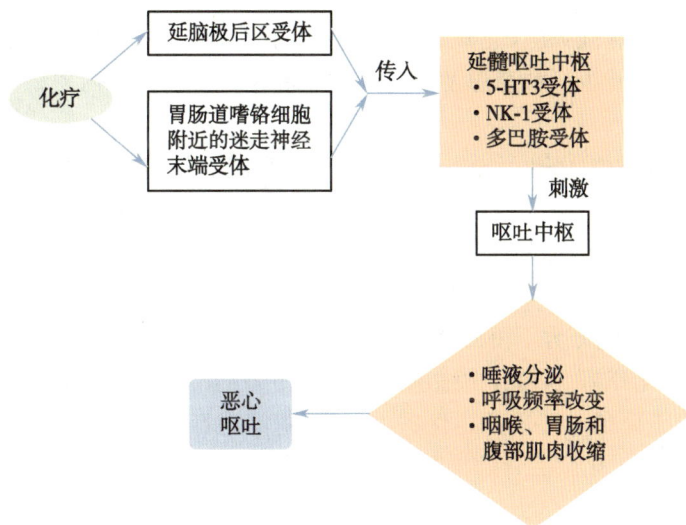

图 4-1　发病机制

注：5-HT 是 5-羟色胺；NK-1 是神经激肽-1。

（2）常见药物：多柔比星、氟尿嘧啶、氨甲蝶呤、洛莫司汀、顺铂和蒽环类药物常引起严重的胃肠道症状，主要是因为药物引起 5-羟色胺（5-HT）等物质释放，作用于大脑皮质、第四脑室化学感受区并激活延髓呕吐中枢引起呕吐。

（3）临床表现：恶心呕吐、食欲下降，严重者会无法进食进而导致出现脱水等症状。

（4）预防及处理原则

1）化疗前做好解释工作，化疗时有意识地与患者谈心。

2）保持病房环境清洁、无异味，减少不良刺激。

3）在化疗前及时准确给予止吐药物，如甲氧氯普胺、阿扎司琼等，必要时可以使用镇静药物辅助治疗。

4）给予清淡易消化的饮食。对已发生呕吐的患者，可在呕吐的间歇期进食，少量多餐，多饮水，并保持口腔的清洁。

（5）健康教育

1）指导患者合理膳食，给予高蛋白、高热量、高维生素、易消化饮食，避免生、冷、硬、刺激性食物。食欲下降者应鼓励其进食,多食新鲜水果和蔬菜。

2)如果恶心呕吐较为严重,应当暂时禁食并服用止吐药物。对于恐惧进食的患者,要鼓励其进食,防止患者剧烈呕吐造成胃黏膜出血;指导患者多饮水,以减轻药物对胃肠道黏膜的刺激。

3)音乐治疗:可以影响人的心理、生理和情感反应,如听音乐、讲故事等,音乐舒缓的节律可减慢患者呼吸节律,达到放松的目的,对减少化疗中的恶心呕吐有重要意义。

4)适度的有氧健身练习可以减轻恶心症状。适度行走练习有利于患者的机体和心理健康以及化疗后的康复。

3. 骨髓抑制

(1)发病机制:正常情况下,骨髓内细胞的增殖、成熟和释放与外周血液中粒细胞的衰老死亡、破坏和排出呈相对恒定状态。但由于化疗药物缺乏选择性,在杀死大量肿瘤细胞的同时亦可杀死不少正常骨髓细胞,尤其是对粒细胞系影响最大,从而出现骨髓抑制,常见白细胞减少甚至全血细胞减少。肿瘤患者在化疗中随着化疗药物在体内累积量的增加,其骨髓抑制也逐渐加重。

(2)常见药物:多数烷化剂可导致严重甚至是不可逆的骨髓抑制,白消安和亚硝脲类(如卡莫司汀)的不良反应多在6周后出现。蒽环类、鬼臼毒素类等也可引起较严重的骨髓抑制。吉西他滨、卡铂对血小板的抑制作用更加明显。

(3)临床表现

1)白细胞及粒细胞计数下降:最常见。粒细胞的半衰期最短,为6~8h,因此最先下降,最低值一般出现在化疗后7~13d,白细胞及粒细胞下降的治疗疗效很好,以粒细胞集落刺激因子为主,Ⅳ度以下降低时还需采用保护性隔离、房间消毒及预防性应用抗生素,这些措施的应用可保护患者渡过化疗后骨髓抑制期。

2)红细胞及血红蛋白计数下降:多周期化疗后可出现,一般为轻度下降,必要时可应用促红细胞生成素或输注红细胞悬液,以保证治疗顺利进行。

3)血小板减少:少见,个别药物有血小板减少的不良反应,轻度减少不需处理,较重时可采用血小板集落刺激因子、输血小板等措施,Ⅳ度以下血小板减少患者需适当制动。

(4)预防及处理原则

1)环境要求:采用单人间,定时空气消毒,紫外线照射2次/d,0.5%邻苯二甲醛消毒液擦拭地面。保持室内空气新鲜,开窗通风2~3次/d,20~30min/次,可减少细菌的数量。减少探视,陪护人员相对固定。当白细胞计数<0.5×10⁹/L时,实行保护性隔离。在进行各种操作时严格无菌操作。指导患者咳嗽、深呼吸练习,及时排出气道的分泌物,预防呼吸道感染。

2)口腔护理:经常保持口腔清洁,晨起、睡前、饭后用淡盐水漱口,淡盐水的配制方法:500mL温开水+氯化钠(熟盐)3~4g,约半小匙。用软毛刷刷牙,以免损伤口腔黏膜。当口腔黏膜干燥、牙龈炎、口腔溃疡时,用0.5%普鲁卡因含漱,并进行口腔护理。使用抗生素控制感染。

3)防止出血:指导血小板计数低的患者活动时注意动作轻缓,防止外伤。改正不良习惯,如剔牙、挖鼻、留长指甲等,减少出血的诱因。勤换内衣,避免搔抓皮肤,造成皮肤黏膜的损伤。

4）保持大便通畅,便后用温水清洗外阴和肛周,每晚用 1∶5 000 高锰酸钾溶液坐浴,预防泌尿系和肛周感染。

5）体温的监测:每 4h 测 1 次,避免受凉感冒。高热者应绝对卧床休息,减少体力消耗。多饮水以促进血液循环和毒素排泄。必要时采集血、尿标本检查病原体。当体温＞39℃时,可给予温水擦浴、头部冷敷等,并用药物降温。对出汗过多者,应更换内衣、床单,保持皮肤清洁干燥。

6）外周血象的观察:化疗前常规检查肝、肾功能,血生化,血、尿常规。当白细胞计数 ＜ $1.5×10^9/L$ 时,暂停化疗,复查血常规 1 次 /d,若连续 7d 或 7d 以上仍低下,再次化疗时应调整剂量。当血小板计数＜ $20×10^9/L$ 时易出现自发性出血,应绝对卧床休息,静脉输注血小板。应用一些中医中药及升血药物配合治疗。化疗结束后,大部分患者仍处于骨髓抑制期,应指导患者不能放松警惕,继续预防感染和出血。

（5）健康教育

1）卧床休息,避免疲劳。

2）放松心情,树立战胜疾病的信心。

3）少量多次饮水,观察体温变化。

4）饮食:以高蛋白、高热量、高维生素、易消化食物为主,如鱼肉、瘦肉、牛奶、新鲜蔬菜、水果等。

5）保持皮肤的清洁,勤换衣裤,保持口腔清洁卫生,晨起、饭前、饭后、睡前漱口,预防口腔溃疡及真菌感染,定期监测血常规。

6）尽量避免去人员密集的地方。

4. 心脏毒性

（1）发病机制:以蒽环类药物为例,主要作用机制有:

1）铁离子介导的活性氧自由基产生,脂质过氧化的氧化应激增加。

2）干扰线粒体,影响辅酶 Q_{10} 的功能。

3）直接作用于细胞。

4）抑制心肌细胞 Na^+。

（2）常见药物:蒽环类最常见、铂类药物、氟尿嘧啶、紫杉醇、烷化剂等。

（3）临床表现:为各种心律失常（包括传导阻滞）、ST-T 或 T 波改变、心绞痛、心肌梗死,甚至心力衰竭等。在给药数小时后即可出现急性心脏毒性反应,主要表现在心脏电生理和心脏节律的改变,轻微者可出现心绞痛,严重者可出现心肌梗死和心力衰竭等毒性反应。

（4）预防及处理原则

1）化疗前先了解患者有无心脏病病史,查看心电图检查结果,了解心脏情况。

2）观察病情,倾听主诉,监测心率、节律的变化,必要时心电监护。监测相关生化指标,预防电解质紊乱。

3）严格掌握细胞毒性药物临床使用剂量范围,在临床上必须严格遵守肿瘤细胞毒性药物的常规使用剂量,对易发生心脏毒性的药物更是如此。

4）避免同类药物联用,尽量避免蒽环类药物与其他易发生心脏毒性的细胞毒性药物联合应用,减轻心脏毒性的叠加效应。

5) 遵守禁忌证,对老年患者、轻度心功能异常患者及小儿、恶病质患者,尽量避免使用蒽环类药物或减小剂量。

6) 注意休息,减少心肌耗氧量,减轻心脏的负荷少;少量多餐,避免加重心脏的负担,反射性地引起心律失常。

(5) 健康教育

1) 肿瘤化疗的患者由于社会环境、文化程度的不同,加上化疗时间长,化疗后的毒副作用,担心化疗的效果、化疗费用等,往往出现恐惧、焦虑、怀疑、失望的心理。护士与患者采取一对一的个案教育,指导患者正确对待所患疾病。随着肿瘤患者的自我保护意识逐渐增强,要正视现实,保持良好的情绪,树立战胜疾病的信心,走出疾病的阴影。

2) 化疗期间需要监测患者的心功能,如果出现不适立刻告知医生,遵医嘱停用化疗药物。

5. 肝脏毒性

(1) 发病机制

1) 直接损伤肝细胞:化疗药物及其代谢产物直接导致细胞应激,通过直接的毒性作用损害肝细胞或者干扰肝细胞的代谢,破坏肝细胞的结构。

2) 药物代谢因素:化疗过程中及联合用药使得药物毒副作用增加,药物之间相互作用还可以降低肝脏解毒功能,导致药物毒性增加,加重肝细胞损伤。

(2) 常见药物:抗代谢药物如嘧啶类、吉西他滨、氨甲蝶呤等;铂配位络合物如奥沙利铂、顺铂;抗生素类抗肿瘤药如蒽环类抗生素;微管作用剂如紫杉醇、多西他赛等。

(3) 临床表现:有乏力、食欲减退、恶心、呕吐、肝大及血清转氨酶、胆红素升高,重则出现黄疸甚至急性肝衰竭。

(4) 预防及处理原则

1) 化疗前进行肝功能检查,有异常慎用化疗药,必要时保肝治疗。

2) 用药过程中加强病情观察,及时发现异常,对症处理。

3) 出现肝功能损害应及时停药,同时予保肝药物,如甘草酸二铵、中药等。

4) 饮食宜清淡,适当增加蛋白质和维生素的摄入。

(5) 健康教育:化疗期间选择高热量、高维生素、低脂肪的清淡饮食,尤其在肝功能受损的情况下要根据患者自身情况需要选择特殊膳食,遵医嘱予以保肝药加以预防。

6. 泌尿系统毒性

(1) 发病机制:化疗药物可直接损伤肾小球、肾小管、肾间质或肾的微循环系统,导致无症状的血清尿素氮、肌酐升高,甚至急性肾衰竭;也可因药物在肾小管液中的溶解度饱和导致的排泄障碍和肿瘤溶解综合征等间接因素导致损伤。

(2) 常见药物:常见的可致肾毒性的药物包括顺铂、大剂量氨甲蝶呤、丝裂霉素、亚硝脲类和异环磷酰胺等。

(3) 临床表现:尿频、尿急、血尿。

(4) 预防及处理原则

1) 嘱患者在化疗前和化疗过程中多饮水,使尿量维持在 2 000~3 000mL/d 及以上。

2) 使用顺铂前充分水化,输注生理盐水 3 000mL/d。

3）大剂量应用氨甲蝶呤时可导致肾功能不全,需水化,定期检查血药浓度及用亚叶酸钙解救。

4）环磷酰胺、异环磷酰胺(IFO)应用时宜充分水化以利膀胱排空。尿路保护剂美司钠可预防出血性膀胱炎,一般在应用 IFO 后的 0h、4h、8h 静脉推注此药。

（5）健康教育

1）化疗期间嘱患者多饮水,避免同时使用对肾脏有损伤的药物,注意休息,避免劳累,注意防寒保暖,避免感冒感染。如果出现血尿、泡沫尿等现象,要及时报告医生或者护士。

2）饮食指导:癌症患者消耗大,免疫力较平常低下,因此鼓励患者化疗期间要多吃水果蔬菜,不能喝酒,不能吃辛辣食物。

7. 肺毒性

（1）发病机制:多种化疗药物作用可导致肺、气道、胸膜和肺循环系统损伤,或者直接损伤肺毛细血管上皮细胞后,逐渐出现典型的弥漫性肺间质浸润表现及肺纤维化。

（2）常见药物:博来霉素、丝裂霉素、氨甲蝶呤、环磷酰胺、阿糖胞苷、吉西他滨、氟达拉滨、紫杉醇、伊立替康等。

（3）临床表现:主要为肺部炎症表现、过敏性反应、血管渗透性反应及肺血管疾病等,在病变初期,胸部 X 线检查可无异常征象,以后逐渐出现典型的弥漫性肺间质浸润的表现。

（4）预防及处理原则

1）抗肿瘤药物的肺损伤起病快慢不一,密切观察化疗患者的临床表现改变,及时发现和治疗抗肿瘤药物的肺毒性,对患者的生存率和生存时间有较大影响。

2）对存在危险因素的患者应严格控制药物剂量和累积剂量,同时因肺毒性与血中抗肿瘤药物最高浓度成正比,可改用肌内注射或持续静脉滴注以减轻肺毒性。

3）联合放疗的患者应该减量,并且在用药过程中密切关注高危患者的慢性咳嗽等症状,同时牢记不施行无确实疗效的化疗。

4）做胸部 X 线检查等。一旦发生药物性间质性肺炎,首先立即停药。不过大多数病例即使停药,肺毒性仍进一步恶化。

5）怀疑过敏性肺炎的患者,首先停药,并早期应用肾上腺皮质激素及氯喹等成纤维细胞抑制剂,可减轻肺泡病变。

（5）健康教育

1）化疗期间如果出现发热、气急、干咳等不适反应,告知患者要及时报告医生或者护士。

2）饮食指导:癌症患者消耗大,免疫力较平常低下,因此鼓励患者要多进食少油腻、易消化、高蛋白、高维生素的食物。

3）活动指导:多注意休息,保证充足睡眠,避免过度劳累,适量的户外活动,保持心情愉悦。

8. 神经系统毒性

（1）发病机制:化疗药物可以造成中枢和外周神经毒性。因为血脑屏障的保护作用,大多数化疗药物很少进入中枢神经系统,但可通过渗入血管神经屏障,结合于背根神经节及其周围轴突,使累积的化疗药物对周围神经产生毒性作用。近年来研究发现的化疗后外周神经毒性可能的发生机制有:线粒体损伤和氧化应激反应的增加,离子通道的改变,神经炎症反应及外周神经的结构改变。

(2)常见药物:可致中枢神经毒性的药物主要有氨甲蝶呤、阿糖胞苷、高剂量异环磷酰胺和氟尿嘧啶类药物等,具有外周神经毒性的药物主要包括紫杉类、铂类和长春碱类。

(3)临床表现:感觉神经损伤可表现为四肢末端的感觉异常、感觉迟钝、烧灼感、疼痛和麻木,运动神经损伤可表现为肌无力和肌萎缩,如影响自主神经,可出现膀胱张力减弱、便秘甚至麻痹性肠梗阻。中枢神经毒性可表现为急性的非细菌性脑膜炎以及慢性进展的偏瘫、失语、认知功能障碍和痴呆。

(4)预防及处理原则:神经毒性的发生和严重程度与药物的累积剂量和剂量强度明显相关,目前主要减轻和控制外周神经毒性的方法是控制累积剂量和降低剂量强度;化疗药物导致的神经毒性多可于停药后逐渐恢复,可配合神经营养药物及理疗等手段协助恢复;在抗肿瘤药物神经毒性治疗及预防研究中,一些抗氧化剂和细胞膜保护剂已经过临床验证,具有一定疗效。中医治疗也可以通过增强机体细胞免疫和体液免疫来保护正常组织,对于减轻化疗药物的神经毒性也有裨益。

护理措施:

1)准确评估患者化疗过程中神经损伤情况:要求护理人员认真观察患者病情,通过交流、沟通、耐心倾听患者主诉,了解患者有无四肢麻木、感觉异常、肌肉痉挛等症状,及时通知医生给予相应的治疗。

2)依据不同药物特性采取护理措施:使用奥沙利铂的患者禁止饮用冷水,禁止接触冷的物品,防止引发急性神经毒性等类似神经毒性症状。

(5)健康教育:化疗期间鼓励患者多饮水,从而减少药物毒性作用,降低神经毒副反应。指导患者及家属加强保护意识,防止受伤,四肢感觉异常者应经常保持四肢清洁,避免受压和冷热刺激,防止烫伤和冻伤,避免皮肤受损。主诉肢端麻木较重者,可采取按摩、热敷等措施来减轻四肢麻木、刺痛感。

9. 皮肤毒性及脱发

(1)发病机制:化疗药物直接作用于分裂较快的细胞,损伤毛囊结构如皮肤、毛发等,导致脱发,同时可使皮肤角化增多并发生色素沉着。

(2)常见药物:以烷化剂为甚,环磷酰胺、多柔比星、氨甲蝶呤和长春新碱最常引起脱发,其他还有卡培他滨、博来霉素、阿糖胞苷、多西他赛和舒尼替尼、索拉非尼等。

(3)临床表现:化疗药物引起的全身皮肤毒性多种多样,主要包括手足综合征、放射回忆反应、痤疮样皮疹、色素沉着、甲沟炎和指甲改变、脱发等。放射回忆反应主要表现为曾接受过放疗的皮肤部位,在应用化疗药物后再次出现类似于放疗性皮肤损伤的表现。

(4)预防及处理原则

1)保持皮肤清洁,用温水清洗,避免搔抓,如出现手足综合征应注意保持受累皮肤湿润,在局部皮肤出现水疱后要防止水疱破裂并预防感染。

2)一些中药外用可治疗化疗所致手足综合征;必要时药物减量或停止给药后症状可缓解。

(5)健康教育

1)做好心理护理,告诉患者脱发是暂时的,不要过分担心。

2)建议佩戴假发以改善形象,增强治疗的信心。

3)宣教患者应穿戴宽松的鞋袜、手套以避免手足的频繁摩擦和过度受压。

10. 过敏反应

(1)发病机制:以最容易导致过敏反应的紫杉醇类药物为例,油剂稀释紫杉醇是引起过敏反应的原因之一。过敏反应的发生是由于早期抗原刺激机体,产生特异性免疫球蛋白IgE,当抗原再次进入机体,IgE抗体与之结合,刺激肥大细胞、嗜碱性粒细胞释放化学介质如组胺,产生过敏症状。

(2)常见化疗药见表4-1。

表4-1 常见化疗药

药物	发生率	反应类型	临床表现
顺铂	5%以下	Ⅰ型	发热、瘙痒、咳喘、呼吸困难、出汗、眼睑肿胀、支气管痉挛、荨麻疹、血压下降
氨甲蝶呤	高剂量时发生率较高	Ⅰ型,偶有Ⅲ型	Ⅲ型出现肺损伤表现,多是由于长期反复使用,导致机体产生相应的抗体(主要是IgE)
阿糖胞苷	单用时可达33%	Ⅳ型	长期应用易出现,用后数小时出现发热、倦怠感、骨关节疼痛、皮疹、结膜充血
依托泊苷	1%~3%	Ⅰ型	呼吸困难、胸闷、血压下降、意识障碍、皮疹
博来霉素	10%	Ⅰ型	皮疹、瘙痒、呼吸困难、咳嗽,可能与机体内在性游离发热物质增多或组胺增多有关
门冬酰胺酶	6%~43%	Ⅰ型	荨麻疹、呼吸困难、血压下降、喉头痉挛、喘鸣等
紫杉类	轻症约40%,重症约2%	Ⅰ型	呼吸困难、喉头痉挛、血管性水肿、荨麻疹、面部潮红等,与血浆游离组胺或赋形剂有关

(3)临床表现:局部表现如荨麻疹、药疹、剥脱性皮炎;全身表现如Ⅰ~Ⅳ型过敏反应,严重者会导致死亡。

(4)预防及处理原则:对于过敏反应发生率较高,程度较严重的化疗药物,需要预防性抗过敏治疗。如:紫杉类、博来霉素、门冬酰胺酶,无论剂量大小、滴注时间长短,均必须行抗过敏预处理。处理原则:局部荨麻疹并非停药指征,但需要严密观察或治疗好转后继续用药;如有全身过敏表现应立即停药,联合应用 H_2 受体拮抗剂,并根据病情变化适当应用糖皮质激素、升压药或支气管扩张药。

（5）健康教育

1）根据个体差异采取相应的护理措施，消除患者的紧张心理。

2）清楚各类药物的性能、剂量、给药途径、给药方法及毒副作用、注意事项，并做好解释工作，使患者心中有数。

3）在患者活动耐力范围内，鼓励其从事部分生活自理活动和运动，以增加患者的自我价值感，避免久坐少动，宜多活动以流通气血。

4）指导患者进清淡、易消化饮食，温度适宜，少食多餐，同时增加食物种类，以增进患者食欲，多食用富含维生素 A、C、E 的新鲜蔬菜、水果及含有精纤维的糙米、豆类等食物。

第三节　肿瘤化学治疗与护理 PBL 案例

一、淋巴瘤

第一幕

陈女士，64 岁，半年前搬入新居，上个月洗澡时偶然发现右侧腹股沟肿块，鸽子蛋大小，偶有肿痛，患者未予以重视。2 周后患者右侧腹股沟淋巴结进行性增大并伴有消瘦、乏力、盗汗，立即前往医院就诊。查体示：T 36.9℃，P 88 次 /min，R 18 次 /min，BP 122/70mmHg。轻度贫血貌，腹股沟淋巴结无痛性肿大，不粘连，可活动。实验室检查：白细胞 1.81×10^9/L、红细胞 2.23×10^{12}/L、血红蛋白 63g/L、血小板 101×10^9/L。腋窝腹股沟淋巴结 B 超：双侧腋下淋巴结可显示、双侧腹股沟淋巴结可显示。医生综合检查结果，决定将患者收入血液内科病房继续治疗。

【学习目标】

1. 掌握　淋巴瘤的临床表现。

2. 熟悉　淋巴瘤的病因及发病机制。

3. 了解

（1）淋巴瘤的定义。

（2）淋巴瘤的辅助检查。

（3）淋巴瘤的鉴别诊断。

第二幕

患者进入血液科病房后进一步行右侧腹股沟淋巴结切除活检，病理诊断报告示：（右腹股沟）淋巴结滤泡性淋巴瘤 3b 级，滤泡为主型约 60%，部分区域为弥漫性大 B 细胞淋巴瘤约 40%,确诊为非霍奇金淋巴瘤。经与家人、医生商量后,患者决定行 R-CHOP(利妥昔单抗＋环磷酰胺＋脂质体多柔比星＋长春瑞滨＋地塞米松)方案化疗,同时予以水化、碱化、保肝、保护心脏等处理。患者化疗第 5 天出现恶心、呕吐、脱发等症状,心情很低落,责任护士对她进行了相应的心理疏导,并遵医嘱给予对症处理,这才让患者心情恢复了平和。

【学习目标】

1. 掌握　淋巴瘤患者的护理措施。
2. 熟悉　淋巴瘤的分型。
3. 了解　淋巴瘤的治疗要点。

第三幕

患者住院 2 周后生命体征平稳,病情基本稳定,每天在家属和朋友的陪伴下散步、聊天,情绪平稳,但家属一旦离开后她就开始愁眉苦脸、闷闷不乐,每天晚上都要打电话到深夜。夜班护士发现后,给予患者讲述了疾病的康复过程及注意事项,患者听后安心地睡着了。经过几天的病情观察,医生告知患者可以出院,责任护士耐心对其进行出院健康指导,患者及家属都很配合,最终患者顺利出院。

【学习目标】

掌握
(1) 淋巴瘤患者的心理护理。
(2) 淋巴瘤患者的健康教育。

二、多发性骨髓瘤

第一幕

从田地收获了半筐红薯回来的吴大爷,今年 61 岁,骑着自行车行驶在新修的乡间柏油路上,惦记着明天给住在城里的儿子送点自家种的花生、蔬菜。张大爷额头流出细细的汗珠,别说就这 2 里路竟然骑得挺累,大爷暗自感慨:真的是上了年纪,最近这体力就是大不如以前!到家门口了,刹闸、下车;"哎呀"张大爷刚跨下车就觉得腰间突然一阵剧痛,动弹不得。大爷痛苦地呻吟着,老伴见状急忙给儿子打电话,在众人的帮助下,张大爷被 120 急救车送往医院。

【学习目标】

1. 掌握　多发性骨髓瘤的临床表现。
2. 熟悉
(1) 多发性骨髓瘤的鉴别诊断。

（2）多发性骨髓瘤的辅助检查。

3. 了解

（1）多发性骨髓瘤的病因及发病机制。

（2）多发性骨髓瘤的诊断标准。

（3）多发性骨髓瘤的定义。

（4）多发性骨髓瘤的分型及分期。

第二幕

张大爷被担架抬入病房，痛苦地呻吟着，接诊的李医生特意叮嘱护士为张大爷准备硬板床，并进行了体格检查，记录：T 36.6℃、HR 102 次 /min、R 25 次 /min、BP 165/110mmHg，强迫体位、痛苦面容、贫血貌，左颈部可触及 2 枚肿大淋巴结，大者体积如枣，质韧、无触痛；睑结膜苍白、双肺听诊未闻及干湿啰音，心律齐，心尖部可闻及 SMⅡ/6 级杂音，腹软、肝脾肋下未及，双下肢无水肿。血免疫固定电泳示阳性，尿本周蛋白阳性，骨髓细胞学示：多发性骨髓瘤倾向。流式细胞学：可见约 12.0% 的单克隆浆细胞，且伴免疫表型异常。骨髓穿刺活检：浆细胞瘤。免疫组化结果：确诊为"多发性骨髓瘤"，分型分期为 Ig-K 型，DSⅡ期 B 亚型 ISSⅢ期。患者得知病情后十分焦虑，夜不能寐，责任护士立即给予心理护理，帮助患者树立战胜疾病的信心。医师查房后，决定通过化学药物疗法治疗疾病，拟行 VRD 方案。

📖【学习目标】

1. 掌握

（1）多发性骨髓瘤患者的护理要点。

（2）多发性骨髓瘤患者的心理护理。

2. 了解　多发性骨髓瘤的治疗方案。

第三幕

患者使用 VRD 进行化疗，在化疗后第 4 天出现恶心、呕吐及脱发现象，责任护士进行了相应的健康宣教及遵医嘱使用止吐药物，这才让患者减轻了心理负担。经过积极治疗，张大爷化疗结束 20d 后尿量逐渐增多，腰痛有所缓解，肾功能恢复正常，IgA 明显下降，人也有劲了，戴着腰托支具高高兴兴出院了。

📖【学习目标】

1. 掌握

（1）多发性骨髓瘤化疗主要不良反应。

（2）多发性骨髓瘤患者的心理护理。

2. 了解　多发性骨髓瘤患者进行出院后的健康指导。

三、卵巢癌

---- 第一幕 ----

沈女士,55岁,2015年9月体检时发现:糖类抗原125(carbohydrate antigen 125,CA125)↑(79.15/mL),B超提示右侧卵巢内见一个混合回声区:大小36mm×30mm×30mm。2015年10月在全麻下行"腹腔镜检查术+卵巢癌肿瘤细胞减灭术(全子宫+双附件+大网膜切除+盆腔淋巴结清扫)",病理示:高级别浆液性癌,术后予以化疗方案紫杉醇+顺铂12次,之后几年病情稳定。

近一周,沈女士感觉腹痛腹胀明显、无排气、便秘5d。敏感的沈女士自觉不妙,随即入住血液科。下腹部CT示:卵巢癌腹腔转移,伴不完全梗阻。听到结果的沈女士十分沮丧,无奈地行鼻肠梗阻减压导管植入术、禁食、胃肠减压。遇到打交道多年的何护士,沈女士无奈道:"我现在活着,靠的都是补液、打针续命。"

【学习目标】

1. 掌握
(1)肠梗阻的常见病因。
(2)肠梗阻的临床表现。
(3)肠梗阻的治疗方法。
(4)肠梗阻的护理常规。
2. 了解　肿瘤复发患者的心理治疗。

---- 第二幕 ----

肠梗阻症状缓解后,医生为沈女士制订下一步治疗方案:紫杉醇+顺铂静脉化疗6次。听到消息后的沈女士直呼不愿意:"我不就是肠梗阻发作,症状缓解后即可回家,为什么又要化疗?"何护士耐心解释:"本次腹痛腹胀关键不是肠道原发问题,而是卵巢肿瘤细胞复发,浸润肠组织导致梗阻,治病要治根。"

面对化疗方案,沈女士问题连连:"是否有不掉头发的药?止吐药能维持多久时间?有没有更高科技的化疗药,一次性解决卵巢癌?化疗还是会引起白细胞、血小板低下吗?为了提高抵抗力,我需不需要立即饮食进补?"

【学习目标】

1. 掌握
(1)卵巢癌的临床表现。
(2)卵巢癌的转移途径。
(3)卵巢癌的诊断。
2. 了解
(1)紫杉醇的适应证、注意事项。

（2）顺铂的适应证、注意事项。

第三幕

化疗过后第 3 天，沈女士突然发现左手臂明显肿胀、皮肤温度高、皮肤颜色暗红，测量左手臂围 30cm、右手臂围 26cm。紧张的沈女士立即询问护士："是不是化疗药物外渗？肿瘤转移到左手臂？影响生理活动吗？"经过血管超声检查、DD- 二聚体化验等，为静脉血栓形成，堵塞肱静脉造成缺血缺氧。遵医嘱予以那屈肝素钙 4 100U 皮下，q.d.。

沈女士自认为通过甩臂运动促进栓子脱落、疏通血管，小何护士发现后及时阻止："千万不能做增加栓子掉落的活动，比如热水袋外敷、按摩肢体、甩臂运动，别看你现在好好的、不痛不痒，但是一旦栓子掉落在肺静脉、脑动脉，真是要人命的。你可以抬高上肢促进水肿消失，或者握拳增加血液回流。"

📖【学习目标】

1. 掌握　静脉血栓的体征。
2. 熟悉
（1）静脉血栓的病因。
（2）那屈肝素钙抗凝药物的适应证、注射方式。
3. 了解
（1）静脉血栓的诊断检查。
（2）静脉血栓的治疗方法。

四、肺癌伴上腔静脉综合征

第一幕

魏大爷，68 岁，退休在家，平素吸烟嗜酒，每天 1 包烟，顿顿不离酒，身高 170cm，体重 55kg，平素坚持锻炼，既往无高血压、糖尿病、心脏病等慢性病史，无手术史，自认为身体强健，从未进行身体检查。7 个月前，魏大爷发现左锁骨上有一肿块，不痛不痒，由于没有明显不适，未引起重视。最近 1 周以来突发呼吸困难、头面部肿，且近 3d 症状加重，胸闷气喘、面色青紫，日常生活受到严重影响，遂到医院就诊。

门诊医生详细询问病史后，让魏大爷完成相应检查。胸部 CT 示：右上肺占位性病变。超声示：颈部淋巴结异常肿大，医生将其收治入院，并告知，"魏大爷，您目前的病症是上腔静脉被压迫，导致颈面部明显肿胀、呼吸困难等症状，您需要住院进一步详细检查。"魏大爷听后焦虑万分："医生你别吓我，平时不生病的我怎么突然之间病情变得那么严重，我还能活多久？有治好的可能性吗？"面对患者的各种疑问，医生耐心地解释并取得了患者的配合。

📖【学习目标】

1. 掌握

(1) 上腔静脉综合征的临床表现。

(2) 上腔静脉综合征的护理要点。

2. 熟悉　上腔静脉综合征的病因。

3. 了解

(1) 上腔静脉综合征的治疗原则。

(2) 上腔静脉综合征的辅助检查。

第二幕

入院后,魏大爷经过支持治疗(20% 甘露醇 250mL,1 次 /12h,静脉滴注)后症状稍有缓解,并完成了 CT、MRI、超声引导下穿刺活检等一系列检查。结果超声引导下淋巴结穿刺活检术提示转移性腺癌,胸部 CT:考虑肺恶性肿瘤、多处淋巴转移、上腔静脉癌栓形成可能,两肺多发转移瘤。

医生先向魏大爷家属告知了诊断结果,而后经过家属同意,将病情告知魏大爷:"大爷,这次检查出来的结果不太好,确定是肺部肿瘤,已到晚期,您身体很多器官都有肿瘤转移。"魏大爷听后十分惊讶,虽然猜测到会是不好的结局,当医生告知后,痛苦、沮丧随之而来,"大夫,平日里我身体可好呐,感冒咳嗽都很少发生,我还想多活两年,你要帮帮我。"医生握着魏大爷的手,给予安抚并提出治疗方案,首要措施为缓解症状,同时治疗肺癌。

正在治疗中的魏大爷情绪低落,反复提到:"真后悔不治疗小痛小病,如今搞大了,哎……"责任护士洞悉魏大爷的苦恼,通过言语开导、搭建肺癌患者互助扶持,逐渐消除其内心的苦闷。

📖【学习目标】

1. 掌握

(1) 肺癌的临床表现。

(2) 超声穿刺活检术后的护理。

2. 熟悉　癌症患者心理变化五个阶段。

3. 了解

(1) 肺癌的诊断方法。

(2) 肺癌的转移途径。

(3) 肺癌的病理分型。

第三幕

魏大爷确诊肺恶性肿瘤晚期伴上腔静脉综合征、多处淋巴转移,无手术指征。医生组与魏大爷沟通后,选择姑息性治疗:上腔静脉支架置入 + 全身静脉化疗(培美曲塞 + 顺铂)。魏大爷与家属经过一段时间商量后,表示愿意接受治疗方案,希望尽可能缓解目前的症状、提高生活质量。

魏大爷在介入下行"上腔静脉支架置入＋球囊扩张成形术＋上腔静脉造影",术中顺利,术后无任何并发症。而后医生组再为魏大爷行股静脉 CVC 导管置入,患者很是反对:"其他病友的导管留置在手、胳膊或者胸口上,我为什么放在大腿处?"对于魏大爷的疑虑,责任护士耐心讲解各类中心静脉导管的适应证、注意事项、优势,最终取得了理解。

在完成培美曲塞＋顺铂第 4 天,患者早起洗漱时,发现面部肿胀消失,露出阔别已久的欣喜笑容:"没想到放了根支架加上静脉化疗,效果那么好,现在人感觉没那么难受,呼吸不急促、颜值又能回归,坚持治疗是必要的。"

📖【学习目标】

1. 掌握

(1) 上腔静脉支架置入术前的护理。

(2) 上腔静脉支架置入术后的护理

2. 熟悉　培美曲塞的适应证、不良反应、注意事项。

五、直肠癌

第一幕

陈先生,25 岁,从学校毕业进入社会仅有 2 年,对待工作的态度以拼命三郎著称,加班加点是常态,一日三餐以外卖为主打产品。

2019 年 7 月,对他来说是噩梦的开端:无明显诱因下出现左下腹隐痛,症状反复发作,伴有腹胀、恶心、乏力,大便 4~5 次 /d,表面有黏液及少量鲜血,历经一系列全身检查,肠镜病理:直肠低分化腺癌(浸润性),肠旁淋巴结 7/8 枚见癌转移;CT:腹腔少量积液。最终诊断:直肠恶性肿瘤($T_3N_2M_1$ 腹腔)。

责任护士小张在收治陈先生入院时,发现年轻人戴着黑色鸭舌帽、低着头没有眼神交流,回答基本问题时声音极轻。凭着多年经验,小张护士收集患者疾病信息,并且通过测量焦虑、抑郁量表,得出陈先生目前精神状态为轻度焦虑、中度抑郁。心病需要心药医,小张护士采用叙事护理的方法,多次开导内心痛苦的陈先生。

📖【学习目标】

1. 掌握　直肠癌的临床表现。

2. 了解

(1) 直肠癌的诊断方法。

(2) 直肠癌的转移途径。

第二幕

心灵沟通使得陈先生和小张护士建立起良好的护患友谊,陈先生遇到不懂的疾病问题,第一时间向小张护士咨询。医生组根据患者整体情况,制订静脉化疗伊立替康＋亚叶酸钙（CF）＋氟尿嘧啶（5-FU）+5-FU 泵 [FOLFIRI] 方案，暂定行 12 次，而后依据疾病进展再调整。

为了解决输注困难和长期治疗的要求，给予两种选择：PICC 置管或输液港（implantable venous access port，PORT）置管。小张护士细致讲解分析两种中心静脉导管的优缺点，陈先生考虑到活动方便程度、自我形象、治疗周期长短、经济承受能力，最终选择手臂输液港 PORT（以下简称手臂港）。

手臂港置管后第 2 天，陈先生紧张兮兮地举着右手臂询问："伤口疼了一晚上，刺痛样感，是发生感染了吗？按压的纱布有鲜血，是缝线断了吗？"经过小张护士的伤口维护和解释，陈先生稍许放宽了心，接着又问道"伤口多久能愈合？什么时候能用上手臂 PORT？伤口好了能否洗澡、做家务？皮肤上的插针是一直插着的吗？往后还会发生其他并发症吗？"

📖【学习目标】

1. 掌握
（1）静脉输液港的适应证、分类。
（2）手臂港置管术后常见的并发症。
（3）手臂港置管术后的维护要点。
（4）手臂港患者出院后注意事项。
2. 熟悉
（1）PICC 和 PORT 并发症的区别。
（2）手臂港并发症的处理。

第三幕

陈先生签下化疗同意书的当晚忧心忡忡，翻来覆去难以入眠，对化疗产生巨多疑问："化疗会掉头发吗？化疗后会抱着脸盆吐吗？化疗费用昂贵吗？一个周期化疗需要几天完成？我还能回到单位上班吗？"

小张护士见到黑眼圈极重的陈先生，逐一解说补液内容：保胃（泮托拉唑钠）＋保肝（注射用谷胱甘肽）＋止吐（盐酸帕洛诺司琼）＋抗过敏（地塞米松 ＋ 盐酸异丙嗪）＋化疗 4 联（伊立替康 +CF+5-FU+5-FU 泵）。当静脉滴注补液挂在输液架后，陈先生连连感慨："这么多补液啊，共要进行 12 个疗程！"

第一次化疗的陈先生战战兢兢度过了 48h 输注，当化疗泵从导管外分离，陈先生露出欣慰的笑容："全程化疗还行嘛！不难受，也没出现呕吐，最多人有点想睡，之前的担心有些多余。"

化疗后第 3 天，小张护士将出院通知单递交给陈先生，告知出院后注意事项，总结为"八个要"——血要验、针要打、饭要吃、人要动、心要平、不要怕、要观察、要回院。拓展每一项内容，意思是：①出院后每周验血常规；②白细胞、红细胞、血小板低下时要打针；③不要挑食，多吃肉食补充蛋白质，多食蔬菜补充膳食纤维；④饭后要运动，别只会玩手机、做宅男；⑤离院后就是正常人，调适情绪、控制脾气、融入社会，有苦恼要倾吐；⑥千万别钻牛角尖，明天的阳光属于你；⑦学会自我保护，有任何不舒服及时就诊；⑧下次入院时间到，一定要继续治疗，坚强意志成为抗癌勇士。

【学习目标】

1. 掌握
(1) 化疗常见的不良反应。
(2) 血小板低下的临床表现和预防措施。
(3) 白细胞低下的临床表现和预防措施。
(4) FOLFIRI 化疗方案。
2. 熟悉　化疗患者出院相关健康宣教：饮食、运动、休息、导管。

第五章　肿瘤放射治疗与护理

第一节　肿瘤放射治疗

一、肿瘤放射治疗概述

肿瘤放射治疗是利用放射线如放射性同位素产生的 α、β、γ 射线和各类 X 射线治疗机或加速器产生的 X 射线、电子线、质子束及其他粒子束等治疗恶性肿瘤的一种方法。它已经历了 1 个世纪的发展历史，在伦琴发现 X 线、居里夫妇发现镭之后，很快就分别被用于临床治疗恶性肿瘤，目前放射治疗仍是恶性肿瘤重要的局部治疗方法。约 70% 的癌症患者在治疗癌症的过程中因不同的目的需要放射治疗，包括综合治疗和姑息治疗，约有 40% 的癌症可以用放射治疗根治。放射治疗在肿瘤治疗中的作用和地位日益突出，已成为治疗恶性肿瘤的主要手段之一。

所有细胞（肿瘤细胞和正常细胞）都要生长和分裂，但是肿瘤细胞的生长和分裂比周围许多正常细胞要快得多。放射疗法就是采用特殊设备产生的高剂量射线照射癌变的细胞，杀死或破坏肿瘤细胞，抑制它们的生长、繁殖和扩散。与化疗不同的是，放射治疗只会影响肿瘤及其周围部位，不会影响全身，虽然一些正常细胞也会受到破坏，但是大多数都是可恢复的。

（一）放射治疗杀伤肿瘤细胞的机制

放射治疗之所以能发挥抗肿瘤作用，是因为放射线承载着一种特殊能量，称为辐射。众所周知，辐射在自然环境中可以诱发癌变，而对于放疗，辐射作为癌症的"杀手"，当细胞吸收任何形式的辐射线后，射线都可能直接与细胞内的结构发生作用，直接或间接地损伤细胞DNA。

1. 放射治疗机制

（1）直接损伤：主要由射线直接损伤 DNA 分子，引起碱基破坏、单链或双链断裂、分子交联等。

（2）间接损伤：主要由射线对人体组织内水发生电离，产生自由基，这些自由基再和生物大分子发生作用，导致不可逆损伤。

直接损伤和间接损伤在肿瘤的治疗中有同等的重要性。

2. 肿瘤吸收剂量　既然放疗的作用就是通过射线与肿瘤细胞间能量的传递，引起肿瘤细胞结构和细胞活性的改变，甚至杀死肿瘤细胞，那么就需要了解肿瘤组织内能量吸收的多少,即肿瘤的吸收剂量,这与疗效息息相关。不同组织(或肿瘤)吸收程度差异较大,吸收剂量单位过去用拉德(rad),现用戈瑞(Gy)表示,且 1Gy=100rad。

射线的性质用射线的质和量来描述:

(1) 射线的质:表示射线穿透物质的能力,称为射线的硬度,用能量表示,如 MV、MeV。

(2) 射线的量:表示放射线的强度,用居里(Ci)或贝可勒尔(Bq)表示。

射线的质和量决定于不同放射源(或放疗机)的选择。

3. 肿瘤细胞的变化 放疗过程中,肿瘤细胞群(瘤体)内会发生一系列的复杂变化,大部分肿瘤细胞直接死亡;还有一部分肿瘤细胞只是停止生长,处于休眠阶段。这些变化归纳为放射治疗的 5 个"R"。

(1) 放射损伤的修复(repair):受到致死损伤的细胞将发生死亡,而射线引起的所谓亚致死损伤及潜在致死损伤的细胞,在给予足够时间、能量及营养的情况下,可以得到修复又"偷偷"活下来。

(2) 再氧合(re-oxygenation):氧在辐射产生自由基的过程中扮演重要角色,细胞含氧状态对放疗杀伤作用有很大影响。放疗对乏氧细胞杀伤力减弱,对氧合细胞杀伤力明显增强。肿瘤组织常有供血不足及乏氧细胞比率高的问题,部分肿瘤细胞可逃避放射损伤,是放疗后肿瘤再生长及复发的常见原因之一。放疗中,也有原来乏氧的细胞可能获得再氧合的机会,从而对放疗的敏感性增加。

(3) 细胞周期的再分布(redistribution):肿瘤细胞群的细胞常处于不同的细胞增殖周期中,对射线敏感也不一致。最敏感的是 M 期细胞,G_2 期细胞对射线的敏感性接近 M 期,S 期细胞对射线敏感性最差。对于 G_1 期的细胞来讲,G_1 早期对射线的敏感性差,但 G_1 晚期则较敏感。放疗的敏感细胞被清除,引起肿瘤细胞群中细胞周期的变动(再分布)。

(4) 细胞再增殖(regeneration):放疗后细胞分裂将加快,肿瘤组织生长也比较快。考虑细胞有再增殖作用,放疗需要延长疗程,增加总照射量,才能达到更满意的治疗效果。

(5) 放疗敏感性(radiosensitivity):组织对一定量射线的反应程度,称为放射敏感性,不同组织器官以及各种肿瘤组织在受到照射后出现变化的反应程度不同。

人体组织器官对放射线的敏感性与其组成细胞的繁殖能力成正比,与细胞分化程度成反比,就是说细胞繁殖能力越强的组织器官越敏感,细胞分化程度越低的器官越敏感;在一定剂量下与面积有关,即身体受照射的面积越大,反应越大。按组成细胞的繁殖和分化能力,可以将组织器官划分为高度敏感性、中等高度敏感性、中度敏感性、中等低度敏感性和低度敏感性 5 类(表 5-1)。

表 5-1 不同肿瘤及正常组织的放射敏感性

相对敏感度	肿瘤	正常组织
高度	淋巴类肿瘤、白血病、精原细胞瘤	淋巴、骨髓、睾丸、卵巢、肠上皮
中等高度	鳞癌:口腔、鼻咽、食管、膀胱、皮肤、宫颈癌等	口腔、皮肤、角膜、毛囊、皮脂腺、食管、膀胱、晶状体、阴道、子宫

续表

相对敏感度	肿瘤	正常组织
中度	血管及结缔组织肿瘤	一般结缔组织、神经结缔组织、生长软骨及骨组织
中等低度	大多数腺癌：乳腺、黏液腺、唾液腺、肝、肾、胰、甲状腺，结肠癌	脂肪、软骨、成骨肉瘤；成熟软骨、骨组织，黏液腺上皮、唾液腺上皮、汗腺上皮、鼻咽上皮，肝、肾、甲状腺，肾上皮组织
低度	横纹肌肉瘤、平滑肌肉瘤	肌肉组织、脑、骨髓

此外,肿瘤细胞的氧含量直接影响放射敏感性,例如早期肿瘤体积小,血供好,乏氧细胞少时疗效好;晚期肿瘤体积大,瘤内血供差,甚至中心有坏死,则放射敏感性低;生长在局部的鳞癌较在臀部和四肢的肿瘤血供好,敏感性高;肿瘤局部合并感染,血供差(乏氧细胞多),放射敏感性下降。因此,保持照射部位清洁,预防感染、坏死,是提高放疗敏感性的重要条件。

放疗的敏感性还受下列因素的影响:临床分期、既往治疗、肿瘤生长部位及形状、有无局部感染、患者营养状况或有无贫血等。

研究放射线对细胞增殖能力的影响,在临床放疗很有意义,以便更有效地杀灭那些可能复活并增殖的肿瘤细胞。在放射生物学上,鉴别细胞存活的唯一标准是,照射后的细胞是否保留无限繁殖能力。凡是失去无限繁殖能力,不能产生子代的细胞称为不存活细胞,就是所说的细胞死亡;而保留繁殖能力,能无限地产生子代的细胞称为存活细胞。细胞存活这个定义可反映肿瘤放疗后的效果,是鉴定疗效的较好指标。

(二) 放射源

放射治疗的放射源主要有放射治疗机和放射性核素。

1. **X线治疗机**　可分为X线治疗机(10~60kV)、浅层X线治疗机(60~160kV)和深部X线治疗机(180~400kV)等不同能量射线。X线治疗机的缺点是能量低,穿透力弱,皮肤受量大,现已较少使用。

2. **医用加速器**　有电子感应加速器和电子直线加速器。前者输出高能电子束,后者输出高能电子束(8~14MeV,主要针对浅表层肿瘤)和高能X线(4~10MV,穿透力强,皮肤受量少,适用于深部肿瘤的治疗)。医用加速器中用得最多、技术发展最快的是电子直线加速器。

3. **放射性核素**　镭-226为天然放射源,因其半衰期长,现已为人工放射性核素钴-60、铯-137、铱-192所替代。放射性核素可放射α、β、γ三种射线,临床上β射线仅用于治疗表浅肿瘤,γ射线为放射治疗的主要放射源,能量1.25MeV。

二、肿瘤放射治疗原则

(一) 肿瘤治疗的普通原则

1. **首次治疗原则**　肿瘤疾病治疗只有一次最佳机会,首次治疗不正确,常常导致治疗的失败。

2. 综合治疗原则 应该有计划、有组织,分步执行。

3. 长期治疗原则 不是手术、放疗结束,治疗就终止,而是分别对不同情况制订长期计划,定期随诊,及早发现问题,及时解决问题。

(二) 肿瘤放疗原则

1. 诊断清晰原则 尽量弄清肿瘤类型、范围、立体位置及期别等肿瘤情况,做到有的放矢。鉴于放射有害性,一般不做实验性治疗或者对良性病进行放疗。

2. 对患者一般情况进行 KPS 评分 掌握重要生命器官、肿瘤周围组织功能状况及其他合并症。

3. 细致计划原则 充分进行放疗前的准备,排除一切不利因素如感染,利用各种技术反复计算,提高肿瘤受量和敏感性,减少正常组织受量,以提高疗效。

4. 个体化原则 因肿瘤情况、正常组织耐受性、机体状况乃至社会心理学在临床上个体差异较大,计划须区别对待,还应密切观察,不断调整。如常规 2Gy/d,某些患者可能反应较大或者肿瘤的"抗拒",应适当协调;又比如脊髓受照时,个别患者可能较早出现脊髓炎症状,说明该患者脊髓神经可能对放射敏感,可以考虑提前脊髓照射。临床情况复杂,应视情况而定。

5. 根据上述原则选择不同的治疗方式。

(三) 放射防护的基本原则

为保护工作人员免受射线的伤害,国家制定的放射防护条例规定最大允许量为 0.05Sv(测量放射人员受量单位)。放射防护的基本原则是:

1. 减少受照剂量 照射量与源的放射性强度成正比。在不影响工作的情况下,应尽量减少操作人员的受量,使其在国家制定的允许标准之内。

2. 缩短受照时间 照射量随接触时间增加而增加。在保证医疗质量的条件下,工作宜迅速,减少在其周围的停留时间。

3. 增加辐射距离 照射量与距离的平方成反比。可利用长柄工具或机械手远距离操作,减少放射量,从而起到保护工作人员的作用。

4. 增加防护屏蔽 利用防护屏障可有效地减低照射量。

此外,放射工作人员应接受剂量监督,定期做保健检查。

三、肿瘤放射治疗方法

(一) 治疗方式

1. 根治性放疗 指以根治肿瘤为目的,放疗所给的剂量需要达到根治剂量。一般较早的肿瘤、还没有发现远处转移的肿瘤或者寡转移病灶、无严重合并症有可能根治的肿瘤、对放射线敏感及中度敏感的肿瘤可以用放疗根治。根治量较高,范围较大,全身及局部的副反应也较大,根治方案并不意味着一定会达到根治的目的。下面简单介绍几种肿瘤根治性放疗的情况:

(1) 恶性淋巴瘤:早期患者经大面积放疗后几乎可以得到根治。恶性淋巴瘤对放射线敏感,后期正常组织损伤并不严重,但是接受过博来霉素、多柔比星化疗的患者,心、肺有潜在性损伤,放疗后有加重该损伤的可能,应引起注意。

(2)精原细胞瘤:睾丸切除后对引流淋巴区放疗,可以使早期患者得到根治。精原细胞瘤对放射线敏感,即使有纵隔、锁骨上区转移,在全身化疗配合下行放疗,对控制肿瘤也还是很有效果的。

(3)鼻咽癌:对放射线中度敏感,其周围正常组织能耐受较高的放射量。因一半以上患者就诊时已有鼻咽腔外受累,因此放疗是首选方法。对于病灶局限在鼻咽腔的,配合腔内放疗可以提高靶区剂量又不增加正常组织损伤。同时鼻咽癌是目前唯一能对复发灶再次给予足量放射的肿瘤,但必须与首次放疗间隔一定的时间。

(4)声带癌:早期放疗不仅能达到和手术相仿的疗效,局部控制率可以≥90%,并且可以保持正常的喉功能。

(5)乳腺癌:对早期患者做肿瘤切除和根治性放疗,疗效和根治性手术效果相仿,但是对患者的心理和功能损伤较小。放射范围包括乳房与区域淋巴结,乳房区切线照射45~50Gy后用电子线和间质插植放射追加15~20Gy,外形满意率达75%以上,10年生存率与行根治术相仿。

(6)视网膜母细胞瘤:对病灶局限在赤道后的病例,用放疗可控制肿瘤并能保留一定的视力,避免这部分患者做眼球摘除术。儿童视网膜母细胞瘤,质子治疗是首选治疗方式。

2. 姑息性放疗 指应用放疗方法治疗晚期肿瘤的复发和转移病灶,以达到改善症状的目的。姑息性放疗不是消灭肿瘤,因而常在较短时间内给数次放射,总剂量不一定要求达到肿瘤完全控制水平。姑息治疗的效果以及预后和原发灶有关,也与距离首次治疗的时间有关。部分患者预期效果不好,给予姑息性放疗,经过一段时间的治疗后,疗效较好也可予以足量的根治放疗。在进行姑息治疗的同时,必须加强全身支持治疗和精神上的鼓励。

姑息性放疗也可用于减轻症状:

(1)止痛:如肿瘤骨转移及软组织浸润等所引起的疼痛。

(2)缓解压迫:如肿瘤引起的消化道、呼吸道、泌尿系统等的梗阻。

(3)止血:如肺癌或肺转移病灶引起的咯血等。

(4)促进溃疡性癌灶控制:如伴有溃疡的大面积皮肤癌、口腔癌、乳腺癌等。

(5)改善生活质量:通过缩小肿瘤或改善症状后使生活质量提高。

3. 辅助性放疗 是指把放疗作为综合治疗的一部分,应用放疗与手术或化疗相结合的综合治疗方法,来提高患者的治疗效果。在手术或化疗前后,放疗可以缩小肿瘤或消除潜在的局部转移病灶,提高治愈率,减少复发和转移。目前辅助性放疗包括术前、术中、术后放(化)疗。

(1)术前放疗:其优点是照射可使肿瘤缩小、降期,减少手术野内肿瘤细胞的污染,允许手术切除范围缩小,降低肿瘤细胞的生命力而减少播散;缺点是缺乏病理指导,延迟手术,对部分早期患者治疗过度,因此术前的正确评估可以作为治疗方案选择的基础。

手术前放疗较为肯定的是头颈部癌和肺癌等。近几年,在中晚期直肠癌治疗中,术前放疗的作用得到认可,对于可切除的直肠癌术前放疗有多种好处,包括生物学方面(减少手术时肿瘤细胞的播种和因术前含氧细胞较多致放疗敏感性较强)、身体方面(不存在手术后小肠粘连固定于盆腔)和功能方面(可提高保肛率,使腹会阴联合切除术转为保留肛门括约肌的低位前切除或结肠 - 肛管吻合术);另外在局部晚期或不能切除的患者中,术前放疗可提高切除率,实现了不可切除直肠癌的降期作用。

(2) 术中放疗:通常作为外照射的一种,针对癌灶而加强剂量。常与术前或术后常规外照射相配合,可以提高肿瘤的局部控制率,改善患者的生活质量。术中放疗是在手术中直视下进行放疗,靶区清楚,可很好地保护正常组织,其最大优点是提高肿瘤组织的照射剂量,对癌灶具有有效的杀伤作用,同时可将正常组织推移到治疗靶区以外,减少了正常组织的不必要照射。其缺点是不仅技术设备要求高,操作复杂,还常常需要很多人(包括手术、护理、放疗人员和搬运患者的工人等)共同参与,同时对放射线防护也有较高的硬件要求。随着小型可移动直线加速器性能的不断研发改进,使得术中放疗越来越便利。

术中放疗的主要适应证:①手术未能切除的肿瘤;②手术后有残留病灶;③高危复发区域(切缘阳性或附近有微小转移灶、癌性粘连较重者)。

(3) 术后放(化)疗:其优点是大部分肿瘤已被切除,有手术及病理指导放疗,做出最佳的治疗选择;其缺点是手术损伤的血供可能造成残留的肿瘤细胞乏氧而导致放疗不敏感。大部分术后放疗在术后 6 周内进行,乳腺癌、前列腺癌的术后辅助放疗可延至半年内进行。对于有中高危复发因素的术后患者,主张在多学科讨论下决定是否术后同时放、化疗。因为同期化疗具有放射增敏作用,并兼顾局部和全身,可减少远处转移。放化疗相互作用的可能生物学机制:空间协同作用,时相协同作用,作用于不同细胞周期时相,缩小肿瘤体积,增加肿瘤细胞再氧合,选择性作用于乏氧细胞,细胞动力学协同作用,对 DNA 损伤和修复的影响,增加细胞凋亡。

4. 预防性放疗　是针对容易出现转移的部位进行提前干预。如白血病、小细胞肺癌的全脑预防性放疗,这些治疗常常有积极的作用。

5. 诊断性放疗　生殖细胞瘤常发生在松果体区及鞍区,如果诊断及时准确、治疗合理规范,患者的 10 年生存率会超过 90%。然而因该肿瘤位置深在,毗邻重要血管和神经组织,活检及手术具有较高的难度和风险,常没有办法获得病理诊断。因此,国内外临床上对高度疑诊为原发性生殖细胞瘤的患者,可采用诊断性放疗以进一步明确诊断。但是也有争议,部分学者认为只有在少数紧急情况下,可以采用诊断性放疗来治疗生殖细胞瘤。对于肿瘤标志物阴性或单发病灶,不应考虑诊断性放疗。

6. 肿瘤急症放疗

(1) 上腔静脉压迫综合征:临床表现为面部水肿、发绀,胸壁静脉及颈静脉怒张,上肢水肿,呼吸困难不能平卧休息等。引起上腔静脉压迫综合征的肿瘤,肺癌占 75%~85%,恶性淋巴瘤占 11%~15%,转移瘤占 7%,良性肿瘤占 3%。此时应立即给予放疗,缓解患者的症状,减轻患者的痛苦。症状缓解后改为常规放疗。

(2) 颅内压增高症:会导致脑实质移位,在张力最薄弱的方向形成脑疝,造成患者神经系统致命性损伤而猝死。其临床表现为头痛、呕吐、视觉障碍,甚至精神不振、嗜睡、癫痫发作。放疗最适用于白血病脑膜炎及多发性脑转移瘤引起的颅内压增高症的急症治疗,同时使用激素及利尿药,能够使患者症状得到缓解,恢复一定的生活自理能力。

（3）脊髓压迫症：发展迅速，一旦截瘫很难恢复正常。原发性或转移性肿瘤是脊髓压迫症的常见原因，肺癌、乳腺癌、前列腺癌、多发性骨髓瘤、淋巴瘤最易转移至脊椎，导致脊髓压迫。95% 以上的脊椎转移瘤均在髓外，对不能手术的髓外肿瘤应尽快采取放疗，同时也应使用大剂量皮质类固醇，促使水肿消退，防止放疗水肿发生。

（4）骨转移剧痛：骨转移放疗止痛的作用快、效果好，同时也有延长生存期作用。

（二）治疗形式

放射治疗主要有两种形式：体外照射和体内照射。

1. 体外照射　又称为远距离放射治疗，是指在治疗时，放射治疗机将高能射线或粒子瞄准癌肿的放射治疗技术。国内的体外照射包括：普通放射治疗、三维适形放射治疗、调强适形放射治疗、"X 刀""γ 刀"、质子重离子放射治疗。用于体外照射的放射治疗设备有 X 线治疗机、钴-60 治疗机和直线加速器等。钴-60 治疗机和直线加速器一般距人体 80~100cm 进行照射。单纯从身体外部进行放射治疗有一定的局限性，即使在足量照射的情况下，仍会有一部分肿瘤局部复发。

2. 体内照射　又称为近距离放射治疗，是把高强度的微型放射源送入人体腔内或配合手术插入肿瘤组织内，进行近距离照射，从而有效地杀伤肿瘤组织，而正常组织不受到过量照射，以避免严重并发症。体内照射治疗技术涉及腔管、组织间和术中、敷贴等多种方式，这一技术发展很快，可使大量无法手术治疗、外照射难以控制或复发的患者获得再次治疗的机会。

腔内后装放射治疗是近距离放射治疗的技术之一，其方法是先将施源器或导源管、针插植到合适的部位，经 X 线片核实位置，再经治疗计划系统计算及优化剂量分布，获得满意结果后，利用机器将微型化的放射源自动送到预置的施源器或导源管、针内进行治疗。治疗结束后，放射源可自动回到储源器内。后装近距离放射治疗的优点是患者可得到精确的治疗，且医务人员隔室遥控操作，非常安全。后装技术过去仅能用于妇科肿瘤治疗，最新一代后装治疗机已把这种技术扩大应用到鼻咽、食管、支气管、直肠、膀胱、乳腺、胰腺、脑等肿瘤，这种新技术与其他治疗方法配合，逐步形成了很有发展前途的综合治疗手段。

放射性粒子植入也是近距离放射治疗的常用技术之一，是指在 B 超或 CT 引导下，可精确地将放射性粒子均匀地置入肿瘤周围，通过放射性粒子持续释放射线来达到最大限度地杀伤肿瘤细胞的作用。放射性粒子置入具有创伤小、肿瘤靶区剂量分布均匀和对周围正常组织损伤小、价格低廉、操作简便等特点，临床上有广阔的应用前景。

（三）时间剂量分割方式

每天一次照射，每次剂量 1.8~2Gy，每周 5d 的放疗方法，在临床上一直被认为是标准的分割放疗方案。但是，这种方法并不适用于所有肿瘤，在实际临床中，应针对不同肿瘤的具体情况，应用不同的非标准放疗方法。一般有以下几种：

1. 低分割放疗　就是标准分割放疗的基础上减少次数，而不失其效果，如每周 3 次，每次剂量高于常规，总剂量同标准分割剂量；或者每周 5 次，分次剂量高于常规，总剂量低于标准分割剂量。

2. 超分割放疗　即减少了每次分割剂量,每天放射 1 次以上,间隔 4~6h,总疗程不变或者稍微延长,总剂量增加。这种方法氧效应降低,晚期反应较低,但是由于每周剂量增加,急性反应较常规放疗增加。

3. 加速分割放疗　就是增加每次放疗剂量,总次数减少,疗程缩短,总剂量减少或不变。这种方法使急性反应和晚期反应都增加。

4. 其他方法

(1) 分段方法:将原常规放射分两个阶段,间隔 2~3 周。这种方法如果总剂量不增加,则疗效会降低。

(2) 同时追加剂量:在常规疗程中予以小射野追加放射,以避免疗程长不能克服肿瘤增殖。

(3) 不均等分割放疗:如周一剂量 5Gy,周二至周五每天剂量为 1.2Gy 或 1.0Gy,每周剂量为 9.0Gy,照射总剂量平均为 (68.8 ± 9.4) Gy。

第二节　肿瘤放射治疗患者的护理

一、肿瘤放射治疗护理概述

放疗是恶性肿瘤治疗的主要手段之一,50%~70% 的肿瘤患者在病程中需要行放疗。随着科学的发展和放疗技术的进步,使得放疗在肿瘤治疗中的作用和地位更加显著。放射线在治疗肿瘤的同时,对正常组织也有一定损伤,从而出现一些放疗毒性反应。伴随着肿瘤放疗技术的成熟与普及,肿瘤放疗专科护理也逐步得到重视,但对该领域护理人员的专科培训、继续教育等尚未普及。作为肿瘤放疗的临床护理人员,应具备放疗相关的护理知识和技能,通过专业的护理干预,减轻患者放疗期间的不适症状,观察及预防严重放疗反应的发生,减轻反应程度,提高患者的依从性以及治疗的效果。

二、肿瘤放射治疗前护理

(一) 放疗前准备步骤

肿瘤放疗前都需要经过 5 个步骤的准备:第一步,根据患者病情、病期确定治疗原则,并进行相应的检查。第二步,制作放疗体位固定装置(如塑料面膜、真空垫等),在模拟机下准确定位,并拍摄模拟定位片。第三步,根据前两步提供的资料,放疗临床医生勾画出临床靶区和计划靶区的范围,预计肿瘤照射的致死剂量和周围正常组织特别是重要脏器的最大允许剂量,随后由物理师借助放疗计划系统(treatment planning system, TPS),制订出最佳的放射野剂量分布方案。第四步,将设计好的放疗计划移至具体的治疗机,在治疗机下拍摄照射野片,与模拟机拍摄的定位片相比较、核准。第五步,确定无误后,由放疗技术员再执行放疗。

对于一些脑转移、骨转移等需尽快治疗的患者,在经历了第一、第二步骤后,临床医生及主管医生直接计算并确立照射的范围及剂量,马上由放疗技术员执行放疗。护理人员了解了放疗的实施步骤,可以向患者进行讲解,确保当放疗计划设计时间较长时,患者能够理解。

(二)放疗期患者准备

1. 放疗知识宣教　了解患者的病情、心理状况以及治疗方案,有针对性地对患者进行健康教育。向患者和家属发放一些通俗易懂的放疗宣教手册,简明扼要地介绍放疗的作用、放疗实施步骤、放疗时间及疗程、可能的不良反应及需要配合的注意事项,使患者消除紧张的心理,积极配合放疗。

2. 饮食指导　放疗前指导患者进食高热量、高蛋白、高维生素、易消化的饮食,以增强体质,嘱患者戒烟、忌酒,忌食辛辣、过热、过硬等刺激粗糙的食物。

3. 身体准备

(1)摘除金属物:放疗时金属物质可形成次级电子,使其相邻的组织受量增加,出现溃疡且不易愈合。所以头颈部放疗的患者,放疗前应摘除金属牙套,气管切开的患者将金属套管换成塑料或硅胶材质的套管,避免造成损伤。

(2)口腔预处理:头颈部放疗患者在放疗前应做好口腔的处理,拔除龋齿,治疗牙周炎和牙龈炎,避免诱发放疗并发症。

(3)评估全身状况:处理严重的内科并发症,控制感染和出血,纠正贫血和营养不良状态,针对高危营养风险的患者,可以置鼻饲管或行胃造口,做好营养支持。对患者生活自理能力、跌倒风险进行评估,识别跌倒高风险患者并重点防控。

(三)放疗前心理护理

加强护患沟通,鼓励患者表达自身的感受,鼓励患者家属和朋友给予关心和支持;进行个体化的心理护理,教会患者自我放松,消除焦虑、恐惧心理,使患者积极配合治疗。

三、肿瘤放射治疗期间护理

(一)放疗相关注意事项

1. 详细掌握患者实施的治疗方案,是否同步放化疗或是否使用放疗增敏药。

2. 告知患者放疗前后使用放射皮肤保护剂,做好各种放疗副反应的预防及具体应对措施的健康教育。

3. 定期检测血象变化,常规每周查血常规 1 次。

4. 若体温 > 38℃、白细胞 < 3×10^9/L,血小板 < 50×10^9/L 或放疗反应严重者,应遵医嘱停止放疗。

5. 保持放疗位置的准确性　妥善保管模具,每次放疗前检查真空垫或模具是否漏气;控制体重,避免定位模具过松或过紧影响照射部位的精准度;照射过程中保持体位不变;放射标记模糊不清时,要及时请医生补画,切勿自行描记。

6. 各部位放疗时的注意点　胸部肿瘤放疗时保持呼吸平稳;胃部放疗时应空腹;肠道

放疗时应排空小便;膀胱放疗时应保持膀胱充盈程度每次一致。

(二)照射野皮肤护理

在放疗期间中,照射野区域皮肤出现一定的放疗毒性反应,其反应的程度与放射源种类、照射剂量、照射野面积、照射部位及患者体质等因素有关。护士对患者进行皮肤保护宣教,可以使患者充分认识皮肤保护的重要性,并指导患者掌握照射野皮肤的保护方法。

1. 充分暴露照射野皮肤,避免机械性刺激,建议穿柔软宽松、吸湿性强的纯棉内衣,颈部有照射野的患者应穿柔软的衣领或无领开衫,减少刺激,便于穿脱。

2. 保持照射野皮肤的清洁干燥,特别是多汗区皮肤如腋窝、腹股沟、外阴等处;照射野皮肤可用温水和柔软毛巾轻轻蘸洗,但禁止使用碱性肥皂和沐浴露搓洗;局部放疗的皮肤禁用碘酒、乙醇等刺激性药物,不可随意涂抹药物和护肤品。

3. 避免冷热刺激如热敷、冷敷;外出时,放疗处皮肤防止日光直射,头部放疗的患者外出需戴帽子,颈部放疗的患者外出需戴围巾。

4. 剃毛发宜用电动剃须刀,以免损伤皮肤造成感染;局部皮肤切忌用手指抓搔,并经常修剪指甲,勤洗手;皮肤出现脱皮或结痂时,忌用手撕剥,以免损伤皮肤增加感染风险而导致伤口不愈合。

5. 保持照射野标记清晰,以保证治疗准确。

6. 接受放疗照射范围内的毛发会有脱落,通常在治疗开始 1~2 周后逐渐出现,大部分只是暂时的,一般治疗结束后毛发会逐渐生长出来。皮肤色素沉着不必进行特殊处理,放疗结束后可逐渐恢复。

(三)营养和饮食护理

加强营养对促进组织修复、提高治疗效果、减轻毒副反应有重要作用,因此在饮食的调配上,应注意色、香、味,少量多餐,饭前适当控制疼痛,并为患者创造一个清洁舒适的进餐环境。此外,放疗期间鼓励患者多饮水 2 000~3 000mL/d,以增加尿量,使因放疗所致肿瘤细胞大量破裂、死亡而释放出的毒素排出体外,减轻全身放疗反应。

(四)定期监测血象变化

放疗期间患者常有白细胞计数下降、血小板减少,并对机体免疫功能造成一定影响。因此应密切观察血象变化,一般每周 1 次查血常规,同时监测患者有无发热现象。

四、肿瘤放射治疗后护理

(一)放疗后注意事项

1. 禁烟戒酒,合理膳食,注意劳逸结合,生活有规律。

2. 保持口腔清洁,预防龋齿。头颈部放疗后 2~3 年内尽量不拔牙,如必须拔牙,应向牙科医生说明头颈部放疗史,并在拔牙后遵医嘱使用抗生素。有口腔感染时需及时就诊。

3. 预防感冒,防止诱发头颈部蜂窝织炎和放射性肺炎。胸部放疗后的患者出院后有发热、咳嗽、胸闷等症状时应及时就诊。

4. 气管切开出院的患者,指导患者及其家属掌握套管清洗和自我护理的方法。

5. 宫颈癌患者从放疗开始起即应坚持每天阴道冲洗,直至治疗结束后半年以上。

6. 育龄期女性患者,在放疗期间和放疗结束后 2~3 年内避免妊娠。

(二)照射野皮肤保护

放疗结束后,因照射区域组织抵抗力会有不同程度下降,照射野皮肤仍需继续保护至少 1 个月,避免感染、损伤及物理性刺激,外出时注意防冻保暖,夏季避免阳光暴晒。

(三)功能锻炼

掌握正确方法,坚持功能锻炼,提高生存质量,如头颈部放疗患者应继续张口训练和颈部点头、转头锻炼;胸部肿瘤放疗患者做好呼吸功能锻炼;乳腺癌放疗患者需做好患侧上肢功能锻炼。

(四)复查随访

所有肿瘤放疗后的患者均需按医嘱定期复查,一般情况下,出院后 1 个月第 1 次复查,2 年内每 3~6 个月复查 1 次,3~5 年每半年复查 1 次,5 年以后每年复查 1 次。同时做好自查,如病情变化,及时就诊。

五、肿瘤放射治疗并发症的预防及护理

(一)全身反应及护理

放疗引起的全身反应表现为一系列的功能紊乱与失调,如乏力、精神不振、身体衰弱、虚热多汗、恶心呕吐、食欲下降、睡眠欠佳等,轻微者可不做处理,重者应及时对症治疗并加强饮食营养、改善全身状况。为患者提供安静的休养环境,睡眠障碍者可使用药物帮助睡眠,并预防跌倒、坠床的发生。

(二)局部反应及护理

照射后损伤出现早且增殖快的组织称为早或急性反应组织,包括皮肤、黏膜、小肠上皮细胞、骨髓造血细胞等,大部分恶性肿瘤属于早反应组织,若损伤在照射后很长时间才出现或增殖的组织称为晚反应组织,包括肺、肾、血管、中枢神经系统等。

1. **放射性皮炎**　是由放射线照射引起的皮肤黏膜炎症性损害,它是放射治疗中最常见的并发症之一。通常机体潮湿的部位及皮肤皱褶部位较易出现皮肤反应,例如头颈部、乳腺下、腋窝、会阴部和腹股沟等部位,其反应程度与照射剂量、剂量分割方法、总剂量、射线种类、受照射体积、照射技术、射线能量、同步放化疗有关。

(1)分级:根据北美放射肿瘤治疗协作组(RTOG)急性放射损伤分级标准,将急性放射性皮肤损伤分为 0~Ⅳ 级。

1)0 级:无变化。

2)Ⅰ级:轻微红斑,轻度色素沉着及干性脱皮。

3）Ⅱ级：皮肤红斑、色素沉着，充血、疼痛，片状湿性脱皮／中度水肿。

4）Ⅲ级：皮肤皱褶以外部位的融合性湿性脱皮，凹陷性水肿。

5）Ⅳ级：溃疡，出血，坏死。

（2）预防：指导患者皮肤保护的方法，避免人为因素加重皮肤反应程度，同时要评估患者皮肤反应程度，采取相应的预防和护理措施。

（3）护理

1）Ⅰ级：局部外用薄荷淀粉等药物，可起到清凉止痒作用，芦荟软膏可以使皮肤湿润舒适，保持局部干燥、清洁，避免局部刺激，禁用肥皂、毛巾擦洗，切勿用手抓挠，造成皮肤损伤。

2）Ⅱ级：局部外用三乙醇胺乳膏、止痒膏、紫草油、炉甘石洗剂等，使用促进表皮生长的药物局部喷涂，可减轻局部炎症反应、促进皮肤愈合。保持局部干燥、清洁，避免衣领等粗糙物对照射皮肤的刺激，宜穿宽松、无领、柔软的上衣。

3）Ⅲ级：当皮肤湿性反应面积较大，患者出现发热等全身中毒症状时，密切观察皮肤局部反应的发展，积极对症处理，预防感染，调整全身营养状况，促进损伤皮肤修复。疼痛较重的患者遵医嘱应用镇痛药物缓解症状，注意观察用药后效果和反应。必要时可暂停放疗，避免损害继续加重。

4）Ⅳ级：停止放疗，切除坏死组织加植皮，积极对症处理，预防感染，营养支持，促进损伤修复。临床上较少见，应避免此类反应的发生。

放疗结束后 3~10 个月内，由于放疗致使颈部淋巴回流障碍，仍需继续注意放射野皮肤保护。

2. 放射性口腔黏膜炎　多发生于鼻咽癌、口咽癌、喉癌等头颈部肿瘤的放疗。口咽黏膜因放疗的进行，可相继出现充血水肿、斑点或片状白膜、溃疡、糜烂出血甚至伴有脓性分泌物等感染，患者主诉口咽部疼痛、进食困难、口干、味觉改变，其程度随剂量的增加而加重。

（1）分级：根据 WHO 口腔黏膜炎分级标准，将放疗急性黏膜反应分为 0~Ⅳ级。

1）0 级：无症状。

2）Ⅰ级：口腔黏膜出现红斑，伴有疼痛，但不影响进食。

3）Ⅱ级：口腔黏膜出现红斑、溃疡，但能进食固体食物。

4）Ⅲ级：口腔黏膜出现严重的红斑和溃疡，不能进食固体食物。

5）Ⅳ级：溃疡融合成片，有坏死，不能进食。

（2）预防

1）保持良好的口腔卫生，养成餐后、睡前漱口的好习惯。使用软毛牙刷清除食物残渣，保持口腔清洁，使用不含乙醇的漱口液含漱。

2）放疗开始的第 1 周，不吃引起唾液分泌增加（酸、高甜度）的食物和饮料、水果等，以免引起腮腺区域肿胀、疼痛。

3）禁烟、戒酒；不吃刺激性食物（酸、辣、烫、过硬食物）。放疗期间不戴义齿，减少刺激避免损伤。

4）经常用清水或茶水含漱，湿润口腔减轻口干症状，保持居室空气相对湿度在 70% 左右。

5) 加强健康宣教,让患者了解口腔卫生的重要性,提高其依从性。

(3) 护理

1) 加强口腔清洁,即饭后用软毛牙刷、含氟牙膏刷牙,定期用复方氯己定漱口液含漱,鼻咽癌患者坚持鼻咽冲洗。

2) 根据医嘱局部采用康复新、锡类散、桂林西瓜霜、口腔溃疡合剂等,以保护口咽黏膜,消炎止痛,促进溃疡的愈合。

3) 吞咽疼痛明显者,可在进食前 15~30min 用 2% 利多卡因喷或含漱止痛。

4) 鼓励患者进高蛋白质、高热量、高维生素、易消化、易吞咽的半流质或流质,选择富含维生素 B、维生素 C、维生素 E 的新鲜水果和蔬菜,多饮水,少量多餐,细嚼慢咽。避免过硬、油炸、过热、过咸、酸、辣等粗糙刺激的食物,禁烟忌酒。

5) 对口咽黏膜反应严重无法进食者,可行全静脉内营养支持治疗。

3. 骨髓抑制　放疗可使造血系统受到影响致外周血常规下降,尤其是大范围照射如颅骨、脊柱、骨盆、肋骨、脾等部位时,可造成骨髓抑制,临床中常以白细胞及血小板减少较为多见。

(1) 分级:骨髓的抑制程度根据 WHO 分级标准分为 0~Ⅳ级。

1) 0 级:指外周血中白细胞、血红蛋白、血小板的数量没有异常现象。

2) Ⅰ级:白细胞$(3.0~3.9)\times10^9$/L,血红蛋白 95~100g/L,血小板$(75~99)\times10^9$/L。

3) Ⅱ级:白细胞$(2.0~2.9)\times10^9$/L,血红蛋白 80~94g/L,血小板$(50~74)\times10^9$/L。

4) Ⅲ级:白细胞$(1.0~1.9)\times10^9$/L,血红蛋白 65~79g/L,血小板$(25~49)\times10^9$/L。

5) Ⅳ级:白细胞$(0~0.9)\times10^9$/L,血红蛋白<65g/L,血小板$<25\times10^9$/L。

(2) 预防:放疗中应每周监测血常规,及时发现患者血象变化,Ⅰ级骨髓抑制可口服生血药,Ⅱ~Ⅳ级骨髓抑制应暂停放疗,遵医嘱皮下注射对症药物,待血象升至正常范围方能行放疗。

(3) 护理

1) 出现骨髓抑制的患者要预防感染,对房间空气及地面进行消毒,嘱出门戴口罩,避免去人群密集的公共场所。

2) Ⅲ级骨髓抑制遵医嘱给予抗生素并按需输注相应血液制品,应注意观察患者一般情况及主诉,预防感染。

3) Ⅳ级骨髓抑制应予以保护性隔离,注意观察患者有无自发性出血和败血症发生。

4) 血小板减少患者的护理:减少活动,防止受伤,必要时绝对卧床;避免增加腹压的动作,注意通便和镇咳;减少黏膜损伤的机会:进软食,禁止掏鼻挖耳等行为,禁止刷牙,用口腔护理代替;鼻出血的处理:如果是前鼻腔,可采取压迫止血,如果是后鼻腔,则需要请耳鼻咽喉科会诊,进行填塞;颅内出血的观察:注意患者神志、感觉和运动的变化及呼吸节律的改变。

4. 放射性颞颌关节障碍、颈部强直　机体受照射部位经照射后数年会出现一些不可恢复的慢性反应称之为后期反应,如鼻咽癌等头颈部根治性放疗所致的张口困难、颈部强直,其发生率为 35.6%,常与射线的能量、总剂量有关。

(1) 预防:放疗中及放疗后应及时有效地进行早期预防性功能训练,可极大地降低张口困难、颈部强直的发生率。

(2)护理:指导患者正确的张口训练及转头锻炼方法,并鼓励长期坚持,作为永久性功能锻炼。

1)大幅度张口锻炼:口腔逐渐张开到最大程度,然后闭合,张口幅度以能忍受为限,2~3min/ 次,3~4 次 /d。

2)支撑锻炼:根据门齿距选择不同大小的软木塞或木质开口器(直径 2.5~4.5cm),置于上、下门齿或双侧磨牙区交替支撑锻炼,10~20min/ 次,2~3 次 /d。张口强度以能忍受为限,保持或恢复至理想开口度(> 3cm)。

3)搓齿及咬合锻炼:活动颞颌关节,锻炼咀嚼肌,每天数次。

4)颈部运动:在坐位进行点头、转头锻炼,动作要轻柔,幅度不宜过大。

5. **放射性肺损伤** 是指肺组织接受一定剂量的电离辐射后导致的急性炎症反应。通常将放疗结束 3 个月内发生的肺损伤称为急性放射性肺炎,放疗结束 3 个月后发生的肺组织放射性损伤称为晚期放射性肺损伤。其临床表现为低热、渐进性咳嗽、呼吸困难、吐白色泡沫痰、胸痛、肺水肿、咯血等,严重者出现急性呼吸窘迫综合征、高热甚至死亡。胸部 X 线片显示与照射野一致的弥漫性片状高密度影。

(1)分级

1)Ⅰ级:没有症状,仅需要临床观察,不需治疗干预。

2)Ⅱ级:有症状,需要医疗处理,影响日常工作。

3)Ⅲ级:有严重症状,日常生活不能自理,需要吸氧。

4)Ⅳ级:指危及生命的呼吸功能不全,需要紧急干预如气管切开或置管等。

5)Ⅴ级:指引起死亡的放射性肺炎。

(2)预防

1)放疗前充分评估患者一般情况、基础肺功能及 KPS 评估。

2)放疗方案设计确保肺的照射剂量在耐受范围。

3)放射保护剂的使用。

(3)护理

1)停止放射治疗。

2)卧床休息,给予高热量、高蛋白、易消化饮食。

3)对高热者给予物理或药物降温。

4)剧烈咳嗽者可用止咳药。

5)给予抗生素、激素、维生素治疗。

6. **放射性食管炎** 随着放疗剂量逐渐增大,将出现不同程度的放射性食管炎,而且在放疗结束后 1~3 周持续存在,并逐渐发生慢性炎症及上皮再生。黏膜下及部分肌层开始纤维化导致食管狭窄,多与同步化疗、放疗的分割方式、剂量及年龄呈正相关。轻者表现为局部疼痛及吞咽困难加重,重者胸骨后烧灼感疼痛加剧,临床以对症治疗为主。

(1)预防:放射性食管炎最好的方法是进行早期预防性护理干预,科学合理的营养治疗及饮食护理,能显著改善患者的营养状况,使食管癌患者可以同步接受放化疗,有效减轻及控制食管癌患者食管黏膜炎的发生和发展,顺利完成放疗。

（2）护理

1）放疗前评估观察患者吞咽进食情况、营养状态，根据患者的病情及经济能力，遵医嘱行鼻饲、胃造口术或支架置入，以防加重进食困难而影响放疗的顺利进行；进行饮食宣教指导，患者应少量多餐，避免辛辣、过热、粗糙的食物，每次进食后饮用温开水冲洗食管以防食管堵塞；及早预防性用药以减缓放射性食管炎的发生。

2）严密观察有无气管食管瘘、出血和穿孔的相关症状，及时通知医生给予对症处理。出血、穿孔是食管癌放疗最严重的并发症，是由外侵肿瘤在治疗中快速退缩引起，前兆症状有胸背痛突然加剧、脉搏加速、呛咳、低热等，应严密观察患者生命体征，多巡视患者，如出现以上症状立即报告主管医师。证实穿孔者应立即停止放疗，并采取相应的治疗措施，包括禁食、静脉营养输入、密切观察是否伴有出血或潜在出血危险。

7. **放射性阴道炎** 是宫颈癌放疗中最常见的并发症之一，因放射线杀灭肿瘤细胞的同时可对阴道壁产生放射性腐蚀，导致阴道黏膜水肿、粘连，严重者可导致黏膜坏死、脱落；放疗晚期，则会出现纤维组织增生，造成器官狭窄等。

（1）预防：指导患者学会配制温度适宜的冲洗液，进行正确的阴道冲洗，放疗后 6 个月内每天坚持进行阴道冲洗。

（2）护理：保持外阴清洁，勤换内衣裤；观察阴道分泌物性状，发现异常及时处理；按医嘱局部或全身用药，预防和控制阴道创面感染，促进愈合；做好心理护理，消除患者自卑心理。

8. **放射性肠炎** 下腹部放疗患者常出现肠鸣音亢进、腹痛和水样腹泻，有时伴有黏液血便，放射性直肠炎患者可有里急后重等症状。

（1）预防：少量多餐，给予易消化饮食，禁食刺激性食物。腹胀忌食产气食物，如豆类、牛奶等。

（2）护理

1）保持大便通畅，观察大便性状。

2）配合医生进行药物治疗，防止水电解质紊乱，注意全身支持治疗。

3）密切观察生命体征、腹部体征及排便情况，如出现穿孔、出血、梗阻等并发症，应做好相应的护理或紧急手术准备。

9. **放射性膀胱炎** 盆腔肿瘤以及子宫颈癌的放疗，膀胱是不可避免的受照射器官之一，经大剂量照射后就容易出现放射性膀胱炎。临床表现为尿频、尿急、尿痛或排尿困难，伴终末血尿等，严重者可出现膀胱瘘。

（1）预防：放疗前排空尿液。

（2）护理：保证每天入量在 3 000mL 以上；按医嘱予消炎、止血、抗感染治疗。

10. **脑组织的放射反应** 放射性脑损伤是神经系统肿瘤放疗的严重并发症之一，主要临床表现为脑水肿所致颅内压升高，可致突发性或进行性加重的头痛、呕吐、嗜睡、视盘水肿、视力下降等。

（1）预防：合理设计放疗的参数和方式。

（2）护理：密切观察患者症状与体征，及早发现早期症状并及时处理；按医嘱使用脱水剂及糖皮质激素。

第三节　肿瘤放射治疗与护理 PBL 案例

一、肺癌

第一幕

刘某某，男，56 岁，矿工，吸烟 30 余年，因咳嗽、咳痰 2 个月，伴有胸痛及活动后气促，痰中带血 2 周，肺部 CT 示右肺上叶不规则实变影，两肺上叶数个结节影，两肺胸膜增厚，收入胸外科。完善术前检查后，在全麻下行"右肺上叶切除术＋淋巴结清扫术"。术后病理示：低分化鳞状细胞癌。手术后的刘先生得知自己被确诊为癌症后，非常后悔抽了那么多年的烟，想到还在读高中的儿子和不确定的生存期，一度非常沮丧。他的爱人看着家里的顶梁柱整天躺在病床上，于是找到医生，焦急地问："他这个病会不会传染啊？我儿子还很小，我怕传染给孩子，还有我老公现在开完刀了，需要化疗还是……"

📖【学习目标】

1. 熟悉　肺癌的临床表现与诊断。
2. 了解
(1) 肺的解剖、病理生理。
(2) 肺癌常见的治疗方法。
(3) 肺癌的病理分期。

第二幕

经过一个月的恢复，刘先生住进了放射治疗科病房。经过一天的观察，他悄悄地问床位护士："小张护士，我是不是来错病房了，不是说我是来放疗的吗，我怎么都没看到放疗机器，还有我隔壁床的李大哥说去放疗了，但是我看到他不到半小时就回来了，你能给我说说这放疗到底是啥，我还要等到什么时候才可以放疗？"护士小张很耐心地给患者做了解释，同时把隔壁床的李大哥介绍给了刘先生，让他们两个互相交流。

经过前期的全面评估、方案制订和靶区规划，4d 后刘先生开始了放射治疗。

📖【学习目标】

1. 掌握　肺癌围放疗期的护理要点。
2. 熟悉　肺癌的放疗体位与固定。
3. 了解　肺癌照射适应证及照射剂量。

第三幕

在放射治疗进行到 3 周后，刘先生出现了胸部皮肤发红伴刺痛，进食后出现喉咙痛和吞咽困难，予重组牛碱性成纤维细胞生长因子外用溶液局部喷涂和口服康复新治疗后好转；放疗至第 6 周患者出现胸闷、咳嗽,体温 38.5℃。经过医护人员的积极干预,患者顺利完成了接下来的放射治疗。

刘先生的放疗结束了,明天就可以出院了。他妻子趁着小张护士来发出院通知单时很紧张地问:"小张护士,您看我老公胸口皮肤有点蜕皮,嗓子还有点痛,明天能不能出院啊?回家后会不会更加严重?下次复查我还是来这里吗?"小张护士一边详细地向夫妻俩讲解出院的注意事项,一边向他们介绍了科室的公众号。

📖【学习目标】

掌握

(1) 肺癌放疗后常见并发症及护理。

(2) 肺癌放疗后出院健康宣教。

二、宫颈癌

第一幕

许某,女,59 岁,22 岁生育,育有 1 子 1 女,患者 13 岁月经初潮,月经周期 30d。因阴道排液增多伴异味,不规律阴道少量出血就诊于妇科。妇科检查提示:宫颈见菜花样病灶。入院后许女士经过一系列检查,在全麻下行"腹腔镜下子宫广泛化切除术＋双侧卵巢和输卵管切除术＋盆腔淋巴结清扫术"。术后病理提示:(宫颈)鳞状细胞癌,非角化型,低分化。当得知自己确诊为癌症后,许女士像泄了气的皮球:"我怎么都没想到我会得这个病,我这个病是不是看得比较晚了?没有几个月可以活了,是不是不要再治疗了?"

📖【学习目标】

1. 掌握 宫颈癌的病因。

2. 熟悉 宫颈癌的临床表现和鉴别诊断。

3. 了解 宫颈癌常见的治疗方法和病理分期。

第二幕

经过半个月的术后恢复,许女士住进了放射治疗科,她悄悄地问:"护士,我听说放疗有很大的辐射,而且还要住院 1 个多月呀!我女儿来看我怎么办啊,她现在都怀孕了,会不会对她的胎儿有什么影响呢?医生说我这个病的放疗和其他患者不一样,要每天阴道冲洗,还要在我身体里放什么东西后继续照光呀?"护士小王耐心地给许女士一一做了解释,许女士虽然还有些疑惑,但听着小王的解释,悬着的一颗心还是放下来了。

经过全面评估、方案制订和靶区规划,许女士开始了她的放射治疗。

📖【学习目标】

1. 掌握 宫颈癌围放疗期的护理要点。

2. 熟悉 宫颈癌的放疗体位与固定。

3. 了解

(1) 宫颈癌的照射靶区。

(2) 宫颈癌照射技术及照射剂量。

第三幕

在放疗进行到第 3 周时,许女士放疗之后出现了腹胀、腹泻、消化不良等症状以及尿频、尿急、尿痛的情况,且夜间也是这样,严重影响了睡眠,通过积极的对症治疗与护理,患者顺利完成了接下来的放疗。

经过了 5 周的放疗,医生在查房时详细检查并询问了患者的情况,她告诉患者"您恢复得很好,可以出院了"。护士也为她高兴,"恭喜呀,您又闯关成功了!"但是患者心中仍有疑惑,便问:"这个病还会复发吗?会遗传给我女儿吗?我回家还要注意点什么……"护士一边安抚许女士,一边向她讲解出院的注意事项并向她介绍了科室的公众号,告诉她可以直接和医生护士进行互动。

📖【学习目标】

掌握

(1) 宫颈癌放疗后常见不良反应的护理。

(2) 宫颈癌放疗后的出院健康宣教。

三、乳腺癌

第一幕

王女士,38 岁,是一名销售经理,35 岁生育,育有一女,未母乳哺育,患者月经初潮为 10 岁,身高 160cm,体重 72kg。因工作关系,患者应酬多,生活节奏快,饮食以高热量、高脂肪为主。2 年前,患者母亲确诊为乳腺癌。患者 1 周前在家洗澡时发现左侧乳房有个蚕豆大小的肿块,遂在家人陪同下来医院就诊。

体格检查发现患者左乳外上象限可触及 3cm×2cm×2cm 大小肿块,质硬,表面欠光滑,边界不清。与皮肤轻度粘连,活动欠佳,无压痛,右乳未扪及明显包块。双乳头压之无溢液。左腋下可触及 2 枚肿大淋巴结,最大 1.5cm×1cm×1cm,质硬,无压痛,活动尚可;右腋下及双侧锁骨上淋巴结未触及。拟"左乳腺癌"入院完善检查后,在全麻下行"左侧乳房改良根治术 + 腋窝淋巴结清扫术"。术后病理提示:(左乳腺癌根治标本)残腔旁乳腺组织见癌组织。

📖【学习目标】

1. 熟悉　乳腺癌的发病诱因、临床表现与诊断。

2. 了解

(1) 乳腺癌常见的治疗方法。

(2) 乳腺癌病理及分子分型。

（3）乳腺癌的病理分期。

第二幕

王女士术后1个月开始了放化疗同步治疗,4周后左腋下皮肤出现严重瘙痒红斑、有的地方甚至出现了蜕皮,于是闷闷不乐,在得知还需要行化疗后开始泪流满面:"护士,为什么我妈妈开完刀就好了,我却还要进行放疗和化疗?这个放疗就把我的皮肤照坏了,医生说我需要暂停放疗,那我还能接下去化疗吗?"床位护士小李很耐心地向患者解释了她的治疗方案和发生放射性皮肤反应的原因,同时给予患者每天2次生理盐水清洁创面,喷敷重组牛碱性成纤维细胞生长因子外用溶液,予支具抬高患肢后,王女士腋下的创面结痂,并完成了同步放化疗计划,接下来准备进行每3周一次的靶向治疗。

【学习目标】

1. 掌握 乳腺癌围放疗期的护理要点。
2. 熟悉 乳腺癌放疗并发症及其护理措施。
3. 了解 乳腺癌的照射靶区、照射技术及照射剂量。

第三幕

王女士又一次来医院做靶向治疗,犹豫半天,她轻声问床位护士:"小李呀,赫塞汀这个药我要用到什么时候呀?我一挂这个药就不想吃东西。还有我又不能上班,这个药又那么贵,家里孩子还小,需要花钱,我什么时候能上班呢?我这个病会不会复发呀?我从网上查到像我这样有家族史的人,另外一侧发病的概率很高?"小李护士一边安慰王女士,一边向她讲解乳腺癌的预防和自查方法。经过24h住院曲妥珠单抗靶向治疗,王女士又一次顺利出院了。

【学习目标】

1. 掌握
（1）乳腺癌预防策略。
（2）乳房自查方法。
2. 熟悉 乳腺癌患者出院指导。
3. 了解 曲妥珠单抗治疗的不良反应与注意事项。

四、直肠癌

第一幕

赵先生,53岁,平素喜欢吃油炸和腌制食品,每年自家腌制萝卜干,每餐都吃。因排便习惯改变2个月,便中带血1个月余就诊于胃肠外科,无腹痛腹胀,无心慌乏力,无高血压、糖尿病及过敏史。医生体格检查:直肠指检进指4cm触及明显肿物,退指见指套少许陈旧性血迹,辅助检查:血常规血红蛋白(hemoglobin,Hb)159g/L,RBC 5.29×10^9/L,肠镜显示直肠距肛缘 4~6cm 环半周占位性隆起,表面充血,结节不平,接触性出血明显。为进一步治疗收入院。经过一系列检查,在全麻下行直肠癌根治手术,术后病理显示高中分化腺癌。得知自己得了肿瘤,赵先生非常害怕,看到小李护士过来换补液赶紧问:"小李护士,你给我说实话,我这个病算不算晚期?钱不是问题,只要能治好都可以。"

📖【学习目标】

1. 熟悉　直肠癌的临床表现。
2. 了解
(1) 直肠癌常见的治疗方法。
(2) 直肠解剖、病理及分子分型、分期。

第二幕

赵先生住进放疗科病房后很忐忑,说:"护士,我什么时候开始放疗?开刀医生说我这个病要马上进行放疗,不能拖的,我今天是不是就可以进行治疗了?"护士小李很耐心地给患者解释了之后,赵先生的心情终于平复下来了,也露出了一点点笑容。

经过一周的准备工作,赵先生开始了他的放射治疗。

📖【学习目标】

1. 掌握　直肠癌围放疗期的护理要点。
2. 熟悉　直肠癌的放疗体位与固定。
3. 了解
(1) 直肠癌的照射靶区。
(2) 直肠癌照射技术及照射剂量。

第三幕

当放疗进行到第 4 周时,患者家属非常焦急地跑到护士站:"护士,快点过来看看我老公,前两天拉肚子,这不刚刚稍微好一点,今天他的小便颜色又不对劲,颜色越来越红了,是不是出血了,病情是不是恶化了?"医护人员共同观察了患者小便颜色,向患者解释道:"这可能是放疗引起,可能出现了放疗的不良反应,你要多饮水,我们也会用点药物治疗一下,有什么不舒服的地方及时和我们说。"

经过对症治疗,赵先生的不适症状得到了缓解,终于迎来了出院。护士也为他高兴,"恭喜呀,您可以出院了!"但是患者心中仍有疑惑,便问:"医生说我还需要挂什么靶向药,是不是只要挂了这个水我就不会复发了?我回家还要注意什么?是不是什么都能吃了?"护士详细地进行了健康指导并介绍了预防肿瘤复发的措施,叮嘱患者定期随访。

📖【学习目标】

1. 掌握
(1) 直肠癌放疗后常见并发症的护理。

（2）直肠癌放疗后的出院健康宣教。

2. **熟悉**　贝伐珠单抗、西妥昔单抗治疗的不良反应与注意事项。

五、鼻咽癌

━━━━●━━━━　第一幕　━━━━●━━━━

汪先生，63 岁，福建人，因右侧鼻腔涕中带血 1 年，右颈部无痛性肿块 2 个月，伴右耳闷及听力下降。行鼻咽部新生物活检，病理提示：未分化型非角化性癌。汪先生被确诊为恶性肿瘤后非常紧张，担心自己命不久矣，抱怨自己平时不注意身体，急切地想知道自己的病是怎么回事？是不是已经到了晚期？还有没有治愈的可能？

【学习目标】

1. **熟悉**　鼻咽癌的临床表现与诊断。

2. **了解**

（1）鼻咽解剖、病理生理。

（2）鼻咽癌的病理分期。

━━━━●━━━━　第二幕　━━━━●━━━━

汪先生住进放疗科后很是紧张，说："护士，听医生说我这个病放疗还是能治好的，我明天是不是就能放疗了呀？是不是要每天放疗？放疗几次我的病才能好呀？放疗是不是很痛苦呀？放疗的时候我妻子能不能陪着我呀？"护士小李很耐心地给患者作了解释，同时向汪先生介绍了同病室的病友李先生，看着李先生神情自若的样子，汪先生的心情也终于平复下来了。

经过前期的全面评估、方案制订和靶区规划，5d 后汪先生开始他的放射治疗。

【学习目标】

1. **掌握**　鼻咽癌围放疗期的护理要点与功能锻炼。

2. **熟悉**　鼻咽癌的放疗体位与固定。

3. **了解**

（1）鼻咽癌的照射靶区。

（2）鼻咽癌照射技术及照射剂量。

━━━━●━━━━　第三幕　━━━━●━━━━

在放疗进行到第 3 周时，汪先生出现了口腔溃疡、吞咽困难、胸骨后烧灼感；第 4 周时口腔黏膜出现红斑，颈部皮肤出现干性蜕皮，严重影响了睡眠。经过医护人员的积极干预，患者顺利完成了接下来的放疗。

汪先生的放疗结束了，明天就可以出院了。早已把床位护士当成朋友的汪先生拉过小李就问："小李呀，我这个病还会复发吗？回家后我要注意点什么呀？什么时候我需要再来复查呀？有问题我可以向谁咨询呢？"小李护士一边详细地向汪先生讲解出院的注意事项，一边向他介绍了科室的公众号。

【学习目标】

掌握

(1) 放疗的并发症及其护理措施。

(2) 放疗患者的出院指导与健康宣教。

六、喉癌

第一幕

患者吴先生，75 岁，农民，平时有吸烟喝酒的习惯，吸烟 50 余年，约 20 支 /d，饮酒约 55 年，喜喝烈性酒，250g/d。半年来患者无明显诱因下出现了声音嘶哑，症状较轻，自行前往药房购买金嗓子等药物口服，症状无缓解但未重视。近 2 周声嘶症状加重伴痰中带血，遂在家人陪同下前往医院就诊。经电子喉镜下见双声带、左室带菜花状新生物，取病理送检。门诊医生经综合诊疗后，将患者收入耳鼻咽喉科完善相关检查，继续治疗。

【学习目标】

1. 掌握　喉癌的临床表现和辅助检查。

2. 熟悉　喉癌的扩散途径。

3. 了解

(1) 喉癌的病因及病理生理。

(2) 喉癌的病理分期。

第二幕

吴先生入院完善相关检查，病理结果示鳞状上皮细胞癌，行 CT、MR 等明确无喉外组织及周围淋巴结扩散，确诊为"喉癌 $T_4N_2M_0$"，在耳鼻咽喉科病区行"气管切开 + 半喉切除术"后转入放疗科，拟行同步放化疗。护士小王来到病房为患者进行宣教。吴先生听了后很激动，用含糊不清的声音发泄着情绪："我手术都做好了，已经有了这个让我不能说话的管子，还要再放什么管子！啊？我不想放那个什么破管子，放在我的身体里要这么久！"说着说着吴先生越来越焦虑，护士小王在病床旁详细地向他解释了疾病相关的知识，PICC 的优点及注意事项，吴先生终于冷静下来，并决定配合治疗。

【学习目标】

1. 掌握　喉癌放化疗的护理措施。

2. 了解

(1) 喉癌的放化疗方式。

(2) 喉癌放化疗的并发症及处理。

（3）PICC 的优势。

第三幕

护士小王夜间巡视病房，发现吴先生面色发紫，呼吸困难，上前查看发现气管套管大部分堵塞，吸痰无法疏通。连忙告知医生，予以更换气切套管。吴先生症状缓解，承认自己未进行气道湿化和咳嗽咳痰，护士对其再次进行健康宣教。在医护人员的照料和吴先生积极配合治疗下，他可以出院了，他用微弱、有些奇怪但坚定的声音对医护人员说："谢……谢……"家属也很开心，在旁询问："太好了，终于可以回家了，王护士啊，我们回家要注意什么啊？"

【学习目标】

1. 掌握　气管切开并发症的观察与应急处理。
2. 熟悉
（1）喉癌患者放化疗后的出院指导。
（2）留置 PICC 导管患者的出院指导。

第六章 肿瘤介入治疗与护理

第一节 肿瘤介入治疗

一、肿瘤介入治疗概述

20世纪80年代以来,随着介入设备和介入医用材料的不断完善,介入放射学的应用更为广泛,逐步成为一门独立的专业学科,并且分化出一些分支,如心脏介入放射学、神经介入放射学、肿瘤介入放射学等。肿瘤介入放射学的工作内容包括肿瘤介入诊断术与肿瘤介入治疗技术。

肿瘤介入治疗是一种局部治疗肿瘤的方法,应用X线、实时超声或CT等不同影像技术的监视并在其引导下,将特制的穿刺针、导管等插入人体肿瘤或相关管道内,进行插管、注药、引流、动脉栓塞等手段以治疗肿瘤。

肿瘤介入治疗具有以下几方面的特点:

1. 微创 通过经皮穿刺取得肿瘤组织行病理学诊断或进行各种消融治疗。通过血管穿刺进行肿瘤相关供血动脉造影诊断及相应治疗。

2. 无创 通过生理性腔道可将导管或支架送入胆道、食管、气管等,治疗因瘤侵犯引起的腔道狭窄。

3. 定位准确,疗效明确 所有操作均在各种影像设备精确引导下进行,使器械能直达肿瘤局部,对肿瘤进行精确打击。

4. 重复性好 肿瘤的生物学特性决定了其治疗需反复多次或多学科综合治疗,介入微创治疗具有创伤小、并发症少、疗效突出等优点,可对肿瘤进行多次治疗。

5. 副作用小,并发症少 由于是以肿瘤局部治疗为主,所以对全身的影响较内科和外科治疗为低。

介入疗法具有微创、精准、安全、疗效好等优点,尤其是对不能手术的肿瘤患者,肿瘤介入治疗越来越显示出其在肿瘤治疗中的地位。

二、肿瘤介入治疗方法

(一) 经血管介入治疗肿瘤

1. 经导管灌注化疗 是一种局部化疗,将经动脉插入的导管送至肿瘤供血动脉,灌注化疗药物。由于给药直接到达靶器官,使靶器官成为首过效应器官,可减少全身血液分布的影响,同时药物可与载体结合,选择性滞留于肿瘤组织内部,提高抗肿瘤效果。动脉灌注化疗常用于胃癌、结直肠癌肝转移患者的治疗。

2. 经导管动脉栓塞术(transcatheter arterial embolization,TAE)　是运用栓塞材料将肿瘤供血血管部分或完全阻塞,从而使肿瘤细胞缺血、坏死,达到治疗的目的,主要用于不适合给予化疗药物的实体肿瘤的介入治疗。其在肝癌、肾癌、胰腺癌、肺癌、宫颈癌等恶性肿瘤的姑息性治疗以及肿瘤大出血的止血治疗中均发挥着重要的作用。同时可用于肿瘤的术前栓塞以及术中保护性栓塞。临床上常用的栓塞材料有明胶海绵颗粒、弹簧圈、聚乙烯醇颗粒、碘油、微球和氰基丙烯酸正丁酯等。

对恶性肿瘤施以栓塞术还可以治疗因肿瘤破坏引起的出血。肿瘤性病变可引起出血,是由于肿瘤直接侵蚀破坏血管或富血管的肿瘤引起出血,如肺癌引起的咯血,胃癌、肝癌等消化道肿瘤引起的消化道出血,妇科肿瘤引起的阴道出血等。通过相关动脉造影是诊断出血及准确定位出血部位的"金标准"。在明确诊断后可行出血动脉栓塞术,不仅可即时确切止血,而且可同时对肿瘤进行局部化疗、阻断肿瘤的血液供应,达到标本兼治的效果。

3. 经导管动脉化疗栓塞(transcatheter arterial chemoembolization,TACE)　是通过栓塞肿瘤的供血动脉达到使肿瘤缺血坏死,同时抗肿瘤药物可在肿瘤局部缓慢释放起到化疗作用,是手术不能切除的中晚期肝癌的首选治疗方法。TACE 在将化疗药物注入肿瘤供血动脉的同时,运用栓塞材料阻断供血血流,从而提高局部药物浓度,延长药物与肿瘤接触的时间。TACE 的缺点是大多数肿瘤不能完全坏死,需多次治疗,其原因目前认为与多支动脉供血、栓塞不完全及术后侧支循环形成等因素有关。

(二) 实体肿瘤非血管介入治疗

非血管介入治疗是指在各种影像设备(如 X 线、B 超、CT 等)引导下经皮穿刺至肿瘤局部,通过冷冻、加热等物理化学办法,通过照射局部肿瘤病灶,局部靶向消融肿瘤,达到灭活肿瘤,减轻瘤负荷的目的,具有微创、靶向、高效等特点。对较小的肿瘤病灶,介入治疗可达到外科手术切除的效果。对较大肿瘤或晚期肿瘤,介入治疗可起到减轻瘤负荷,提高患者生活质量,延长患者生存期的目的。

1. 化学消融术　也叫无水乙醇注射术,是将无水乙醇经皮直接注射到肿瘤内,使肿瘤细胞及附近血管内皮细胞迅速脱水,利用药物蛋白凝固特性,导致肿瘤细胞缺血坏死。化学消融术适用于实体器官肿瘤特别是肝癌。1983 年,首次报道经皮乙醇注射疗法治疗肝癌,取得了较好的疗效。经过 20 余年的临床实践,经皮注射无水乙醇已得到广泛应用。

2. 热消融术　针对肿瘤病灶区,利用热效应高温凝固蛋白质,对肿瘤进行凝固、坏死或汽化、炭化而达到消融灭活治疗目的的技术。其中较突出的是超声引导下经皮穿刺的微波和射频治疗,在肝癌等已显示出十分突出的疗效,在临床肿瘤治疗方面有着光明前景。

(1) 射频消融治疗(radiofrequency ablation,RFA):射频是一种电磁波,频率范围为3kHz~3 000GHz,通过经皮穿刺针将特高频电磁波导入肿瘤后,由于电磁波引起分子、离子振动,热效应使肿瘤组织发生凝固坏死和小血管闭塞,达到杀伤肿瘤细胞的目的。射频治疗主要用于肝癌肿瘤≤5cm,现也用于肺癌、乳腺癌、甲状腺癌、前列腺癌等。射频杀灭肿瘤细胞的灭活率近 70%。RFA 由于目标对准癌肿,对正常组织伤害少,达到或超过外科手术的效果。

(2) 微波消融治疗:是在超声引导下将微波电极经穿刺针置入瘤体内,根据肿瘤大小选择相应的功率及发射时间,在微波作用下,肿瘤内不断升温,导致肿瘤组织凝固性坏死,从而达到治疗肿瘤的目的。由于微波致生物组织加热是内源性加热,故具有热效率高、升温速度快、高温热场较均匀、凝固区内坏死彻底等突出优点。近年发现,在主灶热凝固灭活的同时,微波还可激活机体抗肿瘤免疫功能,这可能是微波凝固治疗能取得较好远期疗效的重要因素。该方法在临床上已先后应用于肝癌、肺癌、肾癌、脑胶质瘤等恶性肿瘤以及血管瘤、脾功能亢进等良性病变的治疗。

(3) 超声消融治疗:高强度聚焦超声肿瘤治疗系统,也叫海扶超声聚焦刀。高强度聚焦超声是利用超声波束具有方向性、可聚焦性及穿透性等物理特性,将体外高强度的超声波通过聚焦换能器聚焦于体内的病变组织,导致靶组织蛋白质变性而发生不可逆的凝固性坏死,而靶区以外组织极少或无明显损伤,从而达到无创治疗的目的。目前已应用于肝癌、乳腺癌、胰腺癌、前列腺癌、肾癌等恶性肿瘤的治疗,但不适用于含气空腔脏器及中枢系统的肿瘤。暂时性发热、局部疼痛及皮肤灼伤是高强度聚焦超声最常见的并发症。

(4) 经皮激光热治疗:通过细光纤(0.2~0.8mm)经皮插入肿瘤间质,组织吸收光能转变为热能,细胞发生凝固性坏死。此法始于 20 世纪 80 年代,气体激光(如 CO_2 激光)、固体激光(如 Nd-YAG 激光)均可应用,主要用于肝癌,也可用于肝转移瘤、头颈部恶性肿瘤、乳腺癌、盆腔肿瘤。

3. 冷冻消融术　直接冷冻肿瘤病灶,使局部肿瘤灶达到极低温度(可到 −80℃),肿瘤细胞蛋白变性、细胞膜破裂、脱水、缺氧或坏死,冷冻范围可达 6~8cm。目前广泛应用于临床的是氩氦靶向手术治疗系统(即氩氦刀)。

4. 肿瘤内近距离放射治疗　是将放射性物质置于身体自然腔道内的一种近距离、低剂量、持续性放射治疗的方式。所谓"近距离"是指将放射源置于需要治疗的肿瘤内部或附近。其具有治疗靶点局部剂量高,周围正常组织受辐射量低,照射时间短,可以连续照射或分次照射,安全、可靠、易于防护等优点。近距离放射治疗被广泛应用于宫颈癌、前列腺癌、乳腺癌和皮肤癌,也同样适用于许多其他部位的肿瘤治疗。

第二节　肿瘤介入治疗患者的护理

一、肿瘤介入治疗护理概述

(一) 介入治疗护理学的概述

中国介入放射学研究和应用始于 20 世纪 70 年代后期。随着介入诊疗器械的不断改进和创新、介入诊疗手段的不断完善和扩充、介入医生手术操作的不断规范和提高,介入放射学的临床应用日益广泛和深入,诊疗效果日益确切和提高,深受临床医生和患者的信赖与欢迎,逐渐成为一门独立的临床专业学科。介入治疗护理工作也随之产生和发展起来。护理学在自身的不断发展中与介入医学密切结合,形成了自己的特色。

(二) 介入治疗护理学的发展

1. **国外介入治护理学的发展现状**　20世纪70年代末、80年代初,随着介入放射学的蓬勃发展,一些介入放射学家开始意识到护理对于介入放射学的重要性。由于目前介入放射学既涉及众多的医学学科,又涉及材料、计算机等相关学科,这就对从业人员提出了更高的要求,从而使护理学在自身的不断发展中与介入放射学密切结合,形成了自己的特色。目前介入治疗护理学关注的重点是:患者症状和功能的观察,减少并发症,对患者及其家庭成员的健康教育,对患者住院过程中生理和心理及日常活动的护理等。

2. **国内介入治疗护理学的现状**　国内介入治疗护理学起步较晚,但发展很快。20世纪70年代,护士开始与医生配合参与疾病的介入诊治;80年代部分医院成立导管室,由护士专门负责导管室的管理和术中配合,但需要住院进行介入治疗的患者分散在各临床科室,护理工作由各科护士承担,专业整体护理未得到真正落实,导致了护理质量不高。自1990年4月卫生部医政司发出《关于将具备一定条件的放射科改为临床科室的通知》以来,一部分有条件的医院相继成立了放射科介入病房,真正地成为临床科室,拥有自己单独的护理单元,使介入治疗的护理工作逐渐走向专业化、程序化、规范化,介入科护士逐渐向专业化发展。2004年7月,在第六届全国介入放射学年会上成立了中华护理学会放射介入护理专业委员会是介入治疗护理走向成熟的标志。

二、肿瘤介入治疗前护理

(一) 病情评估

评估患者既往史、有无药物过敏史,如有无碘剂用药史和过敏史,若有应及时报告医师。评估患者疾病所伴随的症状及表现,有异常情况及时报告主管医师。

(二) 饮食护理

一般患者给予高蛋白、高热量、高维生素、低脂易消化饮食,戒烟酒。局部麻醉患者术前不需禁食,嘱患者进食清淡、易消化饮食即可,降压药物照常服用,降糖药物遵医嘱处理。特殊患者按特殊患者饮食护理。

(三) 生活护理

术后需要制动的患者,术前1d训练患者卧床排尿、排便,以便提高其术后卧床的适应性。术前晚沐浴或擦浴,保证充足睡眠。

(四) 心理护理

耐心向患者解释介入治疗的目的、方法及治疗的重要性和优点,帮助患者消除紧张、恐惧心理,争取主动配合。

(五) 入室准备

嘱患者术日晨取下活动义齿、眼镜、发卡、手表、首饰等交由家属妥善保管,更换干净病员服,入介入手术室前排空膀胱。术前 30min 执行术前用药,留置静脉针,并备好术中用药。

(六) 核对交接

核对患者手腕带、病历、术中用药、影像学(CT、MRI 等)资料等,一并送入介入手术室,与手术室护士交接。

三、肿瘤介入治疗后护理

(一) 体位护理

动脉造影 + 化疗 / 栓塞 / 灌注者,术后平卧位,穿刺点压迫器加压包扎,穿刺侧肢体平伸制动 6~8h,术后 24h 可下床活动。协助患者床上使用大小便器,必要时可留置导尿管,防止过早活动。

(二) 活动指导

经股动脉行介入术后,鼓励患者下肢制动期间未穿刺侧肢体用力,可床上抬臀、可在穿刺点加以一定压力后适当翻身,减少腰背部酸痛,防止出血。如无禁忌,静脉介入术后 6h 可下床如厕,动脉介入术后 1d 可协助患者下床边坐或床边活动,以后逐渐增加活动量。卧床期间行肢体被动运动或主动运动(踝泵运动),预防血栓的发生。

(三) 饮食指导

除禁忌及食管支架介入术外,术后即可进食少量流质饮食,并逐渐过渡到普食。鼓励进高热量、高维生素、低脂易消化饮食。多饮水,促进造影剂排泄,保证尿量 ≥ 2 000mL/d。

(四) 用药护理

1. 遵医嘱使用化疗、止血、保肝等药物,观察药物作用与副作用。
2. 遵医嘱监测血常规、肝肾功能等。

(五) 专科护理

1. 观察患者神志情况,每小时监测生命体征,监测 6~8h,必要时延长心电监护时间。术后 3d 内测量体温,4 次 /d,发热患者按要求测量。
2. 严密观察动脉穿刺肢的肢端皮肤颜色、温度,足背动脉搏动是否良好。穿刺处有无出血、血肿现象等。
3. 密切观察患者症状体征,判断介入术后疾病并发症。

四、肿瘤介入治疗并发症的预防及护理

(一) 栓塞后综合征

1. 疼痛
(1) 原因:因栓塞造成组织缺血、水肿和坏死引起。

（2）措施：术后应密切观察患者的疼痛部位、性质和持续时间,准确评估疼痛的程度。安慰患者,缓解患者紧张、焦虑心理,轻度疼痛者可采取转移注意力法,语言暗示法,音乐疗法等措施。协助患者取半卧位或侧卧位,尽量为舒适状态。采取腹式呼吸为主的深呼吸等方法可使腹壁紧张度减轻,疼痛减轻。对疼痛不能耐受者需遵医嘱遵循三阶梯止痛疗法治疗。

2. 发热　是动脉化疗术后常见的并发症之一。

（1）原因：肿瘤组织缺血坏死重吸收而致的吸收热。

（2）表现：体温一般在 38~38.5℃,多数不超过 39℃,无须特殊处理,大部分 3~5d 可降至正常。

（3）措施：体温 > 38.5℃时予物理、药物降温。监测体温 1 次 /4h,无腹水者多饮水。做好生活及口腔护理。体温超过 39℃或发热 > 1 周者,要进行抗感染治疗。

3. 恶心、呕吐

（1）原因：高浓度化疗药物灌注及碘油刺激胃肠道所致。

（2）措施：护理时应注意观察患者胃肠道反应症状,嘱患者术后禁食 6h,给予高热量、高蛋白、高维生素的清淡易消化饮食,少食多餐。建议患者餐后勿立即平卧,以免食物反流入口腔引起恶心。应用止吐药物,及时清除呕吐物并做好解释。观察呕吐物的性质、颜色、量,观察有无消化道出血,呕吐严重者需禁食并静脉补液。

（二）肺动脉栓塞

1. 原因　主要发生在肝癌伴有肝动静脉瘘时,用碘化油栓塞肝动脉,大量碘化油通过动静脉瘘进入肺动脉而形成肺栓塞,是肝动脉栓塞术后极凶险的并发症。

2. 表现　突发的呼吸急促,发绀,胸痛,大汗,烦躁不安,氧饱和度下降。

3. 措施　在患者出现呼吸困难等症状后立即通知医师,给予吸氧、心电监护,密切观察血压、血氧饱和度变化,快速建立静脉通路,及时准备抢救物品及药品,做好抢救护理记录,确保护理安全。

（三）胃、十二指肠和胆囊动脉栓塞

在 TACE 术后较为常见。

1. 原因　推注化疗药物及栓塞剂时太快,化疗药物和栓塞剂反流入胆囊动脉。

2. 表现　为持续性上腹部疼痛。

3. 措施　给予抑酸、解痉、止痛药物、胃黏膜保护剂后,症状可以逐渐缓解。

（四）肝肾损害

肝肾损害是肝动脉栓塞术后常见的并发症。

1. 表现　肝功能有单项或多项指标升高者占术后患者的 88.99%,术后 2~3 周可逐渐恢复到正常或术前水平。

2. 措施　对肝功能短期内不能恢复的患者,嘱其卧床休息,给予保肝和护肝治疗,使其恢复到术前水平。大量化疗药物导致的不良反应,肿瘤细胞大量坏死需经肾脏排出等均可对肾脏造成损伤,在术后鼓励患者多饮水,每天饮水量在 2 000mL 以上,碱化

尿液或使用利尿药加大化疗药物的排出,保护肾功能。准确记录出入量,注意观察患者尿液的色、质、量,注意化验指标的动态变化,发现异常及时汇报医师,防止肝、肾衰竭的发生。

第三节 肿瘤介入治疗与护理 PBL 案例

一、肾癌

第一幕

吴先生,60 岁,印刷工人,吸烟史 30 余年,平时不爱喝水,1 年前无明显诱因开始出现左腰腹胀痛伴尿频、尿急、尿痛及血尿,被诊断为左肾癌,1d 前再次出现血尿,去医院门诊就诊。在门诊,医师详细询问了患者的病史,并开具了一些专项检查。泌尿系 CT 示:双肾结石,左肾占位性病变考虑恶性肿瘤。精神、食纳可,无发热,无咳嗽、咳痰,无胸闷气促,大便无异常。入院查体:营养发育可,急性面容,体查合作,神志清楚,患者全身皮肤巩膜无黄染,双侧眼结膜及甲床颜色正常,中度贫血貌。腹平软,未见胃肠型及蠕动波,肾脾肋下未扪及,下腹轻压痛,无反跳痛,左肾区叩痛,右肾区无叩痛,叩膀胱上界脐下 3 横指,移动性浊音(-),肠鸣音可。患者既往有高血压史十余年,否认有心脏病、手术等病史,无药物过敏史。血常规示 Hb 66.10g/L,血小板 $63×10^9$/L,肾功能、血脂全套无异常。医师建议患者入院接受进一步治疗。

📖【学习目标】

1. 掌握 肾癌的临床表现。
2. 熟悉 肾癌的诊断与鉴别诊断。
3. 了解
(1) 肾癌的辅助检查。
(2) 肾癌的原因。

第二幕

吴先生入院后行 B 超、CT、MRI 检查,示:左侧肾脏实质占位。免疫组化:β微管蛋白 Ⅲ(-),EMA(+),ERCC1(-),GST-π(+),Ki-67(+<10%),MRP-1(灶状+),MRP-3(+),Pg-p494(+),胸苷酸合酶/5-FU(+),Top-Ⅱα(-),结合 HE 切片,本例应为低分化肾透明细胞癌。

检查血常规、凝血四项、肿瘤标志物、心电图均正常。经过医生团队仔细研究治疗方案后,最终决定予以患者局麻下行"肾动脉化疗栓塞术"进行治疗。经过医生与患者及其家属的谈话后,同意手术。护士完善术前准备后,于早晨将患者推到介入导管室内。术后由医务人员推平车将患者送回病房。

术后 6h,值班护士巡视病房时,患者主诉"腰部疼痛难忍",护士立刻对患者的疼痛程度和生命体征进行评估,测得体温 38.5℃,并立即告知了值班医生,遵医嘱予以吲哚美辛栓半粒纳肛,并指导家属帮助患者调整体位,30min 后患者主诉有所缓解,复测体温37.5℃。

【学习目标】

1. 掌握
(1) 肾动脉化疗栓塞术的适应证与禁忌证。
(2) 肾动脉化疗栓塞术术前与术后护理要点。
(3) 肾动脉化疗栓塞术的术后并发症及护理要点。
2. 了解　肾动脉化疗栓塞术的手术过程。

第三幕

术后第 3 天,责任护士告诉患者:"恭喜您,可以出院了。"但是患者还有疑问:"我回家之后都要注意什么呢?"护士详细告知其出院的注意事项。

【学习目标】

掌握　肾癌患者出院注意事项。

二、胰腺癌

第一幕

患者,男性,60 岁,既往有糖尿病病史 18 年、吸烟史 30 余年,约 20 支 /d,慢性胰腺炎 2 年多,由于工作应酬,经常进食大鱼大肉、海鲜之类。1 个月前无明显诱因出现中上腹胀痛,为间歇性隐痛,与进食、体位无关,患者巩膜及全身皮肤黄染,遂来医院就诊。

查体:患者神志清,精神软,巩膜及全身皮肤黄染,腹软,脐上触及 4cm 类圆形肿块,质硬,压痛,活动度差,周边界限不清。糖类抗原 42.92U/mL;行上腹部 CT 检查显示:胰头囊性占位,医师建议其行 MR 检查明确诊断。医师告知患者及家属需入院进一步治疗,患者听说要住院便开始焦虑,急忙问医师:"我这个病是不是很严重啊?能看好吗?我从来没住过院,这次大概要住院多久啊?"面对患者的疑问,医师耐心地安抚并鼓励患者勇于面对疾病。

【学习目标】

1. 掌握　胰腺癌的临床表现。
2. 熟悉　胰腺癌的鉴别诊断。
3. 了解
(1) 胰腺癌的诱因。
(2) 胰腺癌的辅助检查。

第二幕

患者入院后血报告提示：白细胞 12.12×10^9/L，中性粒细胞 81.8×10^9/L，谷丙转氨酶 687U/L，血胆红素 226.7μmol/L，白蛋白 28g/L。给予抗炎、解痉、保肝，补充维生素 K，少量多次输血，补液支持治疗。因患者有重度黄疸及肝功能异常，医师建议其行经皮肝穿刺胆道引流术（percutaneous transhepatic cholangial drainage，PTCD）。

患者经过 10d 的治疗后，疼痛、肝功能等情况好转。患者知道了自己的病情，情绪持续焦虑，不配合治疗，拔针、拒绝吃药，说："我身体一直很好的，老天爷怎么这么不公平，让我得了这种病。"最后在医师、护士、家属的共同劝说安抚下，患者才慢慢接受了这个现实，表示要好好配合治疗。责任护士详细地为患者讲解了手术前的准备，简单地介绍手术方法，手术后的康复情况，患者信心满满，用最佳的状态来迎接这次挑战。

【学习目标】

1. 掌握　经皮肝穿刺胆道引流术（PTCD）的术前准备和术后护理。
2. 了解　经皮肝穿刺胆道引流术（PTCD）的手术方法。

第三幕

术后第 3 天，责任护士告诉患者："恭喜您，可以出院了。"但是患者还有疑问："我回家之后都要注意什么呢？"护士详细告知他出院注意事项。

【学习目标】

掌握　胰腺癌患者出院注意事项。

三、肝癌

第一幕

患者王先生，48 岁，职业是出租车司机，有乙型肝炎病史。由于经常要加班加点地工作，为了节约时间，水喝得很少，三餐也特别不规律，夜间经常吃烧烤喝啤酒。随着生活习惯的不改变，他的肝炎已经转变成了肝硬化。最近 1 个月时感右上腹不适，伴有黄疸，来医院门诊就诊。在门诊，医师详细询问了患者的病史，并开具了一些专项检查。门诊彩超示：肝内实性占位。患者无发热，无恶心、呕吐，无呕血、黑便，无腹痛、腹泻，饮食一般，睡眠二便基本正常，乙型肝炎病史。入院查体，神清，精神可，浅表淋巴结未及肿大，皮肤巩膜有黄染，心肺听诊未及异常，触诊其腹略膨，腹肌稍紧张，剑突下偏右及右中上腹压痛明显，无反跳痛，肝区叩击痛（+），肠鸣音减弱。患者否认有高血压、心脏病、手术等病史，无药物过敏史。查 ALT：687U/L，总胆红素 240μmol/L，结合胆红素 235μmol/L，甲胎蛋白 500μg/L。医师建议患者住院治疗，患者听后立刻情绪失控，"我不就是饮食不规律吗？！这么多年了我的肝炎都没要我命，没事的，我还急着赚钱养家呢！我不住院了！给我开点药算了！"医生："王先生，由于您不控制饮食习惯，肝炎现在已经转变成了肝硬化,您现在出现新的症状,我不能确定是不是肝癌,所以要住院进行治疗,我建议还是住院做进一步治疗吧!如果是肝癌的话,早治疗是非常有效的,这也是对您,对您家庭的一种负责。"经过医生和家属的一同劝说,患者情绪渐渐平静下来,同意接受进一步治疗。

📖【学习目标】

　1. 掌握　肝癌的临床表现。
　2. 熟悉
　(1) 肝癌的鉴别诊断。
　(2) 肝癌的诱因。
　3. 了解
　(1) 肝癌的辅助检查。
　(2) 肝癌的原因。

第二幕

　　患者入院后行 B 超、CT、MRI 检查,示:右侧肝脏实质占位。肝右叶穿刺活检做病理检查,示大片增生的纤维组织,局部纤维组织间见异形细胞,符合低分化癌。免疫组化:CK-pan(++),CK$_{8/18}$(++),CK$_7$(−),CK$_{19}$(+),Hep-1(+),结合 HE 切片,本例应为低分化肝细胞性肝癌。

　　患者查血,血常规、凝血四项、肿瘤标志物、乙型肝炎/丙型肝炎病毒学、心电图均正常。经过医生团队仔细研究治疗方案后,来到床边与家属及患者本人谈话。医生说道:"王先生,我们根据您的病情有两种方案,一种是常规化疗,从外周静脉或者中心静脉置管,将化疗药物输入体内,对您肝癌对应部位进行化疗。另一种是进行介入手术,从股动脉穿刺,将导管导入肝癌部位,直接针对性地将化疗药物注入肝癌部位,相对来说效果更好,你们考虑一下。"王先生:"不用考虑了,我还年轻,我还有家庭,麻烦你们一定要治好我,那我选效果最好的介入手术吧。"最终决定予以患者局麻下行"肝动脉化疗栓塞术"进行治疗。经过医生与患者及其家属的谈话后,同意手术。护士完善术前准备后,于早晨将患者推到介入导管室内。术后由医务人员推平车将患者送回病房。

📖【学习目标】

　1. 掌握　肝动脉化疗栓塞术的适应证与禁忌证。
　2. 熟悉　肝动脉化疗栓塞术的术前与术中护理要点。
　3. 了解　肝动脉化疗栓塞术的手术过程。

第三幕

　　术后 4h,家属急匆匆跑到护士站:"护士、护士!快来啊!我丈夫出了好多血!快来!"护士立刻冲到病房,检查后发现是患者的穿刺点出血了,于是对家属和患者进行了安慰,立刻去拿药箱予以重新包扎加压止血。结束后,护士询问患者:"您刚刚做了什么事啊?正常加压包扎下,伤口一般不会出血的。"患者闻言羞红了脸:"实在不好意思,刚刚我腿酸得不行,把腿屈起来了,谁知压迫器就脱落了,给您添麻烦了,不好意思啊!"护士闻言安慰道:"没关系,您可不能乱动那条穿刺的腿了,之前和您说过,术后这条腿需要制动,等压迫器取掉后才可以屈伸,现在请保持伸直状态哦!不然会出血的。"家属:"好的好的,给您添麻烦了,我会看好他的!"

📖【学习目标】

1. 掌握 肝动脉化疗栓塞术的术后并发症及护理要点。
2. 熟悉 肝动脉化疗栓塞术术后并发症的处理方法。

第四幕

术后第 3 天,责任护士告诉患者:"恭喜您,可以出院了。"但是患者还有疑问:"我回家之后都要注意什么呢?"护士详细告知他出院注意事项。

📖【学习目标】

掌握 肝癌患者出院注意事项。

四、肺癌

第一幕

某公司经理王某,男性,48 岁。最近 3 个月总是无诱因咳嗽,并伴有少量黏痰,平日经常吸烟,工作忙应酬多,因此他对自己的病情并不在意。最近 1 个月他总觉得右胸背胀痛,单位同事还说他瘦了。他到当地医院看病,医生诊断为"支气管炎"给予多种抗生素如"阿莫西林"等,但疗效不显著,王某并没有太往心里去,仍然坚持工作。3d前王某早上起床发现咳痰带血,血多痰少,还是鲜红色的,王某害怕了,赶紧在家人陪同下去医院。

医生详细询问病史,王某 2000 年患过左上肺结核,治疗 8 个月已好转。有 30 年吸烟史,吸烟 20 支 /d。饮酒史 30 年,每天啤酒 2 瓶。3 个月来无畏寒、发热、盗汗及呼吸困难。查胸部 CT 显示:左上肺可见孤立性阴影,形状不规则,直径 3cm,有毛刺。为进一步治疗,医师将其收入院。责任护士接待了他们,做了详细的入院宣教,询问了患者的疾病史、用药史、手术史、既往史、过敏史,得知患者既往有结核病术史。经过询问病史及查体后,患者发出一连串的疑问:"我这病需要开刀吗?要开胸吗?""这个住院的费用是多少啊?""我年纪轻轻,开刀影响我以后吗?"王某显示出特别焦虑,医师和责任护士细心地解释,耐心地安抚着患者及家属,告知了患者具体的住院流程。

📖【学习目标】

1. 掌握 肺癌的临床表现。
2. 熟悉

(1) 肺癌的鉴别诊断。

(2) 肺癌的诱因。

3. 了解

(1) 肺癌的辅助检查。

(2) 肺癌的原因。

第二幕

在患者入院后,医师仔细检查后,发现患者一般情况尚可,予肺功能及CT等检查。CT显示:左上肺可见孤立性阴影,形状不规则,直径3cm,有毛刺。医生与患者家属沟通后,制订手术方案,拟行"肺癌射频消融术",择期手术。患者问:"明天的手术是不是很大?我还年轻,不想做大手术!"责任护士对患者耐心地做了解释工作,该手术是微创手术,恢复快,第2天即可下床。患者表示理解并配合完成了术前的准备工作。第2天,经过2h的手术,患者于13:30安返病房。随即予心电监护,吸氧。这时,患者的儿子问责任护士:"我爸爸做完手术需要注意什么?"责任护士对他进行了详细的解释,并对他及患者进行了术后健康教育。

【学习目标】

1. 掌握 肺癌射频消融术术前、术中、术后的护理要点。

2. 熟悉 肺癌射频消融术的适应证与禁忌证。

3. 了解 肺癌射频消融术的手术过程。

第三幕

术后4h,家属急匆匆跑到护士站:"护士护士!快来啊!我丈夫吐了好多血!快来!"护士立刻冲到病房,检查后发现是患者痰中带血,于是对家属和患者进行了安抚,立刻去找医生对患者进行对症处理。结束后,医生再次详细为患者家属讲解了射频消融术的术后并发症及观察要点。家属:"好的好的,给您添麻烦了,我会看好他的!"

【学习目标】

1. 掌握 肺癌射频消融术的术后并发症及护理要点。

2. 熟悉 肺癌射频消融术术后并发症的处理方法。

第四幕

术后第3天,责任护士告诉患者:"恭喜您,可以出院了。"但是患者还有疑问:"我这肺癌也没切,回家之后都要注意什么呢?"护士详细告知他出院注意事项。

【学习目标】

掌握 肺癌患者出院注意事项。

五、宫颈癌

第一幕

患者胡女士，47 岁，既往有高血压病史，1 个月前无诱因下出现阴道不规则出血，4d 前阴道大出血，未就医，前天自用云南白药胶囊、宫血宁胶囊后，阴道流血有所减少，无腹痛，有轻微腰背胀痛，阴道流血后腰背胀痛好转，无头晕，有轻微乏力，遂来门诊就诊。在门诊，医师详细询问了患者的病史，并开具了一些专项检查。盆腔 CT 结果：子宫颈部占位性病变，考虑宫颈癌可能。子宫颈后缘与直肠间隙模糊，少量盆腔积液。妇科检查：外阴发育正常，已婚已产型，阴道通畅，黏膜光滑，内见较多血迹，壁无结节宫颈肥大，直径约 5.0cm，上唇光滑，下唇明显菜花样改变，组织脆，触之出血，宫颈明显缩短，以下唇为甚，质硬，无举痛，子宫未满意扪清，无压痛，未扪及明显包块，双附件未扪及明显包块，无压痛。血常规示血红蛋白：91.0g/L。

【学习目标】

1. 掌握　宫颈癌的临床表现。
2. 熟悉　宫颈癌的鉴别诊断。
3. 了解
(1) 宫颈癌的辅助检查。
(2) 宫颈癌的原因。

第二幕

患者入院后行 CT、活检检查，示：子宫颈部占位性病变，考虑宫颈癌可能，盆腔淋巴结显示。子宫颈后缘与直肠间隙模糊，少量盆腔积液。宫颈活检病理诊断：宫颈浸润性腺癌。本例为宫颈腺癌 Ⅱb 期。患者查血，血常规、凝血四项、肿瘤标志物、心电图均正常。经过医生团队仔细研究治疗方案后，最终决定予以患者局麻下行"放射性粒子植入术"。经过医生与患者及其家属的谈话后，同意手术。护士完善术前准备后，于早晨将患者推到介入导管室内。术后由医务人员推平车将患者送回病房。医师、护士共同将患者搬运至病床。

术后 4h，值班护士巡视病房时，患者主诉恶心，食欲缺乏，呕吐出胃内容物，护士立刻对患者的一般体征进行评估并告知了值班医生，遵医嘱予以甲氧氯普胺一支肌内注射以及生理盐水 500mL 加入维生素 C 和维生素 B_6 各 2 支静脉滴注，并指导家属清理呕吐物，保持床单位清洁，30min 后患者主诉症状有所缓解。

【学习目标】

1. 掌握
(1) 放射性粒子植入术的术前与术后护理要点。
(2) 放射性粒子植入术的术后并发症及护理要点。
2. 了解
(1) 放射性粒子植入术的手术过程。

（2）放射性粒子植入术的适应证与禁忌证。

第三幕

术后第 3 天，责任护士告诉患者："恭喜您，可以出院了。"但是患者还有疑问："我回家之后都要注意什么呢？"护士详细告知她出院注意事项。

【学习目标】

掌握　宫颈癌患者行放射性粒子植入术治疗后的出院注意事项。

第七章 肿瘤生物治疗与护理

第一节 肿瘤生物治疗概述

一、肿瘤生物治疗分类

肿瘤生物治疗是在肿瘤免疫治疗的基础上发展起来的,已有1个世纪历史。近十年来,在现代分子生物学和基因工程技术飞速发展的推动下,生物治疗日益受到重视并显示出良好的应用前景,是肿瘤手术治疗、放射治疗和化学治疗三大常规治疗后第四种治疗模式。肿瘤生物治疗是指通过肿瘤宿主防御机制或生物制剂的作用以调节机体自身生物学反应,从而取得抗肿瘤效应的一种方法,它主要包括肿瘤免疫细胞治疗、肿瘤基因治疗、肿瘤分子靶向治疗、肿瘤免疫和微环境治疗。具体如下:

1. 肿瘤免疫细胞治疗 即利用人体的免疫机制,通过主动或被动的方法增强肿瘤患者的免疫功能,达到杀灭肿瘤细胞的目的。

2. 肿瘤基因治疗 即利用遗传物质纠正正常基因结构或功能上异常,或外源病原体遗传物质复制,从而达到治疗目的,校正或置换致病基因。

3. 肿瘤分子靶向治疗 即作用于一些特异分子,而这些分子在肿瘤细胞生长、分裂和转移过程中起作用。这些分子在肿瘤细胞中表达较高,正常细胞影响较小。干细胞移植,即用药物调节自身免疫系统,使得相容同胞干细胞可以进入,供体细胞取代免疫系统和干细胞,侵犯人的免疫系统然后袭击并杀死肿瘤细胞。

4. 肿瘤免疫和微环境治疗 即通过启动、维持肿瘤免疫循环,恢复机体正常抗肿瘤免疫反应,达到抗肿瘤治疗的一种方法。近年来,肿瘤免疫已在多种肿瘤如黑色素瘤、非小细胞肺癌、肾癌和前列腺癌等实体瘤的治疗中体现出了抗肿瘤活性,许多肿瘤免疫治疗药物已获得美国食品药品监督管理局(FDA)批准应用于临床。而肿瘤微环境是肿瘤细胞赖以生存的基础,它由细胞成分和非细胞成分组成。其中细胞成分包括肿瘤细胞本身、炎症细胞、免疫细胞以及与肿瘤相关的成纤维细胞等;非细胞成分包括细胞因子、趋化因子等,它们共同构成了复杂的肿瘤微环境。免疫治疗是利用机体免疫系统攻击肿瘤,而免疫细胞是在微环境中杀灭肿瘤。所以在免疫治疗的发展中,人们更关注对肿瘤微环境的调节,因为它影响到肿瘤免疫治疗的发挥效应。

二、肿瘤生物治疗特点

肿瘤生物治疗与传统治疗方法不同的是,肿瘤生物治疗靶向免疫系统而非肿瘤细胞,治疗原则即通过改善人类免疫力来对抗肿瘤。肿瘤生物治疗与其他疗法相比,主要是副作用小,是一种绿色抗肿瘤方法。它是运用生物技术和生物制剂对从患者体内采集的免疫细胞进行体外培养和扩增后再回输到患者体内的方法,来激发、增强机体自身免疫功能,从而达到治疗肿瘤的目的。

最近几年来,肿瘤的免疫治疗因其对于常规疗法无效的肿瘤具有显著疗效而备受关注,2013 年被 Science 杂志评为年度十大科技突破之首,为转移性晚期肿瘤治疗带来新的希望。而在肿瘤的免疫细胞疗法中发挥重要效应的关键细胞以 T 细胞、自然杀伤(natural killer,NK)细胞和树突状细胞(dendritic cell,DC)为主。

目前来看,正在进行的针对 T 细胞的肿瘤免疫治疗可以分为两大类,一类是 T 细胞过继疗法,主要包括 Steve Rosenberg 教授一直在进行的从患者肿瘤浸润淋巴细胞(tumor infiltrating lymphocyte,TIL)中扩增肿瘤特异性 T 细胞进行回输;另一类是通过基因修饰的方法,在正常 T 细胞表面表达能够识别肿瘤抗原的受体,包括 T 细胞受体(T cell receptor,TCR)基因修饰 T 细胞(TCR-T)和嵌合抗原受体(chimeric antigen receptor,CAR)修饰 T 细胞(CAR-T)。而第二类是免疫检查点抑制剂疗法。

NK 细胞因其不需预先致敏即可杀死病毒感染的细胞或肿瘤细胞而得名。不仅如此,NK 细胞还可以产生多种细胞因子调节免疫应答,因此,NK 细胞是固有免疫系统中非常重要的一群细胞。NK 细胞的功能执行主要通过两大类细胞受体,包括杀伤细胞激活性受体(killer activation receptor,KAR)和杀伤细胞抑制性受体(killer inhibitory receptor,KIR)进行调控。正常情况下,KIR 与主要组织相容性复合体(major histocompatibility complex,MHC)Ⅰ类分子结合,产生抑制性信号,尽管自身细胞上多糖类抗原与 KAR 结合产生活化性信号,但由于抑制性占主导地位,从而保证了自身细胞不被 NK 细胞杀伤。但是,当细胞 MHC Ⅰ类分子表达降低,抑制性信号功能减弱,NK 细胞则被活化,杀伤相应的细胞。活化后 NK 细胞通过释放穿孔素和颗粒酶等细胞毒性颗粒,或者表达 Fas 和 TRAIL 诱导靶细胞发生凋亡。在对 NK 细胞分子特征和功能调控深入研究的基础上,开发以 NK 细胞为基础的免疫治疗可能引发肿瘤免疫治疗新的突破。虽然早期Ⅱ-2 活化淋巴因子激活杀伤细胞治疗肿瘤效应不佳,但 NK 细胞抗肿瘤效应在 2002 年得到证实。

树突状细胞(DC)是专职抗原细胞,负责对抗原进行加工,处理后给 DC,诱导 DC 活化,激发有效免疫应答。由于 DC 在免疫应答过程中处于核心地位,而且 DC 在体外培养成功,使其成为肿瘤免疫治疗中最重要的力量之一。目前基于 DC 的治疗性肿瘤疫苗主要分为两种,一种是 DC 体外荷载抗原后回输到患者体内,另一种是诱导 DC 在体内摄取肿瘤抗原。二者的共同目的都是最大程度活化肿瘤抗原特异性 CD4$^+$ 和 CD8$^+$T 细胞,发挥抗肿瘤效应。

肿瘤疫苗原理是利用诱导机体特异性细胞免疫和体液免疫,增强机体抗肿瘤效应,从而抑制肿瘤细胞生长、转移和复发。目前应用比较多的有肿瘤细胞疫苗、肿瘤多肽疫苗、肿瘤基因工程疫苗、肿瘤核酸疫苗和抗独特型抗体疫苗。

三、肿瘤生物治疗优势

1. 运用表达较低的生物细胞因子调动机体自身免疫达到抗肿瘤效果,与放疗和化疗相比,副作用较小。

2. 通过主动免疫激发全身抗肿瘤效应,作用范围广泛,也适用于散在病灶和广泛转移性恶性肿瘤。

3. 采用分子靶向药物进行治疗,目标精准,对正常细胞无影响,尤其适用于无手术指征的中晚期肿瘤患者,可明显遏制肿瘤进展,延长患者生命。

4. 放疗、化疗后,免疫力低下,副作用明显(如食欲减退、脱发、皮肤炎症等)。而细胞免疫治疗起效时间约需要 3 个月,因此越早介入放、化疗效果越好,可提升自身免疫、发动对肿瘤攻击、改善全身状况、提高治疗效果,有效预防肿瘤转移。

5. 免疫细胞治疗需要修复和重新构筑体内免疫系统,需要花费一定时间。治疗开始后可能不会立即产生直观效果,而数个月后伴随肿瘤标志物下降、肿瘤缩小的案例较多。这些都是传统化疗相对新兴免疫细胞治疗所不具备的特征,也是免疫细胞治疗的优势之处。

四、肿瘤生物治疗方法

(一)肿瘤免疫细胞治疗

1. 体细胞与细胞因子治疗

(1) 细胞因子:是由活化免疫细胞(单核巨噬细胞、T 细胞、B 细胞、NK 细胞等)和一些非免疫细胞(血管内皮细胞、表皮细胞)经合成、分泌后作为细胞间信号传递分子、具有广泛生物学活性的小分子蛋白,具有调节免疫应答、免疫细胞分化和发育,参与炎症反应,刺激造血功能等作用。细胞因子具有多种活性,如重叠性、多效性、协同性等,调整机体生理功能,促进细胞活化、分化、增殖和凋亡,与肿瘤发生、发展有关。

(2) 干扰素(interferon, IFN):是核细胞在诱生剂下产生的糖蛋白,根据细胞来源、理化性质和抗原特征可分为 IFN-α、IFN-β、IFN-γ 这三种类型。干扰素生物学效应主要包括抑制病毒在细胞内的增殖和分裂、增强免疫细胞活性等,它被广泛应用于白血病、慢性粒细胞白血病、多发性骨髓瘤、非霍奇金淋巴瘤、肾癌及黑色素瘤等肿瘤治疗。

(3) 白细胞介素-2 (interleukin-2, IL-2):是目前应用最广泛的白细胞介素,它能活化 T 细胞产生活性递质,诱导淋巴细胞的增殖,诱导 LAK 细胞生成,促进 B 淋巴细胞分化,参与机体多种免疫调节。IL-2 适用范围广,主要用于治疗各种实体肿瘤、恶性浆膜腔积液、肾癌、黑色素瘤。

(4) 促红细胞生成素(erythropoietin, EPO):是由肾小管间质细胞产生、促进红细胞系前体细胞与成熟细胞的因子,临床上主要用于肾性贫血的治疗,对肿瘤放化疗后引起贫血也有一定疗效。

(5) 集落刺激因子(colony stimulating factor, CSF):是一类促进造血祖细胞形成粒细胞和巨噬细胞等克隆的细胞因子。粒细胞集落刺激因子(G-CSF)和粒细胞巨噬细胞集落刺激因子(GM-CSF)是临床上常用的集落刺激因子。G-CSF 具有促进骨髓粒细胞系祖细胞生成、分化、成熟,增强中性粒细胞的功能等作用,适用于肿瘤放化疗后引起的粒细胞减少;GM-CSF 具有促进粒系统和单核巨噬细胞系统的增殖,激活成熟粒细胞和单核巨噬细胞的作用,可用于肿瘤免疫治疗。

2. 过继性细胞免疫治疗　即肿瘤过继性细胞免疫治疗,是指将体外扩增及激活肿瘤特异性免疫细胞过继回输给肿瘤患者,进行肿瘤治疗的方法。过继性细胞免疫可分为特异性和非特异性两类,前者是用抗原致敏淋巴细胞进入受体,然后使其获得对该抗原细胞的免疫能力;后者是用未经特殊抗原致敏的正常人淋巴细胞进入受体,再使其获得对多种抗原细胞的免疫能力。特异性过继性细胞免疫治疗所使用的细胞主要包括肿瘤浸润淋巴细胞(TIL)和特异性转基因 T 细胞;非特异性过继性细胞免疫治疗所使用的细胞主要包括淋巴因子激活的杀伤细胞、抗 CD3 单克隆抗体激活的杀伤细胞和细胞因子诱导的杀伤细胞。

(1) 淋巴因子激活的杀伤细胞(lymphokine-activated killer cell,LAK):是采用 IL-2 在体外刺激、活化外周血单核细胞而诱导产生的非效应性细胞毒作用的效应细胞。LAK 细胞对正常细胞没有杀伤效应,对肿瘤细胞的杀伤表现为非 MHC 限制性、广谱性、非特异性。由于 LAK 细胞杀伤力不强,扩增能力有限,因此在临床上应用 LAK 细胞时需大量输注,且在输注的同时须大剂量应用 IL-2。在大量应用 IL-2 时可出现多种毒副反应,最严重的是毛细血管渗漏综合征(capillary leak syndrome,CLS),主要表现为全身性水肿和多器官功能失调,可引起胸腹腔积液、肺间质水肿和充血性心力衰竭。

(2) 肿瘤浸润淋巴细胞(TIL):是从肿瘤组织中分离的 T 淋巴细胞在体外经 IL-2 激活后大量扩增形成,对肿瘤细胞具有很强的杀伤活性。TIL 对肿瘤有一定的特异性,其杀伤效应是 LAK 细胞的 50~100 倍。将 TIL 回输到机体内血液或肿瘤中可以持续起效 2 个月。目前,TIL 在临床中已用于治疗皮肤、肝、肾、肺、头颈部、卵巢等部位的原发或继发性肿瘤,有着巨大的潜在治疗价值。

(3) 抗 CD3 单克隆抗体激活的杀伤细胞(anti-CD3 monoclonal antibody activated killer cell,CD3AK):是采用抗 CD3 单克隆抗体作为主要的刺激因子与 IL-2 一起刺激淋巴细胞诱生的杀瘤效应细胞。其最大特点是 CD3 单克隆抗体在体外可刺激淋巴细胞大量扩增,对淋巴细胞的激活一次性完成并能保持至少 16d 的增殖生长趋势,其扩增效应远高于单纯采用 IL-2 刺激活化的淋巴细胞(LAK、TIL 等)。CD3AK 主要用于肿瘤术后清除残余肿瘤细胞,对于延缓复发、延长肿瘤患者的生存期有一定的作用。自 1993 年 CD3AK 被报道联合 IL-2 用于治疗肿瘤以来,CD3AK 的应用发展迅速,2008 年在美国肿瘤学大会上再次报道了 CD3AK 联合 IL-2 成功用于肾癌的治疗。最近有研究表明,CD28 单抗能增强 CD3AK 的抗肿瘤活性。

(4) 细胞因子诱导的杀伤细胞(cytokine induced killer cell,CIK):是在 CD3AK 基础上制备的一类新的具有肿瘤杀伤效应的细胞,它是以 $CD3^+$ 和 $CD56^+$ 细胞为主的抑制细胞群。CIK 能溶解多种肿瘤细胞,表现为非 MHC 限制性杀伤,对化疗药物敏感或耐药的肿瘤细胞均有较好的杀伤作用。CIK 杀伤活性剂治疗效果优于 LAK 和 CD3AK。由于 CIK 能长时间保持细胞杀瘤活性,因此具有较大的临床应用价值。目前,CIK 细胞的抗肿瘤机制尚未完全阐明,其可能机制为:

1) CIK 细胞中 $CD3^+$、$CD56^+$T 细胞以非 MHC 限制机制杀伤体内残留的肿瘤细胞,并通过 LIF-1/ICAM-1 系统与靶细胞结合,释放颗粒酶和穿孔素对靶细胞实行非 MHC 限制性杀伤。

2）CIK 细胞中 CD3$^+$、CD8$^+$T 细胞和 CD3$^+$、CD4$^+$T 细胞具备免疫调节作用,可间接杀伤肿瘤细胞。

3）通过变形及趋向运动接近黏附靶细胞,释放一些穿孔素、颗粒酶等化学介质,使靶细胞发生溶解坏死和细胞凋亡,从而杀伤靶细胞。

（5）γδT 细胞:γδT 细胞是介于特异性免疫与非特异性免疫之间的一种特殊类型免疫细胞,它主要分布于皮肤和黏膜组织,在机体内含量不超过 T 细胞总数的 5%。在抗肿瘤免疫早期,γδT 细胞同时具有 DC 疫苗及 NK 等细胞的功能特点,有较强的特异性和非特异性肿瘤杀伤能力。但由于含量低,γδT 细胞发挥的作用非常有限。

3. 联合细胞治疗

（1）DC-CIK 细胞治疗:DC 以及 CIK 作为肿瘤免疫治疗上的两种重要细胞,DC 可识别抗原,激活获得性免疫系统;而 CIK 可以借助自身细胞毒性以及分泌细胞因子实现杀伤肿瘤细胞的目的,两者联合使用可以构造一个高效、稳定的免疫体系,从而起到更好的杀瘤作用。把具有肿瘤抗原的 DC 与 CIK 细胞混合培养,能够增强细胞因子释放以及细胞毒性,大幅提升 CIK 细胞的增殖能力以及杀伤活性,并让机体特异性抗肿瘤免疫效应得到激发,实现对肿瘤长期控制杀伤的目标。DC-CIK 肿瘤治疗中的 DC 疫苗技术是现在仅有的通过国家批准进入临床、获得国家级认证的高科技肿瘤生物治疗方法。

（2）CLS 多细胞免疫治疗:是在 DC-CIK 细胞治疗的基础上增加了 3 种抗肿瘤免疫细胞:CD3AK 细胞、NK 细胞和 γδT 细胞。NK 细胞可以有效地杀伤肿瘤干细胞,同时也具有杀伤成熟肿瘤细胞的功能;γδT 细胞在杀伤肿瘤细胞的同时又可以与 DC 互为补充,对 DC 无法识别的肿瘤细胞进行标记杀伤;CD3AK 细胞针对病毒肿瘤细胞具有超强杀伤力。新增加的免疫细胞一方面都具有各自的独特杀伤能力,杀伤范围扩大,疗法的特异性抗肿瘤能力增强;另一方面,γδT 细胞在杀伤肿瘤细胞的同时又与 DC 互为补充,对 DC 无法识别的肿瘤细胞进行标记杀伤,不仅加强了特异性抗肿瘤能力,且提高了对肿瘤细胞的识别能力,有利于彻底清除肿瘤细胞,成为细胞生物治疗第一方案。

4. 基于嵌合抗原受体 T 细胞过继性免疫治疗　嵌合抗原受体 T 细胞（chimeric antigen receptor T cell,CAR-T cell）是以能编码单链抗体 - 共刺激分子 - 免疫受体酪氨酸活化基序的嵌合分子的融合基因修饰 T 细胞而产生一种特殊基因修饰 T 细胞。通过基因修饰手段,使能特异性识别靶抗原的单克隆抗体的单链可变区表达在 T 细胞内活化增殖信号相耦联。CAR-T 细胞将单克隆抗体对靶抗原的特异性识别与 T 细胞的功能相结合,产生特异性杀伤作用,而且能够以非 MHC 限制性方式杀伤靶细胞。

（二）肿瘤基因治疗

基因治疗是指利用细胞工程技术将外源目的基因导入靶细胞或组织以取代缺陷基因,通过其正常表达,以达到防治肿瘤的目的。肿瘤基因治疗主要有以下几种方式:基因替代、基因修饰、基因添加、基因补充、基因封闭。根据功能基因导入方式不同,分为体内基因治疗和体外基因治疗。常用病毒和非病毒作为运送基因载体,常见病毒载体包括逆转录病毒载体、腺病毒载体、腺相关病毒载体、单纯疱疹病毒载体、痘病毒载体;

非病毒载体包括真核细胞表达质粒载体、阳离子多聚物载体、纳米颗粒、阳离子脂质体和其他如活菌载体。治疗方案包括免疫性基因治疗、病因性基因治疗和溶瘤腺病毒基因治疗。

1. **免疫性基因治疗**　是指将某些细胞因子基因传染到机体免疫细胞（如 TIL 细胞、LAK 细胞及细胞毒性淋巴细胞）中，大幅提高机体免疫系统对肿瘤细胞的识别和反应能力。将一些与免疫识别有关的基因转到体外进行培养，再植入肿瘤患者体内，或将表达基因病毒载体或质粒的 DNA 直接注射到瘤体内，以大幅增强肿瘤细胞对机体免疫系统的免疫原性，诱导宿主免疫反应以提高宿主免疫监视功能。

2. **病因性基因治疗**　是指替代或恢复由于突变而丢失抑癌基因，主要针对抑癌基因从而达到治疗肿瘤的目的。

3. **溶瘤腺病毒基因治疗**　是指对腺病毒进行改造后，依赖其产生溶瘤和抗肿瘤免疫反应而抗肿瘤。比如我国研发了腺病毒注射液重组人 5 型腺病毒注射液，用于头颈部肿瘤治疗，也是全球第一个上市的溶瘤腺病毒基因治疗产品。

（三）肿瘤分子靶向治疗

肿瘤分子靶向治疗是以导致细胞癌变环节，如细胞信号转导通路、原癌基因和抑癌基因、细胞因子及受体等为靶点，从分子水平来逆转肿瘤恶性生物学行为，从而抑制肿瘤细胞生长甚至使其完全消退的一种新兴的生物治疗方式。其特点是对肿瘤细胞发挥特异性杀伤作用，而对正常组织的毒副作用很小。分子靶向药物主要有两类：单克隆抗体和表皮生长因子受体-酪氨酸激酶抑制剂的小分子化合物。近十几年来，人源化抗体作为肿瘤特异性靶向药物，在临床上取得了极大的成功。

1. **单克隆抗体类**　单克隆抗体类分子靶向药物常用的有：曲妥珠单抗、利妥昔单抗、西妥昔单抗和贝伐珠单抗等。一些单克隆抗体具有直接的抗肿瘤作用，大多数单克隆抗体不具有直接杀死肿瘤细胞的特点，它们可以通过耦联一种细胞杀伤介质，靶向作用于肿瘤位点，起到特异性杀伤肿瘤细胞的作用，从而增强对肿瘤细胞的杀伤效应，减少对正常细胞的损害。

（1）曲妥珠单抗（trastuzumab）：是一种作用于人类表皮生长因子受体 II 的单克隆抗体，1998 由美国 FDA 批准上市，与紫杉醇联用可作为 HER2/neu 过度表达或不适合采用蒽环类药物治疗的晚期乳腺癌的一线治疗方案。

（2）利妥昔单抗（rituximab）：是一种针对 CD20 的人/鼠嵌合单克隆抗体，也是全球第一个被批准用于临床治疗非霍奇金淋巴瘤的单克隆抗体。利妥昔单抗因在过去 20 年里治疗侵袭性非霍奇金淋巴瘤，全面提高患者总生存率，仅伴随极小毒副作用而备受瞩目。

（3）西妥昔单抗（cetuximab）：是一种抗表皮生长因子受体的人/鼠嵌合的单克隆抗体，可与表达于正常细胞和多种肿瘤细胞表面的 EGF 受体特异性结合，并竞争性阻断 EGF 和其他配体，进而达到抑制肿瘤细胞增殖和转移的作用。西妥昔单抗对 EGFR 阳性的肿瘤具有较好的疗效，可以提高患者生存率，延长缓解期。

（4）贝伐珠单抗（bevacizumab）：是重组人抗血管内皮生长因子（vascular endothelial

growth factor，VEGF）配体的单克隆抗体，也是第一个被美国 FDA 批准并通过抑制血管生成而发挥抗肿瘤作用的新药。贝伐珠单抗已被批准用于治疗肺癌、结直肠癌、乳腺癌等多种肿瘤。

2. EGFR-TKI

（1）甲磺酸伊马替尼（imatinib mesylate）：是能抑制酪氨酸激酶第 571 号信号转导的一种小分子化合物，能特异地与 *BCR-ABL* 基因符合 ATP 位点结合并抑制该酶的活性，阻断肿瘤细胞的信号转导，选择性抑制肿瘤生长，而不影响正常细胞的功能。已被美国 FDA 批准用于治疗慢性髓细胞性白血病（chronic myelogenous leukemia，CML），胃肠道间质瘤。

（2）吉非替尼（gefitinib）：是一种新型小分子的肿瘤治疗药物，主要是通过抑制 EGFR 自身磷酸化而阻滞信号转导，抑制肿瘤细胞增殖，实现靶向治疗。吉非替尼临床上主要用于治疗既往接受过化疗的局部晚期或转移性非小细胞肺癌，尤其对肺腺癌疗效确切。

（3）厄洛替尼（erlotinib）：是一种创新的生物靶向抗肿瘤药物，适用于非小细胞肺癌（NSCLC）患者，是现在世界上唯一经国际大型 Ⅲ 期随机对照临床研究证明能够显著延长 NSCLC 患者生命的 EGFR 酪氨酸激酶抑制剂，具有广阔的应用前景。

（四）肿瘤疫苗治疗

研究表明，肿瘤微环境在肿瘤进展的不同阶段都可以促进肿瘤侵袭、转移和肿瘤内血管新生，这在肿瘤进展期最明显。根据肿瘤监视理论，肿瘤微环境不是静止不变的，而是处于动态变化之中。目前认为，肿瘤微环境对肿瘤生长促进能力，是通过其中免疫细胞和非免疫细胞以及相关因子的作用来实现的。肿瘤间质细胞可为提供血管生长因子，促进肿瘤部位形成血管，然后为肿瘤输送营养，促进其扩散。肿瘤免疫治疗应积极抑制肿瘤微环境中的恶性发展。

1. 肿瘤细胞疫苗　将完整的肿瘤细胞经物理照射、研磨、热灭活等方法处理以及基因修饰后接种于患者。然而，单独使用自体或异体肿瘤细胞难以产生足够强度的免疫应答，具有局限性，无法达到有效控制和治疗肿瘤的目的。

2. 树突状细胞疫苗　树突状细胞（DC）是目前发现的功能最强的专职抗原提呈细胞（antigen presenting cell，APC），它能摄取、加工和提呈抗肿瘤抗原，是机体免疫反应的启动者与参与者。临床上已采用 DC 疫苗回输进行抗肿瘤免疫治疗，并已经在多种肿瘤治疗中取得了显著疗效。

3. 多肽疫苗　采用肿瘤相关抗原或肿瘤特异性抗原特异性表位诱导特异性 CTL 免疫应答。由于多肽疫苗具有肿瘤抗原特异性，可诱导特异性免疫应答以及对正常细胞无害等优点，使得其具有较强的特异性。但是，较弱的免疫原性阻碍了多肽疫苗的应用。

4. 肿瘤基因工程疫苗　是将编码某种抗原基因的片段克隆到真核表达质粒并直接进入机体，利用宿主细胞的转译系统表达对应抗原，从而诱导机体产生特异性体液和细胞免疫应答。目前，国际上已有多种肿瘤疫苗已进入临床试验中。

5. 基因疫苗　基因疫苗即核酸疫苗，包括 DNA 疫苗和 RNA 疫苗。它是将携带编码肿瘤抗原基因的核酸载体疫苗进入组织细胞内，以激发免疫反应。肿瘤基因疫苗由于设法将基因转化到抗原提呈细胞上,至今未有突破性进展。

6. 抗独特型肿瘤疫苗　抗独特型抗体制成的疫苗,具有模拟肿瘤抗原和免疫调节的双重作用,能打破肿瘤患者免疫耐受或免疫抑制状态,产生抗肿瘤免疫反应,延长肿瘤患者存活期,提高生活质量。抗独特型抗体疫苗包括 Ab1 和 Ab2 疫苗、微抗体疫苗、单链抗体疫苗。

第二节　肿瘤生物治疗患者的护理

一、肿瘤生物治疗护理概述

肿瘤生物治疗是在肿瘤免疫治疗基础上发展起来的一种新的治疗方法,其特征是用生物学手段,通过启动调节机体天然免疫防卫机制和抗肿瘤能力来取得抗肿瘤效应。由于它与传统手术放化疗有明显区别,有变被动免疫为主动免疫的特点,因而有着巨大的治疗潜力,生物疗法运用生物技术和生物制剂,对从患者体内采集的免疫细胞进行体外培养和扩增后回输到患者体内,来激发、增强机体自身免疫功能,从而达到治疗肿瘤的目的。生物疗法为肿瘤治疗提供了新途径,针对生物治疗患者不同阶段可能出现的问题,开展了一系列生物治疗前后及过程中观察、护理及宣教,使患者均能积极配合整个治疗。

"三分治疗,七分护理",护士在患者治疗过程中扮演着不可替代的角色。应结合临床护理工作实际,从护理团队、药物使用细则、患者知识教育等方面对护士进行规范护理流程指导。国外研究表明,护士掌握必要的生物肿瘤治疗知识将有助于优化对患者健康教育和延长患者生命,卫生保健和医院方面应积极组织护士通过临床案例学习肿瘤生物治疗基本知识、潜在并发症及不良反应,以提高肿瘤护士的能力,并让主管肿瘤护士积极参与决策。同时,利用分子生物标志术有助于护士更好、更早地监测患者情况,明确其潜在健康状况和疾病风险,并通过监测观察及时处理潜在危险和指导生活护理。这就表明,护士通过学习相关知识及技能有助于提高患者治疗效果。

二、肿瘤免疫细胞治疗的护理

(一)采血护理

肿瘤免疫细胞治疗根据不同的细胞种类,有采集外周静脉血及白细胞分离单采两种方式。采血前应评估患者静脉情况,并告知采集前 3d 禁食高脂肪、高蛋白食物(如鸡蛋、牛奶、油炸食品和肉类等),宜进清淡,富含铁、钙饮食。采血当天需进清淡饮食,适量饮水,以免血清中脂肪过多和血液黏稠。嘱患者采集当天穿着宽松衣服,以便静脉穿刺。

采集外周静脉血方法同临床静脉采血法:计算采血量后,取一次性 50mL 注射器,用肝素液润滑后连接采血针采血,采血结束混匀防止血液凝固。采血时工作人员严格无菌操作,以穿刺点为中心,用消毒液采取自内向外螺旋式手法消毒皮肤,顺时针和逆时针各消毒一次并待干,以保证消毒剂有效作用时间。铺无菌巾,穿刺成功后固定,匀速回抽,抽血过程中指导患者做匀速握拳动作,血流不畅者应及时调整针头位置,以防止血流中断,同时注意观察穿刺部位有无异常。在采血过程中,注意观察患者有无面色苍白、出冷汗、气促等情况,询问患者有无头痛、心悸等不适。若在第一次采血时未能达到所要求的量,应迅速更换采血部位,不可强行采集以致细胞损坏,并因此延长采血时间而使患者焦虑增加。采血结束,在注射器上注明患者姓名、性别、住院号、年龄、采血量等基本信息,并注明该患者细胞治疗种类。

采集外周静脉血法临床较常见,在此不做过多阐述。下面主要介绍白细胞分离单采的护理。由于白细胞分离单采需要经体外循环,许多患者易产生顾虑,担心失血、疼痛、不良反应等问题,所以采集前应向患者介绍采集的主要过程、采集循环血量及所需要时间、可能出现的不良反应及应对措施。

白细胞分离单采术需在单独的血细胞分离室内进行,环境要求宽敞、明亮、清洁、安静,每天常规消毒,采血前进行紫外线消毒。室内保持适宜温度和湿度。室内备常规急救药物及器材,做好血细胞分离机维护保养的工作,保证仪器正常运行。

白细胞分离术流程:设置采血程序→安装白细胞去除管路→预冲管路→静脉穿刺→连接患者血管→运行采血程序→回洗→断开血管→卸下管路。安装白细胞去除管路前仔细检查管路的型号、规格、有效期及密封性,安装操作严格遵循操作流程并运行预冲程序,预检通过后待机,进行静脉穿刺。注意,循环通路顺畅是决定采集过程顺利的关键因素,因此应选择粗大、充盈好、弹性好的肘部大静脉,如肘正中静脉、贵要静脉或头静脉以建立良好的静脉通路,如果穿刺困难,也可选择大隐静脉、颈外静脉或行深静脉置管。穿刺前加强穿刺部位消毒,消毒面积应大于 10cm×10cm。如果采血管路压力低,可采取静脉穿刺上方轻轻地扎上止血带同时嘱患者做匀速握拳动作,并应注意保暖以防血管收缩痉挛。穿刺成功后连接管路。穿刺后妥善固定,穿刺肢体置于舒适位,避免弯曲。

白细胞分离采集前再次向患者介绍分离采集过程、方法、所需时间、术中配合及不良反应,消除其紧张情绪。采血过程中密切观察患者生命体征及病情变化,若穿刺部位出现血肿,应重新选择穿刺部位;若出现枸橼酸盐中毒等低钙血症症状,立即缓慢静推 10% 葡萄糖酸钙 20mL;若出现胸闷、心悸、心动过速,立即减慢采血速度,给予吸氧、心电监护,必要时通知医师处理。

采血结束,在细胞收集袋上注明患者姓名、性别、住院号、年龄、采血量等基本信息,并注明该患者细胞治疗种类。采血后指导患者纵向按压穿刺点 10min 以上,直至穿刺点无出血;卧床休息 15min,测量血压、脉搏,待生命体征平稳、无自觉不适后方可下床离开;告知患者保持穿刺部位干燥,24h 内不可洗浴,以免感染;补充营养,尤其是含钙丰富的食物,并注意休息;通知患者细胞回输时间及地点。同时告知患者采血后 24~48h 白细胞数可能略有下降,从而免疫力低下,感染可能性增大,此期间内应尽量避免到公共场所,保持室内环境清洁,注意口腔卫生。

（二）细胞回输护理

细胞在体外需要合适的湿度、温度、酸碱度才能保持良好的活性，脱离了最佳生长环境，细胞活性和疗效会随时间延长而降低，副作用增加，故若细胞远程运送应低温保存。为保证输注细胞活性及有效性，在细胞处理完毕后应尽快输注。输注前严格执行查对制度并遵守无菌原则，用输血器建立静脉通道，生理盐水预冲式导管，避免和其他液体混合。静脉滴注需在 30~60min 输完，输注细胞前 15min 滴速应缓慢（20~30 滴 /min），如有不适可暂停输注。细胞输注过程中为防止细胞堵管或黏附管壁，可轻弹输血管以保持输液通畅。输入完成后向输液瓶中注入 20mL 生理盐水后轻轻上下晃动，使黏附在瓶内的细胞脱落后输入，以保证输入细胞的数量。输注后用生理盐水冲管，避免和其他液体混合。

胸腹腔灌注者，在灌注过程中注意监测患者呼吸、脉搏、血压等生命体征，观察患者神志、腹部有无隆起等，询问有无腹痛、腹胀等不适，如有异常应立即停止操作并做相应处理。灌注后指导患者每 15min 变换体位，使细胞均匀分布于胸腹腔内，以提高疗效。若穿刺部位皮下有淤血、腹水外渗等情况，应及时更换敷料，保持干燥。

皮下注射者，注射部位多为上臂三角肌下缘。注射后可用无菌纱布覆盖，待药液吸收后揭除，并嘱患者勿抓挠。皮下注射主要的不良反应为局部反应，如注射部位局部疼痛、红斑、红肿或硬结等，一般无须处理，几天内症状自行消失。嘱患者穿棉质宽松柔软内衣，沐浴时避免水温过高及时间过长，使用中性、温和的沐浴用品，减少对皮肤的刺激。再次输注细胞时应避开红肿硬结处。

回输过程密切观察患者生命体征、病情变化及不良反应。常见不良反应为体温升高、流感样症状、局部红肿、疼痛。如果体温升高但低于 38.5℃ 则无须特殊处理，指导患者注意休息，多饮水，密切观察体温变化，同时评估有无乏力、打喷嚏、流涕、咽痛、头痛、关节痛等流感样症状；体温高于 38.5℃ 时给予相应处理，如物理降温或遵医嘱给予解热镇痛药。个别患者出现胸闷、气促多是由气管平滑肌一过性痉挛所致，应对患者进行心理疏导、分散注意力，告知其症状可自行消失。在输注前备好抢救物品，以防偶有过敏反应发生，细胞输注过程中严密观察病情变化，出现过敏反应立即停止输注，报告医师处理。

过继性细胞治疗安全性高、治疗效果好、痛苦小，越来越多的患者愿意接受。但是由于其疗效存在个体差异性，为保证疗效和安全，护理工作中每一个环节应严格按照操作流程操作，并加强心理指导及健康宣教，尤其是对于首次行过继性细胞治疗患者应取得信任和配合，并增强患者治疗信心，保证治疗顺利进行。

三、肿瘤基因治疗的护理

重组人 P53 腺病毒注射液和重组人 5 型腺病毒注射液是目前恶性肿瘤基因治疗的主要药物，但是尚未被患者及家属广泛认识，因此护理是否完善会影响患者治疗效果。患者及家属对治疗方法及疗效不了解，易产生疑虑甚至恐惧心理。因此，治疗前应向患者讲解药物的作用机制、治疗方案、在治疗过程中可能出现的不良反应以及采取的应对措施等，以取得配合。

重组人 P53 腺病毒注射液的给药方法为静脉滴注、胸腹腔灌注、动脉导管介入和肿瘤局部注射。药物治疗前低温(−20℃)储存,现配现用,使用时先在室温下复温,待完全融化后注入生理盐水轻轻摇匀,注意避免产生泡沫,再将稀释后药物加至生理盐水中。操作过程中工作人员应注意自我防护,配制药物时戴帽子、护目镜、口罩和手套,如不慎将药液沾染在手、面部等皮肤或物品上,立即用 75% 乙醇擦拭,再用大量清水冲洗;若飞溅入眼、口、鼻等黏膜部位,立即用生理盐水反复冲洗。用后的空瓶、注射器、输液器,按感染性废物处理。静脉滴注前用生理盐水冲洗输液管道,确定输液无渗漏后方可继续输注。开始 5min 滴速为 10 滴 /min 左右,观察患者无异常反应后,将速度调至约 60 滴 /min,在 30min 内输注完毕。药液输注完毕再次用 20mL 生理盐水冲管,保证药物完全输入体内。输注过程中密切观察患者的生命体征,以防不良反应的发生。胸腹腔灌注过程中确保导管通畅,拔管后观察穿刺点有无出血、渗漏,保持局部敷料干燥。动脉导管介入治疗拔管后,局部压迫 20~30min 后包扎固定,沙袋压迫 6h,术侧肢体制动 24h,每 15~30min 观察穿刺部位,重点观察足背动脉搏动、皮温情况,做好护理记录。用药期间禁用抗病毒药物。

重组人 5 型腺病毒注射液与化疗药物同步使用,直接瘤内注射,每天 1 次,连续 5d,21d 为 1 个周期,最多不超过 5 个周期。各病灶分配量根据肿瘤病灶大小,按比例注射。局部注射时充分暴露术野皮肤,严格无菌操作,注射后观察局部有无渗液、渗血和血肿,保持局部清洁。多次放化疗、长期大量吸烟和老年患者抵抗力较弱,穿刺点易发生感染,消毒后无菌敷料包扎,每天观察局部情况,必要时换药,直到愈合。

以上两种药物的不良反应主要有发热、注射局部疼痛、胃肠道症状、过敏反应。发热多为自限性,多发生在注射后 2~4h,一般持续 4~8h。低热患者给予物理降温,中等以上发热患者给予药物处理。发热期间部分患者伴有肌肉酸痛、头痛,应加强巡视,密切观察体温变化,指导患者卧床休息,体温下降后可缓解。部分患者出现注射局部疼痛,给予抬高患肢,减慢滴速后症状可缓解。少数患者可出现恶心、呕吐、腹泻等胃肠道症状,指导患者治疗期间少食多餐,进食营养丰富、易消化、清淡饮食,多饮水;加强病情观察,监测水、电解质变化,适当补充以维持机体平衡,必要时给予药物治疗。输注过程中密切观察病情变化,发现患者出现呼吸急促、呼吸困难等过敏症状时应立即停止输注,及时抢救。

四、肿瘤分子靶向治疗的护理

靶向药物治疗是肿瘤治疗的新方法之一,目前还没有被广泛应用,因此在治疗前应向患者讲解药物的作用机制、治疗方案、在治疗过程中可能出现的不良反应以及采取应对措施等,以取得患者的配合。作为新的治疗方法,除常规护理要求之外,还有其特殊之处,下面将分别对小分子药物和单克隆抗体的护理进行阐述。

小分子药物主要通过口服给药,给药前向患者及家属详细介绍药物的作用机制、给药方法及注意事项等,指导患者严格按医嘱服用。护理人员应熟悉药物的常规剂量、给药时间及毒副作用,给予患者正确指导,以确保用药疗效。虽然小分子药物与传统化疗药物相比,非特异性毒性及血液系统方面毒性明显减少,但也带来了在传统化疗中未出现过的不良反应,学者们对诸多不良反应提出了不同的护理要求以及防护措施,以正确应对不良反应来提高患者的依从性及生活质量。单克隆抗体的使用,需要经过特定的适应证筛选。治疗前需要仔细评估患者的病史和体格检查。特别是对于患者的过敏史、心脏病史等需要特别关注。大部分单克隆抗体都是通过静脉输注给药,这就要求医生和护士必须掌握正确的输注技巧和注意事项。治疗期间密切监测患者的疗效和不良反应。

五、肿瘤疫苗治疗的护理

目前临床报道较多的肿瘤疫苗是 DC 疫苗,输注方式主要包括静脉回输、淋巴结引流区皮下注射、胸腔内注射。静脉回输护理同前文免疫细胞治疗的护理。下面主要介绍淋巴结引流区皮下注射和胸腔内注射的护理。

在治疗前应向患者及家属讲解接种疫苗相关注意事项及可能出现的反应,使其做好思想准备,以减轻心理负担及顾虑。

1. DC 疫苗淋巴结引流区皮下注射　操作时选择颈部、腋下和腹股沟淋巴结引流区。患者取仰卧位,首先注射颈部淋巴结。嘱患者头偏向对侧,暴露颈部淋巴结,注射完毕协助患者恢复正中位。然后,注射腋下淋巴结。嘱患者双上肢外展,暴露腋下,以便于吸收,注射完毕保持上肢外展位 5min。最后,注射腹股沟淋巴结。嘱患者大腿外展,暴露腹股沟区部位,注射完毕保持大腿外展位 5min。DC 疫苗皮下注射后应停留数秒再拔针,以保证 DC 疫苗足量注入,拔针后不必按压注射点,以免影响吸收。每个疗程注意交替注射肢体,每个注射的皮丘间间隔 3~5cm。注射药物时常会引起局部灼烧样疼痛,对特别敏感的患者,可在接种肢体上采用降温处理,降低神经末梢敏感性,以减轻疼痛感,密切监测患者疼痛性质及持续时间。

2. DC 疫苗胸腔内注射　胸腔积液患者给予 B 超定位后行胸腔穿刺术,尽量抽尽胸腔积液后,将 DC 疫苗直接注入胸腔,再注入生理盐水冲管,使药液全部进入胸腔。拔出穿刺针,按压穿刺点并用无菌纱布覆盖,嘱患者变换体位使 DC 疫苗均匀分布,并卧床休息 2~3h。

国内外研究显示,DC 疫苗治疗是一种安全的治疗方法,无严重的不良反应,主要不良反应为发热和注射局部反应。发热多发生于胸腔注射后 2h,一般 38℃左右,可不做特殊处置,几天后体温自行恢复正常。局部反应多为注射部位疼痛、红斑、红肿或硬结等,一般不需要治疗,几天后症状自行消失。

对于肿瘤患者,肿瘤疫苗治疗是一种可行的方法,并且取得了一定的临床效果。治疗中采取正确的身心护理,对减少不良反应发生,减轻痛苦,增强患者战胜疾病的信心,提高疗效起到非常重要的作用。

六、肿瘤生物治疗的心理干预

肿瘤生物治疗患者心理行为干预的内容,主要包括教育性干预和治疗性干预:教育性干预,主要针对住院治疗期间患者碰到的大量不理解问题和担忧,向患者提供其最关心的病情信息,纠正患者的错误认知,给予应有的保证,减轻患者焦虑、抑郁、孤独等负性反应;治疗性干预则是采用心理治疗技术对肿瘤生物治疗患者进行干预的方法,主要包括心理支持疗法、行为训练疗法、认知疗法、集体心理治疗、家庭支持疗法。医师应根据患者个人具体情况,选择恰当的治疗方案。

尽管恶性肿瘤这一威胁人类生命健康的慢性疾病给患者带来众多的负性心理体验,但部分患者在生活中依然发生了积极的变化。Tedeschi RG 和 Calhoun LG 于 1996 年提出"创伤后成长"(posttraumatic growth,PTG)这一概念,定义为与创伤性的负性生活事件和情境进行抗争而体验到正性的心理变化。

许多研究证明了恶性肿瘤患者经历了不同程度创伤,其中患者在与他人关系,生活感恩以及精神改变等方面均有成长的报道。有研究考察了一组长期恶性肿瘤的患者,超过一半人的生活发生了改变,其中 90% 的改变都是积极的。国内有结果显示,恶性肿瘤患者创伤后成长总分与社会支持总分呈显著正相关。

从目前看来,影响创伤后成长的因素包括自身性别、年龄、人种、婚姻状况、教育水平、文化和宗教信仰、情绪,还有来自外界社会的支持。并且社会支持对肿瘤患者创伤后成长的积极作用尤为突出。

综上所述,医护人员在为肿瘤患者实施生物治疗的同时,运用恰当的心理行为干预方法,可以缓解负性心理对患者造成的影响,使患者平稳渡过心理变化期,并能够使更多的患者发生创伤后成长,进入升华期,最终达到提高患者生活质量,延长生存期的目的。

七、肿瘤生物治疗并发症的预防及护理

目前临床应用的生物制剂比较昂贵,由于经济原因接受生物治疗的患者较少,但是更主要是因为患者及家属对生物治疗的作用和意义不了解,甚至从未听过生物治疗,此时,健康教育就起着决定性作用,在工作中积极广泛宣传生物治疗有关知识,让更多的患者了解并接受生物治疗。注重发挥协调作用,积极配合医师治疗,与患者建立融洽关系,以保证整个治疗计划的圆满完成。做好治疗前评估:既往治疗史和病史,当前治疗计划,患者心理状况,患者血生化、心肺功能、血常规、凝血机制、营养状况等;保证治疗中的护理,许多生物因子制剂需低温避光保存且有效期较短,严格按照药品管理制度进行,注意无菌操作和核对制度,治疗中严密观察患者生命体征及全身反应,治疗前检查急救药品是否到位;加强治疗后观察和处理,及时发现和处理生物治疗中的不良反应。护士积极学习并掌握生物治疗可能发生的副作用及应对策略,做到即发生即处理,对出现的不良反应及时记录;全面实施健康教育,教会患者自我护理,有部分制剂需要患者口服或出院后使用,向患者详细介绍该制剂的贮存和运输方式、注意事项、可能发生的副作用及处理方法。生物治疗与化疗相比,不良反应较少,但是患者在用药期间还是出现不同程度毒副反应,常见不良反应有发热(流感样症状)、胃肠道症状、过敏。

1. **发热**　最为常见。发热一般在输入生物制剂后 2~6h 出现,以后症状逐渐减轻甚至消失,而且发热以轻至中度(37.0~38.5℃)发热居多。有些患者还伴有流感样综合征,出现畏寒、寒战、乏力倦怠、肌肉关节疼痛、头痛头晕,有的还出现鼻塞流涕等流感样症状,若体温 ≤ 38℃则无须特殊处理,鼓励患者多饮水,加强营养;若体温 > 38.5℃,持续时间较长,采用物理降温或解热药后可缓解,但不可用激素类药物。为了预防此症状,取回细胞或疫苗时须

立即使用,运输时注意低温避光保存。输入时不能与其他药液混合。有研究者认为治疗过程中的发热反应大部分患者能耐受,不需特殊处理,体温自行消退,有小部分患者对症治疗后体温可恢复正常。

2. 心血管症状　针对患者心血管方面的不良反应,如心悸、胸闷,有研究者提出,治疗前常规行心电图检查,心脏彩色多普勒检查,在治疗过程中要密切观察病情,使用心电监护仪,严格监测生命体征,特别注意血压、心率、心电图的变化,加强巡视,保证安全用药。严格控制输入液体滴速,要先慢后快,输注后 15min 内保持滴速在 10 滴 /min,观察患者确无反应后,以 60 滴 /min 的速度滴入。同时严密观察患者的具体情况,如体温、脉搏、呼吸、血压等生命体征,一旦出现呼吸困难、血压下降、胸痛等情况,立即让患者平卧,给予高浓度氧气吸入,并及时报告医师进行抢救。Zambelli A 等认为医务人员应加强对患者的监控治疗效果和跟进,改用同等疗效但副作用更低的药物。

3. 血压变化　在患者输入细胞或生物制剂过程中,应每 30min 测量血压一次,若出现低血压时及时报告医师,及时处理;若为低血容量性低血压应及时补充血容量,不是低血容量性低血压可用多巴胺升压处理。有少数患者在生物治疗中会出现血压升高,此时注意监测血压,观察患者全身反应,做好心理护理,可遵医嘱使用血管紧张素转化酶抑制剂。

4. 胃肠道症状　有研究者发现个别患者有腹泻、恶心、呕吐、食欲缺乏、口腔溃疡等不良反应,该不良反应在靶向药物中多见,给予地西泮口服,甲氧氯普胺肌内注射缓解症状,腹泻致脱水时及时补充电解质,注意饮食调节,给予清淡易消化饮食,少量多餐。腹泻是消化道反应的主要表现,治疗过程中腹泻发生率达 40%,表现为大便次数增多,每次量少,多为黄色水样便。此外,治疗过程中出现食欲缺乏、进食前后恶心、呕吐、消化不良等情况。此时建议患者家人提供安静、舒适的进食环境,少食多餐,食物尽量细、软、易消化,在符合疾病需要的基础上,尽可能提供良好的色、香、味俱全的高营养饮食。注意观察腹泻次数、量、颜色、性质,并汇报给医生,轻者可予蒙脱石散口服,严重者给予洛哌丁胺 2mg,口服,每隔 2h 一次,至腹泻停止 12h 后停用。如严重腹泻,用洛哌丁胺无效或出现脱水,则减少药物剂量或暂时停止治疗。密切监测水、电解质变化,适当补充水、电解质,维持机体平衡,协助生活护理,鼓励患者尽量经口进食,多喝水,多休息,进清淡易消化食物。

5. 血液系统　主要有骨髓抑制、出血、出血性膀胱炎等。有报道部分药物可能引起骨髓抑制,在治疗期间应密切观察患者血象及血压变化,隔日查血常规,必要时每日必查,若既往曾行骨髓抑制治疗的患者,使用时应谨慎。

6. 泌尿系统　通常会出现一过性肾损害,尿量减少,尿素氮及血肌酐升高,记录 24h 出入量,停止治疗后肾功能可很快恢复。

7. 神经系统　神经系统症状较少见,观察患者有无失眠、多疑、兴奋、倦怠症状,早发现早处理,避免外界刺激,加强心理护理。

由于以前采取放化疗效果均不佳,特别是放、化疗副反应较强烈的患者,对生物治疗产生恐惧心理,对新技术亦持有怀疑态度,缺乏信心,因而有悲观、失望、犹豫、紧张、焦虑、恐惧心理,这些情绪反应也会影响到治疗效果。因此,对进行生物治疗的肿瘤患者,在护理上应注意对患者进行评估教育,并实施有效的护理管理,加强生物治疗相关知识学习。特别在出现发热等不良反应时,心理护理尤为重要,及时掌握患者思想动态,耐心地向患者介绍生物治疗的作用及不良反应,通过医护人员健康教育和心理疏导,使患者消除心理上的应激反应,从消极低沉的心态转为积极向上的心态,为生物治疗打下基础。此外对家属也要说明治疗原理、目的、方法等,同时还要将治疗过程中可能出现的不良反应告诉家属,使他们有充分的心理准备,得到家属正确理解。

肿瘤生物治疗是一种新兴、具有显著疗效的肿瘤治疗模式,是一种自身免疫抗肿瘤新型治疗方法。它是运用生物技术和生物制剂,对从患者体内采集的免疫细胞进行体外培养和扩增后回输到患者体内的方法,来激发、增强机体自身免疫功能,从而达到治疗肿瘤目的。肿瘤生物治疗是继手术、放疗和化疗之后的第四大肿瘤治疗技术。为了加强治疗效果,在护理上首先应做好心理护理,严格执行操作规程,并加强输注过程中及输注后的观察及护理,使患者能够轻松接受并完成治疗,从而提高机体免疫功能,提高生存质量和生存率。肿瘤的生物治疗在临床运用时间还不是很长,其远期随访资料缺乏,有很多护理问题还有待完善,需要进一步观察与探索,为提高护理工作提供科学依据。

第三节 肿瘤生物治疗与护理 PBL 案例

一、黑色素瘤

第一幕

金某,女,50 岁,14 年前因视物模糊就诊,提示左眼球恶性黑色素瘤,行左眼球摘除术,术后放疗,定期随访。2017 年 5 月复查提示肝、肺转移,于外院使用达卡巴嗪＋顺铂化疗 2 个疗程,病灶稍增大,后予达卡巴嗪＋顺铂＋重组人血管内皮抑制素注射液化疗 2 个疗程,2018 年 12 月复查提示多发转移,肝脏有转移性恶性黑色素瘤,疗效不佳。患者得知复查结果后十分沮丧,绝望地对医生说:"我生这个病到现在十几年了,放疗、化疗该做的治疗都做了,情况越来越不好,我是不是没希望了?"医生安慰道:"现在晚期恶性黑色素瘤的治疗已经有新的方案了,叫免疫治疗,等你做好相关检查,结果符合要求就可进行治疗了,你要有信心。"医生的话让患者有了些许期待,但是依然存在疑虑:"我还是第一次听说免疫治疗,做了效果好吗?"护士:"金阿姨,我带您去病房看看做过免疫治疗的患者吧。这是李爷爷,已经做了几次治疗了,现在情况还不错。"李爷爷:"当时还是我女儿听说国外有免疫治疗,一打听国内医院也可以做了,我现在已经做了 3 次,瘤子已经缩小了,很好的。"金阿姨:"我也是准备做,但是不了解,有点担心,看到有病友做了效果还蛮好,我也有信心了。"2019 年 1 月 7 日,为进一步治疗,于医院就诊,以"恶性黑色素瘤"收治入院后完善相关检查,择期在 B 超下行肝脏溶瘤病毒注射治疗,并行肝穿刺。

📖【学习目标】

1. 掌握　溶瘤病毒的作用机制。

2. 熟悉　溶瘤病毒治疗前准备。

3. 了解

(1) 恶性黑色素瘤的治疗现状。

(2) 免疫治疗的分类。

(3) 重组人 5 型腺病毒注射液注射后的不良反应及护理措施。

(4) 肝穿刺的定义及在恶性黑色素瘤继发肝脏转移中的意义。

第二幕

　　患者于 15:30 安返病房,神清,腹部绷带加压包扎,敷料干燥、无渗血渗液,护士予以心电监护,生命体征平稳,体温 39℃。家属:"我妈体温这么高,人要烧出问题了!"护士对患者及其家属解释道:"金阿姨现在的发热可能与用药有关系,不用过于担心,我们会马上进行处理的。"家属:"快点哦!"护士报告床位医生,遵医嘱予以用药:"金阿姨,这个是泰诺林,您现在服下去帮助退热,等会儿我再帮你复测一下体温。"复测体温 37.0℃,护士:"您现在体温已经降下来,正常了。"患者:"现在是舒服点了。"19:20 患者打铃呼叫,护士来到床旁:"金阿姨,哪里不舒服吗?"患者:"肚皮勒得痛,两边腰也酸,这个绷带帮我拿掉吧,我要翻翻身。"护士:"腹带现在还没到拿掉的时间,我来帮您看一下伤口。"查看患者敷料干燥、无渗血渗液,穿刺处无皮下血肿。患者:"这样松开我肚皮不痛了,拿掉它吧。"护士:"腹带包扎是为了防止伤口出血,可以稍微帮您松一点,但是不能都松开的。"护士重新将腹带包扎好:"这样好点吗?"患者:"嗯,但是腰还是酸痛怎么办?"护士:"这可能跟卧床时间久了、麻药药效过了有关系,现在会翻身牵拉到伤口的,我来教您在床上平着挪一挪会舒服点。"患者:"好的,谢谢你。"护士:"不客气。"

📖【学习目标】

1. 掌握　肝穿刺术后的观察要点和护理措施。

2. 了解　肝穿刺的禁忌证。

第三幕

　　经过治疗患者生命体征平稳,1 月 11 日行特瑞普利单抗免疫治疗,无不适。护士量体温时发现患者在蜷缩在床上:"金阿姨,您怎么啦?"患者说:"我感觉肚子痛。"护士:"我现在去跟医生汇报一下情况,帮您用点药,缓解一下症状。"经过对症处理后,患者好转,护士做好患者出院宣教,遵医嘱予以出院。

📖【学习目标】

1. 掌握

(1) 特瑞普利单抗的储存要求。

(2) 特瑞普利单抗静脉输液的注意事项。

(3) 特瑞普利单抗常见免疫相关毒性副反应的护理。

2. 熟悉　特瑞普利单抗免疫治疗相关不良反应观察要点。

3. 了解

(1) 什么是免疫抑制剂(PD-1)。

(2) PD-1 免疫治疗的机制。

二、卵巢癌

第一幕

杨女士,45 岁,于 2014 年底体检发现纵隔占位,术后经多方治疗后,复发转移。2020 年初,杨女士得知某医院癌症中心的细胞治疗方法效果显著,和老公从老家前往该医院参观。癌症中心的孙护士上前接待:"杨女士您好,我带您来参观一下细胞治疗中心吧。"随后,孙护士带杨女士参观了血细胞分离机和细胞回输病房,讲解了细胞治疗的原理。介绍完细胞治疗的整体步骤后,杨女士自愿参加目前正在展开的 CAR-T 细胞临床试验。杨女士入院后,完善各项检查,包括出凝血功能、肝肾功能、血常规等检验。由患者签署知情同意书后,计划第 2 天进行细胞采集。护士为其进行机采前的宣教,护士对杨女士的血管进行了评估,建议做深静脉置管。只见杨女士神色紧张:"为什么要做深静脉置管呀?"随后护士解释了深静脉置管的优势。"哎,好吧。只要对治疗有帮助,我一定按要求照做。"护士说:"杨女士,您放心好了,我们已经采集了一百多例患者了,只要您按照我说的注意事项配合我们,机器采集 T 细胞一定会成功的。""好啊,我就按照你说的准备吧。"

【学习目标】

1. 掌握

(1) 嵌合型抗原受体 T 细胞(CAR-T 细胞)的定义。

(2) 机器采集前的护理要点及血管评估方法。

2. 熟悉　血细胞分离机的工作原理。

3. 了解

(1) 机器采血前的用物准备。

(2) CAR-T 细胞治疗的步骤。

(3) 血细胞分离机的结构。

第二幕

杨女士于第 2 天 8:00 进行颈静脉置管,随后进入机采室进行 T 细胞的采集。机采护士在对机器进行了一系列的个性化设置后,机采开始了。

机采刚开始很顺利,杨女士的生命体征以及一般情况都很好。过了大约 30min 后,护士发现杨女士眉头微皱,轻咬嘴唇,于是询问:"您有什么不舒服吗?"杨女士回答:"是的,我感觉回输的胳膊有点冷,还有嘴角和手指头有点发麻的感觉。""这是机采最常见的反应了,您放心,没什么大碍,我给您处理一下就好了。"接着,护士转身拿了个热水袋垫着毛巾放在杨女士的胳膊下边。然后护士向管床医生汇报了杨女士麻木的情况,通知医生,遵医嘱给杨女士配制一袋葡萄糖酸钙补液给杨女士静脉滴注。又过了 10min 后,杨女士的症状完全缓解了。杨女士惊讶地说:"护士你可真厉害!"护士笑着说:"杨女士,这都是机采过程中最常见的反应,您放心,我都已经给您处理好了。"

大约过了 1h,机采顺利完成,"杨女士,机采马上就要结束了,您有什么不舒服的吗？"杨女士摇摇头"没有哈,一切正常,还挺舒服的,我都差点睡着了。"

杨女士机器采集期间生命体征平稳,体温正常,一般情况良好。在机采室观察了 30min 后,由护士搀扶返回病房。

📖【学习目标】

1. 掌握
(1) 机器采集与手动采集的优缺点比较。
(2) 机器采集过程中的护理要点。
(3) 机器采集后的护理要点。
2. 了解
(1) 血细胞分离机管路的连接操作。
(2) 血细胞分离机的参数设置。
(3) 机器采集结束后血标本的处理原则。

第三幕

在 CAR-T 细胞制备完成并检测合格后,杨女士可以进行细胞回输了。杨女士想了解细胞回输的整个过程。专职护士细心讲解:"杨女士,给您输注 CAR-T 细胞前会给予抗过敏药物进行预防,之后进行 CAR-T 细胞的回输,这期间我们会对您进行生命体征的监测和体温监测,在细胞回输后的 1h,我们要给您抽取外周血,送到实验室,用来监测回输后的细胞拷贝数及细胞因子。""哦哦,那抽好血我就可以出院了吧？""不是的,我们要监测细胞回输的疗效,因此隔两天就要给您抽一次血。"当了解到整个细胞治疗的流程后,杨女士连连感慨:"要抽这么多血啊,我会贫血的!""不会的,您的造血功能是好的,因此只要您正常饮食,是不会贫血的。"经过小张护士的健康教育,杨女士明白了为什么要多次抽血,表示一定会全力配合试验项目进行,认为这样对疾病的治疗也会有帮助。

当天细胞回输后,杨女士并没有发热和不舒服,但是到了第 2 天,她的体温上升到39.4℃,氧饱和度也降到了 90%。护士立即通知医生并遵医嘱抽取了血培养,给予氧气吸入,经过抢救后,杨女士的氧饱和度升了上来。随后,血培养结果出来,提示没有细菌感染,配合CAR-T 细胞拷贝数以及细胞因子检测结果,提示该症状为 CAR-T 细胞回输后常见的不良反应。于是护士给予杨女士冰袋物理降温和曲妥珠单抗药物干预处理。接下来的几天里,护士遵医嘱给予杨女士心电监测,低浓度吸氧,记录出入量,几天后杨女士的生命体征和各项监测指标趋于正常,已经脱离了生命危险,可以回家休养观察。

出院前,孙护士围绕 CAR-T 细胞治疗后可能出现的迟发症状的居家护理要点逐一解说,并给予患者细胞回输后的健康宣传手册供其自行阅读。

孙护士与杨女士互留联系方式,为后期出院后的随访做好了准备。

【学习目标】

掌握

（1）静脉 CAR-T 细胞的输注流程。

（2）细胞回输后常见的不良反应和护理要点。

（3）细胞因子风暴的临床表现和护理要点。

（4）曲妥珠单抗药物的观察要点和护理要点。

第八章　肿瘤特殊治疗及护理

第一节　造血干细胞移植治疗与护理

一、造血干细胞移植治疗概述

1. **造血干细胞移植治疗的概念**　造血干细胞移植（hematopoietic stem cell transplantation，HSCT）指对患者进行全身照射（total body irradiation，TBI）、化疗和免疫抑制预处理后，将正常供体或自体的造血细胞经血管输注给患者，使其重建正常的造血和免疫功能。造血细胞包括造血干细胞和祖细胞，造血干细胞具有增殖、多向分化及自我更新能力，维持终身持续造血。

骨髓具有强大的造血能力，在稳态的条件下每小时可以产生 $1×10^{10}$ 个红细胞和 $1×10^{8}～1×10^{9}$ 个白细胞，这些细胞来自数量较少的造血干细胞和造血祖细胞，造血干细胞不仅具有强大的增殖能力，而且具有分化为血液中各种细胞如红细胞、粒细胞、血小板和淋巴细胞等的能力。

（1）采集外周血干细胞（peripheral blood stem cell，PBSC）是用特殊的全自动血液成分分离机从外周静脉血中采集，无须进行手术麻醉，适用于病变或放疗引起骨髓受损患者的治疗。

（2）PBSC 移植的细胞在受者体内植入率高，造血功能恢复快，重建免疫功能强，辐射敏感性低，感染轻、出血少；减少了大剂量化疗、放疗的危险性，有利于肿瘤患者的继续治疗。

（3）PBSC 来源方便、移植痛苦少，移植后患者白细胞回升快，缩短了住院时间，降低了患者的经济负担。

（4）异基因移植中 PBSC 采集物内含有较多的成熟淋巴细胞，发生移植物抗宿主病（graft versus host disease，GVHD）较多且较重。

2. **造血干细胞移植治疗的起源**　自1939年起，人们就开始尝试给患者静脉注射骨髓用于治疗血液疾病。然而，仅静脉注射数毫升的骨髓并不是真正意义上的移植，也未获得期待的效果。第二次世界大战期间，在日本广岛和长崎的原子弹爆炸，产生了大量的核辐射受害者，放射损伤主要涉及造血及免疫系统，因此 HSCT 的实验性研究工作进展很快，进行了大量的动物实验，许多 HSCT 实验研究的科学家作出了开创性的贡献。

HSCT 不仅可用于放射后骨髓保护，而且可应用在再生障碍性贫血（aplastic anemia，

AA)、白血病和其他骨髓、淋巴系统疾病治疗中。1955 年开始,Thomas 和 Ferrebee 及他们的同事开始在终末期血液恶性肿瘤患者中进行临床试验研究。1966 年,Billingham 详细描述了 GVHD 的生物学特点:同基因细胞并不会导致 GVHD;异基因细胞在受者体内持续性存在是发生 GVHD 的必需条件;GVHD 发病和严重程度是由供者和受者之间的抗原差异决定的;当没有 GVHD 时可能发生免疫耐受;GVHD 的严重程度可能被通过接触宿主细胞而致敏的细胞增强。

1957 年,Uphoff 等通过实验证明,HSCT 后“继发性疾病”的严重性是受遗传因素控制的。Uphoff 和 Lochte 及同事发现氨甲蝶呤(MTX)可以预防或改善现在被称为 GVHD 的“继发性疾病”。1954 年,Fauconnet 和 Miescher 发现了通过输血或怀孕诱导的抗体,其与白细胞表面抗原发生反应。1958 年,Dausset 和 Van Rood 及同事发现了人类白细胞抗原(human leukocyte antigen,HLA)及其遗传规律,选择 HLA 相合的同胞供者可以减少移植物排斥和 GVHD 的发生率。

20 世纪 60 年代晚期,随着输血医学和感染治疗的进步,尤其是对 HLA 配型重要性的进一步认识,研究者开始了新一轮 HSCT 临床应用尝试。1968 年 11 月,Gatti 等第一次成功地给一名严重联合免疫缺陷症患儿实行了异基因移植,获得免疫功能重建。经过长期研究,1979 年,西雅图移植中心 Thomas 和 Blume 等分别报告急性髓细胞性白血病(acute myelogenous leukemia,AML)第一次完全缓解期进行 HSCT 可以明显提高生存率,大约 50% 患者可获得长期生存。自此,HSCT 治疗白血病在全世界范围广泛开展。

3. 造血干细胞移植治疗的发展

(1) HSCT 适应证的变化:20 世纪 70 年代,超过一半的移植病例是良性疾病;40% 是再生障碍性贫血,15% 是免疫缺陷性疾病。Thomas 及其同事证实,一些难治性急性白血病患者经过大剂量化疗后进行 HLA 相合同胞 HSCT,可以实现长期无白血病生存。随后的研究显示患者在第 1 次或第 2 次完全缓解期移植可获得更好的疗效。20 世纪 80 年代,应用异基因 HSCT 治疗白血病的病例数急剧增加。到 1985 年,大约 75% 的异基因移植应用于治疗白血病,慢性粒细胞白血病、AML 和急性淋巴细胞白血病(acute lymphoblastic leukemia,ALL)病例数相近;HLA 相合的同胞供者超过 90%。21 世纪早期,靶向性治疗药物伊马替尼用于慢性髓细胞性白血病(chronic myelogenous leukemia,CML)的临床治疗,使得 CML 患者行 HSCT 的病例减少,当前的治疗指南建议 HSCT 用于对非移植疗法无效或复发的患者。然而,移植病例最多的仍是白血病。

20 世纪 80 年代中期,临床和实验的证据均支持淋巴瘤治疗存在量效关系,这导致大剂量强化化疗后自体 HSCT 治疗非霍奇金淋巴瘤临床试验的结果令人鼓舞,自体移植作为常规化疗失败的淋巴瘤挽救治疗方案很快得到认可。1996 年,一项大剂量化疗联合自体 HSCT 与常规化疗治疗多发性骨髓瘤的随机对照试验结果发表,自体 HSCT 具有明显的生存优势。后续的研究数据支持序贯的自体移植或自体移植后继以异基因移植可进一步提高疗效。多发性骨髓瘤是现在最常见的 HSCT 适应证,占自体移植的 45%,但只占异基因移植不到 5%。

(2) HSCT 方式的进步:20 世纪 70 年代和 80 年代初,基本上所有的 HSCT 均采用从 HLA 配型相合供者采集的骨髓干细胞。而患者仅有 25%~30% 的机会具有 HLA 相合的同胞供者,这限制了移植的临床应用。移植技术的发展显著增加了无 HLA 相合同胞供者的患者实行 HSCT 的可行性,包括使用自体干细胞移植方式,使用非血缘关系干细胞供者或单倍体同胞供者。一个重要的技术进步是,在经化疗和生长因子(如粒细胞或粒细胞巨噬细胞集落刺激因子)动员后,通过白细胞分离术从外周血采集造血干细胞移植物,由此获得的外周血细胞的采集物含有大量的祖细胞,使得移植后造血恢复更快。在 20 世纪 80 年代末,85% 的自体移植采用骨髓干细胞,而到 2000 年仅不到 5% 的骨髓细胞作为干细胞来源。

在 20 世纪 70 年代,异基因移植的发展主要受限于缺乏 HLA 相合的同胞供者。1979 年,Hansen 等成功进行了第 1 例无血缘关系供者 HSCT。此患者移植的成功,促进了美国国家骨髓捐赠计划(NMDP)中心的建立。我国的非血缘造血干细胞捐赠始于 1992 年,卫生部批准建立"中国非血缘关系骨髓移植供者资料检索库"。1996 年 9 月,首例非血缘供者外周血干细胞移植成功实施。2001 年,中国红十字会重新成立了"中国造血干细胞捐献者资料库"(简称"中华骨髓库")。2002 年,中国造血干细胞捐献者资料库管理中心覆盖全国的计算机网络系统开始运行。随着大型捐献者资料库的建立,无血缘关系干细胞移植显著增加。最近的实验和临床研究表明,脐带血(umbilical cord blood,UCB)富含造血祖细胞,对没有相合骨髓供者的患者来说,是良好的异基因造血干细胞来源。我国自 20 世纪 90 年代初先后在北京、广州、济南、天津、上海等城市建立了脐带血库。使用 HLA 部分相合的亲缘供者移植使得更多的患者获得移植的机会。亲缘 HLA 单倍型移植约占异基因移植的 10%。

二、造血干细胞移植的治疗原则

(一)全面术前评估的原则

1. 造血干细胞移植供者的评估

(1)从供受者 HLA 配型角度进行患者移植前的受益 / 风险评估:HLA 配型是移植成功的重要因素。配型采用分子生物学方法,一般 DRB1 需要达到高分辨水平,A、B 达到中分辨水平。供受者的配型结果应该出自有相应资质的同一实验室,原则上有条件的单位应对配型进行复核或确认。

首先根据 HLA 分型结果判断是否是最佳供者:当供者和受者是同性别的双胞胎,HLA 完全相合时,要鉴别是否为同基因供者。同基因供者必须经过权威部门如法医鉴定中心认定;因为同卵双生的同基因供者移植后不会发生移植物抗宿主病,移植物中也没有肿瘤细胞污染,应该作为首选的供者。但也缺乏移植物抗白血病效应,需要加强移植后复发的检测和预防。

1)HLA 完全相合的同胞供者是异基因 HSCT 的最佳供者,是异基因移植供者的首选。

2)非血缘关系供者,当 A、B、DRB1 高分辨满足 5/6 或 6/6 相合时,可以选择作为供者。即便骨髓资料库不断扩容,也只有少部分患者可以检索到合适的供者;因为查询需要 3~6 个月的时间,是否等待需要结合患者的病情和意愿共同决定。

3)单倍体相合的移植供者选择余地大,因为患者的同胞、父母、子女、患者父母的同胞(叔、伯、姑、舅、姨)及其各自的子女(堂亲、表亲)均可能成为候选的供者,这样几乎每个患者都可以在很短的时间内找到供者。配型不完全相合的同胞供者,需要父母参加配型以确定是非遗传的母源性抗原（NIMA）还是非遗传性父源抗原（NIPA）供者。子女作为供者或父母作为供者，父母亲均需要参加配型。

4）脐带血：对于儿童患者，检索到 A、B、DRB1 高分辨满足 4/6 以上相合的脐带血单核细胞（cord blood mononuclear cell，CB-MNC）达到 $2.7×10^7/kg$ 或以上，可以应用；但如果患者病情是复发高危，因为不能再得细胞进行细胞治疗，选用脐带血移植要慎重。对于重型再生障碍性贫血（severe aplastic anemia，SAA）患者，因为不植入率高，也不建议应用。

（2）从供者身体状况评估是否适合做供者：供者在捐献造血干细胞移植前的 1 个月内，要全面评估身体状况，除外血液系统疾病，是否可以耐受麻醉、骨髓采集和粒细胞集落刺激因子（G-CSF）动员，是否有心脏、肝、肺和肾方面的其他疾病。HIV 阳性、精神病没有得到很好控制、没有行为能力的供者均为捐献造血干细胞的禁忌。患有结核病的供者在控制结核后可以捐献，乙型肝炎患者在 HBV-DNA 转阴后可以捐献。

如果配型相合的供者具有心、脑血管疾病史，尽量不注射细胞因子动员剂，可以采用静态的骨髓，以避免 G-CSF 应用后可能的高凝状态。如果供者有麻醉药物过敏史或脊柱畸形或不适合采集骨髓的其他情况，可以单独采集外周血造血干细胞。

供者的年龄没有明确界定，如果是配型相合的同胞供者，尽量不更改为配型不合的供者。如果是配型不合的供者，一般有多位供者可以选择，首选身体状况好、年轻的成年人。孕妇和哺乳期妇女不宜捐献造血干细胞。女性育龄期供者在捐献干细胞前应做妊娠检查，确认没有妊娠。

2. 造血干细胞移植患者的评估

（1）从患者疾病角度评估移植获益，是否应该移植及最佳移植时机：仔细询问和回顾病史，详细了解初诊情况及对化疗的效果，化疗长期生存率不佳的患者适合尽早移植。

1）初始诊断、预后分层及疗效预测决定是否选择移植

ALL：了解患者初始白细胞水平、骨髓形态、染色体核型、免疫分型、分子生物学异常以及有无髓外浸润，中枢神经系统白血病（CNSL）预防及治疗情况等。

CML：了解患者所处的分期以及应用 TKI 治疗的情况，有无附加染色体异常和基因突变。

骨髓增生异常综合征（myelodysplastic syndrome，MDS）：了解患者诊断是否成立以及预后。骨髓形态、染色体核型、免疫分型、分子生物学异常，根据标准计算 IPSS 积分（表 8-1）或 WPSS 积分，对于 IPSS 中危 - Ⅱ或高危患者应该尽早移植；对于低危或中危 - Ⅰ的患者，如果输血依赖，具有配型相合供者也有移植指征，否则可以暂缓移植。对于已经转为白血病的患者，按照白血病化疗方案争取缓解后移植；如果难治性贫血伴原始细胞增多（RAEB）阶段的患者，移植前是否先化疗尚有争议；如果移植的各项条件已经具备，可以直接移植。

多发性骨髓瘤（multiple myeloma，MM）：了解患者疾病分期，准备行自移植的患者要求疾病在平台期；疾病进展或高危患者，如果有配型相合的同胞供者，也可以直接行异基因移植以达到治愈的目标。因为 HSCT 的风险，异基因 HSCT 一般的非复发死亡率为 10%~20%，移植前要与家属充分沟通。

AA：行骨髓形态、活检、免疫分型、染色体和 *WT1* 基因检查，以再次确定诊断；了解有无阵发性睡眠性血红蛋白尿症（paroxysmal nocturnal hemoglobinuria，PNH）克隆，既往治疗及

疗效,尤其是否应用抗胸腺细胞球蛋白(anti-thymocyte globulin,ATG)治疗、输血史、输注血是否辐照,检查血清铁,有无血红蛋白沉着病。获得性重型再生障碍性贫血的年轻患者,如果有配型相合的同胞供者,可首选 HSCT。50 岁以上的患者如果应用了 ATG,应该观察4~6 个月。对于儿童患者,应首先除外范科尼贫血等先天性贫血,了解生长发育和智力状况,有无畸形和咖啡牛奶斑,检查染色体脆性试验。所谓断裂点试验或脆性试验,指采患者外周血的血细胞经植物血凝素(T 细胞丝裂原)刺激后,再加入丝裂霉素 C 和双环氧丁烷,检测染色体的断裂点有无增加。一旦诊断为范科尼贫血,预处理方案需要调整,因为这些患者不能耐受大剂量细胞毒性药物。

淋巴瘤:了解病理结果及疾病分期,染色体或融合基因异常情况,既往治疗及效果。患者是否接受放射治疗及免疫治疗,如果有,应详细了解,如放疗的累积剂量、照射野及照射时间。

对于中度和高度恶性的淋巴瘤,骨髓未累及者,建议行自体造血干细胞移植(autologous hematopoietic stem cell transplantation,auto-HSCT);如果行自体干细胞移植,应了解冻存细胞的数据。而对于骨髓受累者,行异基因造血干细胞移植(allogeneic hematopoietic stem cell transplantation,allo-HSCT)。对于 65 岁以下的弥漫性大 B 细胞淋巴瘤或其他惰性淋巴瘤,对化疗敏感患者在复发后行自体 HSCT;60 岁以下骨髓浸润化疗敏感的患者在复发期后行异基因 HSCT。

表 8-1 骨髓增生异常综合征的国际预后积分系统(IPSS)

预后指标/积分	骨髓原始细胞	核型	累及范围	预后	IPSS 积分	OS/年	25% 转白血病/年
0	< 5	好	0/1	低	0	5.7	9.4
0.5	5~10	中等	1/2	中危-Ⅰ	0.5~1.5	3.5	3.3
1.0	—	差		中危-Ⅱ	1.5~2.0	1.2	1.1
1.5	11~20			高危	> 2.5	0.4	0.2
2.0	21~30						

2)了解疾病所处的现状,选择移植时机:尽量在肿瘤负荷低的时期移植,如果不能选择移植时机,也应评估移植后复发的危险程度,以便移植后早期干预以降低复发率。

(2)从患者身体状况多角度评估移植风险

1)年龄:年龄是影响移植疗效的主要原因,一直作为常规清髓预处理移植的排除标准。HSCT 患者的年龄并无固定上限或下限,随着移植技术的发展,移植患者的年龄也在拓宽。起初的移植限于儿童、青少年和年轻人,近年来上限扩展至 60~75 岁。需要强调的是,评估应该基于患者生理状况而不仅仅是按照出生时间计算的年龄,不能单纯以年龄作为移植的条件,要结合患者的身体功能、合并的其他疾病、移植方式和疾病的类型综合分析。

2)心血管系统:通过心电图和超声心动图评估心脏功能,必要时行心脏冠脉成像或冠脉造影检查。移植过程中致命性心脏毒性发生率并不高,一般低于 2%。患者年龄在 50 岁以上或既往接受了蒽环类药物是心脏并发症的高危因素;二维超声显示左室射血分数(left ventricular ejection fraction，LVEF）值低于 50%、既往有充血性心功能不全病史是严重心脏功能不全的高危因素。了解患者有无高血压病史及有无高血压相关的心脏病和肾病、高血压控制情况。

3）呼吸系统：完成肺部 CT 和肺功能检查。患者吸烟史及肺病史、移植前肺的弥散功能和 FEV_1/FVC 降低用于预测移植后肺的并发症，尤其是是否发生肺部的 cGVHD。肺功能检查（PFT）、用力肺活量（FVC）和肺一氧化碳弥散量（D_LCO）均 ≥ 60% 的患者适合接受清髓性移植，否则需要采用减低毒性的预处理方案进行移植。对于曾患严重肺病并发症的患儿，需要影像学检查和儿科肺病专家会诊。

4）既往感染或潜在感染：通过病史采集、查体、影像及辅助检查、相关专业会诊，排除感染。接受多次化疗的患者多数经历过不同程度的感染，以肺部感染最常见，感染病原体多为细菌、真菌、病毒、卡氏肺孢子虫等。既往细菌性肺炎在治愈后一般不会影响移植的疗效，而真菌感染需要的治疗时间长，免疫功能低下时容易复发，既往真菌感染史是移植后真菌感染的高危因素之一。在移植前应认真评估，尤其在配型不合的移植中，真菌感染的发生率明显高于配型相合的移植。在移植前评估肺部真菌感染时，应该了解诊断真菌感染的依据和级别，是拟诊、临床诊断还是确定诊断；治疗感染用药情况；评价所用药物的反应是有效还是无效；最终的疗效，是完全有效还是部分有效；治疗有效的药物是移植过程中进行二级预防的首选药物。如果是拟诊患者，疗效难以判断的情况下，二级预防用药应酌情考虑。如果病灶不易清除，与外科一起评估手术切除感染病灶的可能性，有助于明确病原。评估和处理均可按照真菌感染诊疗指南。

如果患者近期诊断为活动性肺结核，应推迟移植，抗结核治疗 3~6 个月，并请结核专业医师评估病情；如果为陈旧性结核，既往已经过正规治疗，在移植过程中应积极预防，一般采用异烟肼和乙胺丁醇两联预防，至免疫抑制剂停用后 3~6 个月。需要强调的是，有些肺部感染的患者可以没有明显的症状和体征，移植前的末次肺部 CT 检查应该安排在预处理前 1~2 周内，而不应该是化疗前或 4 周前，对于在移植前不需要化疗的 SAA 或 MDS 患者也必须强调是近期的肺部 CT。

口腔的感染灶需要专科评估。如果不是反复感染的坏死牙，尽量修补保留而不必过度拔牙。如果患者血象偏低，也不要太过积极洗牙。是否需要拔牙，还要结合既往粒细胞缺乏期间是否反复感染来决定。

既往认为，HIV 感染患者不能做造血干细胞移植，但有报道联合应用强力的抗病毒药物后进行 HSCT 可成功治疗 HIV 相关的淋巴系统恶性肿瘤，目前认为 HIV 感染不是移植的绝对禁忌。

5）消化道系统：了解既往消化道病史，有无消化道溃疡。对慢性阑尾炎反复发作的患者，如果有条件，建议行阑尾切除术，如果在既往粒细胞缺乏期间急性发作，争取在预处理前切除阑尾。如果急性阑尾炎没有反复发生，可以保守治疗。肛周感染是中性粒细胞缺乏伴发热时主要的感染来源，应请肛肠科会诊，清除肛周脓肿、肛裂、窦道或瘘管内外痔。对于经常慢性腹泻的患者，应进行纤维结肠镜检查，除外有无克罗恩病、溃疡性结肠炎、肠结核或万古霉素抗耐药性球菌定植。

6）肝功能：移植过程中的多种药物和 GVHD 都可能对肝脏造成损伤，最严重的肝脏并发症是肝静脉闭塞性疾病。如果患者有肝硬化或肝纤维化，移植后肝静脉闭塞性疾病的发生率明显增加,所以肝硬化和肝纤维化是清髓性移植的禁忌。在仅有移植方可救治患者的情况下,是否可以应用减低毒性预处理或非清髓预处理方案,也应慎重考虑。

乙型病毒性肝炎和丙型肝炎均不是移植的禁忌证,但乙型肝炎活动期患者不宜马上接受 HSCT,应先治疗肝炎并适当推迟移植;乙型肝炎病毒(hepatitis B virus,HBV)携带者但 HBV-DNA 阴性的患者,可以接受 HSCT,移植期间采用拉米夫定预防;如果患者 HBV-DNA 阳性但肝功能正常,应该在移植前采用抗病毒治疗,争取转阴后进行 HSCT,移植期间服用抗病毒药物预防。HBsAg 阳性的患者移植后抗病毒预防至免疫抑制剂停用后半年,如果移植后 HBsAg 转阴,HBsAb 阳性,抗病毒药物的疗程可以酌减。对丙型肝炎病毒(hepatitis C virus,HCV)阳性的患者,如果肝功能正常,可以先移植治疗原发病,待移植后血象条件许可时再治疗丙型肝炎;如果肝功能不正常,宜先保肝治疗,不必强调 HCV-RNA 转阴。

肝功能检测是移植前最常用的评估指标。移植时谷丙转氨酶 / 谷草转氨酶(ALT/AST)升高,与移植后肝窦阻塞综合征(hepatic sinusoidal obstruction syndrome,SOS)具有相关性。移植后 SOS 的发生率因不同移植中心差别很大,为 2%~50%。病毒阴性的肝功能异常患者,移植前的转氨酶不超过正常上限的 2.5 倍,胆红素不超过正常上限的 1.5 倍。

7)肾功能:因为移植后需要应用的多种药物具有潜在的肾毒性,如环孢素、他克莫司、万古霉素、两性霉素 B、磺胺甲噁唑等,所以移植对于肾功能要求比较高。移植前患者的血肌酐水平成人宜 < 1.5mg/L,肌酐清除率高于 60mL/min。而多发性骨髓瘤的患者,肾功能损害可能是疾病本身所致,因此肾功能异常不是多发性骨髓瘤患者自体移植的禁忌,但需要密切监测。

8)神经认知功能评估:应对所有患儿在预处理之前进行神经认知功能评估,为将来的评估提供参考。接受全身照射(TBI)和 / 或中枢神经系统照射作为预处理方案的儿童最易出现神经认知的损伤。对于代谢物异常蓄积的患者,可能导致神经认知的恶化。如果神经认知表现差的患者预测移植疗效不好,应该建议取消移植。

9)营养状况:营养状况可以由经验丰富的营养师评估,也可通过测量患者身高、体重、体重指数、体表面积了解营养状况。营养不良患者在移植前通过饮食或肠外营养通常能很快改善营养状况。肥胖患者应在营养师指导下减重。如果病情许可,可以适当推迟移植。对于肥胖患者的移植,如果按照理想体重计算药物剂量可能导致剂量不足,从而影响免疫抑制的效果和抗肿瘤活性;如果按照实际体重计算,可能药物毒性增加,所以对于肥胖患者需要校正体重。校正公式为:校正体重 =1/2(理想体重 + 实际体重);或校正体重 = 理想体重 +1/2(实际体重 − 理想体重)。如果所用药物已经提供了肥胖患者的药物剂量调整公式,可以按照药品说明书提供的公式计算。小儿体重及体表面积计算法:体重计算法,≤ 6 个月的患者,体重 = 出生体重(kg)+ 月龄 ×0.7;7~12 个月患者,体重 = 出生体重(kg)+6×0.7+(月龄 −6)×0.4 或 =6kg+ 月龄 ×0.25;2~12 岁患者体重 = 年龄 ×2+8kg。超标的儿童体重按实际体重和理想体重的均值计算。根据体重查询体表面积或根据身高及体重计算体表面积(m^2)= [身高(cm)× 体重(kg)]$^{1/2}$÷60。

10)输血史:了解和记录患者输血量、是否辐照以及输注血液制品的来源,输血反应及效果,是随机供者的血还是来自亲属的,是否除铁。对于 SAA 患者输注亲属的血或供者的血,可能导致移植后不植入率增加。SAA 患者输血超过 20U,也增加移植的不植入率。对于恶性血液病患者,移植后植活率并没有受到输血的影响,可能与预处理时的免疫抑制程度有关。排斥率在输血多的患者似有提高,应该提示患者不要输注来自亲缘供者的血制品。频繁输血除了异源性致敏,还可导致铁过载。肝脏的铁过载会增加肝脏的预处理相关毒性,心脏的铁蓄积可以影响心脏储备功能而导致急性心功能不全发生。目前还没有很满意的方法分析脏器的铁沉积,一般检测血清铁蛋白含量并结合 MRI,必要时联合脏器活检。通过超声心电图检测的心功能正常患者一般不会发生心脏铁过载。

11) 过敏史:详细了解药物过敏史、过敏时的表现。如果为过敏性休克,应禁用同一药物;如为皮试阳性,需再重复皮试;如果是迟发型皮疹,应慎用。主要是注意药物之间的交叉过敏。磺胺甲噁唑被广泛用于预防卡氏肺孢子虫肺炎,既往明确过敏的患者,取消预防性用药;移植后如果遇到必须应用的情况,要采取脱敏疗法。

12) 心理评估:移植是一个艰难辛苦的过程,需要患者和家庭、社会密切配合,患者及家属的心理承受能力非常重要,在决定是否移植前应该认真评估患者及其主要家庭成员是否能够很好配合。对于儿童患者,更要与患儿的主要家长充分沟通,就治愈的愿望和机会,移植后的生活质量和对生长发育的影响程度以及家长的心理承受能力进行客观评估。如果患者本人具有抑郁焦虑或其他精神方面的问题,需要专科医生进行评估,重度的抑郁焦虑或精神分裂症病史者为移植的禁忌,患者往往在漫长的治疗期间不能自制加重病情甚至自杀。主要监护人或家属如果有严重的心理问题或精神疾病,也不适合移植。

(二) 适应的原则

患者具体移植时机和类型的选择需参照治疗指南与实际病情权衡。

1. 恶性疾病

(1) ALL:allo-HSCT 可使 40%~65% 的 ALL 患者长期存活。主要适应证为:

1) 复发难治 ALL。

2) 第 2 次完全缓解期(CR2)ALL。

3) 第 1 次完全缓解期(CR)高危 ALL:如细胞遗传学分析为 Ph$^+$、亚二倍体者;*MLL* 基因重排阳性者;WBC $30×10^9$/L 的前 B-ALL 和 WBC $100×10^9$/L 的 T-ALL;获 CR 时间> 4~6 周;CR 后在巩固维持治疗期间残留白血病持续存在或仍不断升高者。

(2) AML:预后不良组首选 allo-HSCT;预后良好组(非 M3)首选大剂量阿糖胞苷(Ara-C)为基础的化疗,复发后再行 allo-HSCT;预后中等组,配型相合的 allo-HSCT 和大剂量阿糖胞苷为主的化疗均可采用。无法行 allo-HSCT 的预后不良组、部分预后良好组以及预后中等组患者均可考虑行自体 HSCT。

(3) CML:新诊断的儿童和青年;依据年龄、脾脏大小、血小板计数和原始细胞数等综合的疾病进展风险预测可能性高者,并具有全相合供者的年轻患者;酪氨酸激酶抑制剂(TKI)治疗失败或者不耐受的患者,如有移植意愿方考虑选择 allo-HSCT。

(4) CLL:对预后较差的年轻患者可作为二线治疗。在缓解期行 auto-HSCT 的效果优于传统化疗,部分患者微小残留病可转阴,但易复发。allo-HSCT 可使部分患者长期存活甚至治愈。

(5) 恶性淋巴瘤:化疗及放疗对恶性淋巴瘤有较好疗效。但对某些难治性、复发病例或具有高危复发倾向的淋巴瘤,可行自体或异体造血干细胞移植。

(6) 多发性骨髓瘤:auto-HSCT 可提高缓解率,改善患者总生存期和无事件生存率,是适合移植患者的标准治疗。清髓性 allo-HSCT 常用于难治复发年轻患者。

（7）其他：allo-HSCT 是目前唯一可能治愈 MDS 的疗法。其他对放、化疗敏感的实体肿瘤也可考虑做自体 HSCT。

2. 非恶性疾病

（1）SAA：对年龄＜50 岁的重型或极重型再生障碍性贫血有 HLA 相合同胞者，宜首选 HSCT。

（2）PNH：尤其是合并 AA 特征的患者。

（3）其他疾病：从理论上讲，HSCT 能够治疗所有先天性造血系统疾病和酶缺乏所致的代谢性疾病，如范科尼贫血、镰状细胞贫血、重型珠蛋白生成障碍性贫血、重型联合免疫缺陷病、戈谢病等；对严重获得性自身免疫病的治疗也在探索中。

三、造血干细胞移植的方法

（一）造血干细胞移植的分类

1. 按造血细胞（hematopoietic cell，HC）取自健康供体还是患者本身，HSCT 被分为异体 HSCT 和自体 HSCT（auto-HSCT）。异体 HSCT 又分为异基因移植（allo-HSCT）和同基因移植。后者指遗传基因完全相同的同卵孪生者间的移植，供受者间不存在移植物被排斥和移植物抗宿主病（GVHD）等免疫学问题，此种移植概率不足 1%。

2. 按造血干细胞（hematopoietic stem cell，HSC）取自骨髓、外周血或脐带血，又可区分为骨髓移植（bone marrow transplantation，BMT）、外周血干细胞移植（peripheral blood stem cell transplantation，PBSCT）和脐带血移植（umbilical cord blood transplantation，UCBT）。

3. 按供受者有无血缘关系而分为血缘移植（related transplantation，RT）和非亲缘供体移植（unrelated donor transplantation，UDT）。

4. 按人白细胞抗原（human leukocyte antigen，HLA）配型相合的程度，分为 HLA 相合、部分相合和单倍型相合（haploidentical）移植。

（二）人白细胞抗原（HLA）配型

HLA 基因复合体，又称主要组织相容性复合体，定位于人 6 号染色体短臂（6p21），在基因数量和结构上具有高度多样性。与 HSCT 密切相关的是 HLA-Ⅰ类抗原 HLA-A、B、C 和 HLA-Ⅱ类抗原 DR、DQ、DP。如 HLA 不合，GVHD 和宿主抗移植物反应（host versus graft reaction，HVGR）风险显著增加。遗传过程中，HLA 单倍型作为一个遗传单位直接传给子代，因此同胞间 HLA 相合概率为 25%。过去 HLA 分型用血清学方法，现多采用 DNA 基因学分型。无血缘关系间的配型，必须用高分辨分子生物学方法。HLA 基因高分辨至少以 4 位数字来表达，如 A*0101 与 A*0102。前两位表示血清学方法检出的 A1 抗原（HLA 的免疫特异性），称低分辨；后两位表示等位基因，DNA 序列不一样，称高分辨。过去无血缘供者先做低分辨存档，需要时再做高分辨，现在中华骨髓库入库高分辨资料比例明显增加。

（三）供体选择

1. auto-HSCT　供体是患者自己，应能承受大剂量化、放疗，能动员采集到未被肿瘤细胞污染的足量造血干细胞。

2. allo-HSCT　供体选择是 allo-HSCT 的首要步骤。其原则是以健康供者与受者（患者）的人白细胞抗原（HLA）配型相合为前提，首选具有血缘关系的同胞或兄弟姐妹，无血缘关系的供者（可从骨髓库中获取）为候选。如有多个 HLA 相合者，宜选择年轻、男性、ABO 血型相合和巨细胞病毒阴性者。脐带血移植除了配型，还应确定新生儿无遗传性疾病。

（四）造血细胞的采集

allo-HSCT 的供体应是健康人，需检查除外感染性、慢性系统性疾病等不适于捐献的情况并签署知情同意书。造血干细胞捐献过程是安全的，不会降低供者的抵抗力，不影响供体健康，采集管道等医疗材料不重复使用，不会传播疾病。

1. 骨髓　骨髓采集已是常规成熟的技术。多采用连续硬膜外麻醉或全身麻醉，以双侧髂后上棘区域为抽吸点。按患者体重，$(4\sim6)\times10^8/kg$ 有核细胞数为一般采集的目标值。为维持供髓者血流动力学稳定、确保其安全，一般在抽髓日前 14d 预先保存供者自身血，在手术中回输。供受者红细胞血型不一致时，为防范急性溶血反应，需先去除骨髓血中的红细胞和／或血浆。对自体骨髓移植，采集的骨髓血需加入冷冻保护剂，液氮保存或 -80℃深低温冰箱保存，待移植时复温后迅速回输。

2. 外周血　在通常情况下，外周血液中的造血细胞（HC）很少。采集前需用 G-CSF 动员，使血中 $CD34^+HC$ 升高。常用剂量为 G-CSF $5\sim10U/(kg\cdot d)$，$1\sim2$ 次，皮下注射 4d，第 5 天开始用血细胞分离机采集。采集 $CD34^+$ 细胞至少 $2\times10^6/kg$ 以保证快速而稳定的造血重建。auto-PBSCT 患者采集前可通过化疗环磷酰胺（CTX）、依托泊苷（VP-16）等进一步清除病灶并促使干细胞增殖，当白细胞开始恢复时，按前述健康供体的方法动员采集造血干细胞。自体外周造血干细胞的保存方法同骨髓。

3. 脐带血　脐带血干细胞由特定的脐带血库负责采集和保存。采集前需确定新生儿无遗传性疾病。应留取标本进行血型、HLA 配型、有核细胞和 $CD34^+$ 细胞计数，以及各类病原体检测等检查，以确保质量。

（五）预处理方案

1. 预处理的目的

（1）最大限度地清除基础疾病。

（2）抑制受体免疫功能以免排斥移植物。

2. 预处理主要采用全身照射（TBI）细胞毒性药物和免疫抑制剂。根据预处理的强度，移植又分为传统的清髓性 HSCT 和非清髓性 HSCT（non-myeloablative HSCT，NST）。介于两者之间的为降低强度预处理（RIC）的 HSCT。在 NST 中，预处理对肿瘤细胞的直接杀伤作用减弱，主要依靠免疫抑制诱导受者对供者的免疫耐受，使供者细胞能顺利植入，形成稳定嵌合体（chimerism），继而通过移植物中输入的或由造血干细胞增殖分化而来的免疫活性细胞，以及以后供体淋巴细胞输注（donor lymphocyte infusion，DLT）发挥移植物抗白血病（graft versus leukemia，GVL）作用，从而达到治愈肿瘤的目的。NST 主要适用于疾病进展缓慢、肿瘤负荷相对小，且对 GVL 较敏感、不适合常规移植、年龄较大（> 50 岁）的患者。NST 预处理方案常含有氟达拉滨（fludarabine）。对大多数患者，尤其是年轻的恶性肿瘤患者仍以传统清髓性预处理为主。

3. 常用的预处理方案

（1）TBI 分次照射，总剂量为 12Gy，并用环磷酰胺（CTX）60mg/（kg·d）连用 2d。

（2）静脉用白消安 0.8mg/（kg·6h）连用 4d，联合 CTX 60mg/（kg·d）连用 2d。

（3）BEAM 方案（卡莫司汀＋依托泊苷＋阿糖胞苷＋美法仑），用于淋巴瘤。

（4）HD-Mel 方案（美法仑 $200mg/m^2$），用于多发性骨髓瘤。自体移植和同基因移植治疗恶性病因无移植物抗白血病作用，预处理剂量应尽量大些，且选择药理作用协同而不良反应不重叠的药物。

（六）植活证据和成分输血

从骨髓移植（BMT）之日起，中性粒细胞多在 4 周内回升至 $> 0.5 \times 10^9/L$，而血小板回升至 $\geq 50 \times 10^9/L$ 的时间多长于 4 周。应用 G-CSF 5μg/（kg·d），可缩短粒细胞缺乏时间 5~8d。PBSCT 造血重建快，中性粒细胞和血小板恢复的时间分别为移植后 8~10d 和 10~12d。GVHD 造血恢复慢，中性粒细胞恢复时间多大于 1 个月，血小板重建时更长，约有 10% 的 CBT 不能植活。而 HLA 相合的 BMT 或 PBSCT，植活率高达 97%~99%。GVHD 的出现是临床植活证据；另可根据供、受者间性别，红细胞血型和 HLA 的不同，分别通过细胞学和分子遗传学（FISH 技术）方法、红细胞及白细胞抗原转化的实验方法取得植活的实验室证据。对于上述三者均相合者，则可采用短串联重复序列、单核苷酸序列多态性结合 PCR 技术分析取证。

HSCT 在造血重建前需输成分血支持。血细胞比容 ≤ 0.30 或 $Hb \leq 70g/L$ 时需输红细胞；有出血且血小板小于正常或无出血但血小板 $\leq 20 \times 10^9/L$（也有相当多单位定为 $\leq 10 \times 10^9/L$）时需输注血小板。为预防输血相关性 GVHD，所有含细胞成分的血制品均须照射 25~30Gy，以灭活淋巴细胞。使用白细胞滤器可预防发热反应、血小板无效输注、GVHD 和 HVGR、输血相关急性肺损伤，并可减少疱疹病毒（herpes virus）和 EB 病毒及人类嗜 T 淋巴细胞白血病病毒（HTLV-Ⅰ）的血源传播。

四、造血干细胞移植患者的护理

（一）造血干细胞移植护理

1. 移植前护理

（1）无菌层流病房的准备：需对 HSCT 患者进行全环境保护，即居住在 100 级无菌层流病房、进无菌饮食、肠道消毒及皮肤消毒。无菌层流病房的设置与应用，是有效预防 HSCT 术后患者继发感染的重要保障。在粒细胞缺乏期间，严重感染主要来自细菌和真菌，将患者置于 100 级无菌层流病房进行严密的保护性隔离，能有效地减少感染机会。使用前，室内一切物品及其空间均须经严格的清洁、消毒和灭菌处理，并在室内不同空间位置采样进行空气细菌学监测，完全达标后方可允许患者进入。

（2）患者入无菌层流病房前的护理

1）心理准备：接受造血干细胞移植的患者需单独居住于无菌层流病房内半个月至 1 个月。不但与外界隔离，而且多有较严重的治疗反应，患者极易产生各种负性情绪，如焦虑、恐惧、孤独、失望甚至绝望等。因此，需要帮助患者充分做好治疗前的心理准备。①评估：了解患者、家属对造血干细胞移植的目的、过程、可能的不良反应的了解程度；是否有充分的思想准备；患者的经济状况如何等。②帮助患者提前熟悉环境：让患者提前熟悉医护小组成员，了解无菌层流病房的基本环境、规章制度，有条件者可在消毒灭菌前带患者进室观看，或对入室后的生活情景进行模拟训练，以消除其恐惧、陌生和神秘感。③对自体造血干细胞移植的患者，应详细介绍骨髓或外周血干细胞采集的方法、过程、对身体的影响等方面的知识，以消除患者的疑虑。

2）身体准备

相关检查：心、肝、肾功能及人类巨细胞病毒检查；异体移植患者还需做组织配型、ABO 血型配型等。

清除潜在感染灶：请口腔科、眼科、耳鼻咽喉科和外科（肛肠专科）会诊，彻底治疗或清除已有的感染灶，如龋齿、痔等；行胸部 X 线检查排除肺部感染、结核。

肠道及皮肤准备：入室前 3d 开始服用肠道不易吸收的抗生素；入室前 1d 剪指（趾）甲、剃毛发、洁脐；入室当天沐浴后用 0.05% 醋酸氯己定药浴 30~40min，再给予眼、外耳道、口腔和脐部的清洁，换穿无菌衣裤后进入层流室，即时针对患者皮肤进行多部位（尤其是皱褶处）的细菌培养，以作移植前对照。

2. 移植后护理　患者经预处理后，全血细胞明显减少，免疫功能也受到抑制，极易发生严重感染、出血，而层流室是通过高效过滤器使空气净化，但无灭菌功能，必须加强全环境的保护及消毒隔离措施，最大限度地减少外源性感染。

（1）无菌环境的保持及物品的消毒

1）对工作人员入室的要求：医护人员入室前应淋浴，穿无菌衣裤，戴帽子、口罩，用快速皮肤消毒剂消毒双手，穿无菌袜套，换无菌拖鞋，穿无菌隔离衣，戴无菌手套后才可进入层流室，每进入 1 间室更换 1 次拖鞋。入室一般 1 次不超过 2 人，避免不必要的进出，有呼吸道疾病者不能入室，以免增加污染的机会。医务人员入室应依患者病情和感染情况，先进无感染患者房间，最后进感染较重患者的房间，每进 1 间室必须更换无菌手套、隔离衣、袜套、拖鞋，以免引起交叉感染。

2）对病室及物品要求：病室内桌面、墙壁、所有物品表面及地面每天用消毒液擦拭 2 次；患者被套、大单、枕套、衣裤隔天高压消毒；生活用品每天高压消毒。凡需要递入层流室的所有物品、器材、药品等要根据物品的性状及耐受性，采用不同方法进行消毒灭菌，无菌包均用双层包布，需要时打开外层，按无菌方法递入。

（2）患者护理

1）生活护理：各种食物（如饭菜、点心、汤类等）需经微波炉消毒后食用。口腔护理 3~4 次 /d；进食前后用 0.05% 氯己定、3% 碳酸氢钠交替漱口。用 0.05% 醋酸氯己定或 0.05% 碘伏擦拭鼻前庭和外耳道，0.5% 庆大霉素或卡那霉素、0.1% 利福平、阿昔洛韦眼药水交替滴眼，2~3 次 /d。便后用 1% 氯己定擦洗肛周或坐盆；每晚用 0.05% 醋酸氯己定全身擦浴 1 次，女性患者冲洗会阴 1 次 /d，以保持皮肤清洁。

2）观察与记录：严密观察患者的自觉症状和生命体征，注意口腔黏膜有无变化，皮肤黏膜及脏器有无出血倾向，有无并发症表现，准确记录 24h 出入量。

（3）成分输血的护理：为促进 HSCT 的造血重建，必要时可根据病情遵医嘱输注浓缩红细胞或血小板等成分血。为预防输血相关的 GVHD,全血及血制品在输入前必须先经 Co 照射,以灭活具有免疫活性的 T 淋巴细胞。

(4) 用药护理:注意观察药物的疗效及不良反应,如有异常及时报告医生,给予对症处理。

(二)中心静脉导管的应用与护理

多采用 PICC、锁骨下静脉置管或颈内静脉置管、植入式静脉给药装置。严格执行无菌操作和导管的使用原则,防止导管滑脱与堵塞;输液(正压)接头更换 1~2 次 / 周,持续输液者 24h 更换无菌输液器;导管局部换药 2~3 次 / 周;用肝素盐水或生理盐水封管。

(三)心理护理

虽然患者及家属在治疗前已有一定的思想准备,但对治疗过程可能出现的并发症仍有恐惧心理,常造成失眠、多虑等。另外,由于无菌层流病房与外界基本隔绝,空间小、娱乐少,患者多有较强的孤独感。根据患者的兴趣和爱好提供经灭菌处理的书籍和音像设备,并利用对讲机让家属与患者适当对话,可以减轻患者的孤独感,提高对治疗的依从性。

(四)造血干细胞输注的护理

1. **骨髓输注的护理**　包括异体骨髓的输注和自体骨髓回输。

(1) 异体骨髓的输注:异体骨髓在患者进行预处理后再采集供者的骨髓,采集后如果供受者 ABO 血型相合时,即可输入;如果 ABO 血型不合,要待处理后(如清除骨髓中的红细胞)方可输注。输注前悬挂 15~30min;应用抗过敏药物,如异丙嗪 25mg 肌内注射、地塞米松 3~5mg 静脉注射,呋塞米 20mg 静脉注射,以利尿、预防肺水肿。输注时用无滤网的输液器由中心静脉导管输入,速度要慢,观察 15~30min 无反应再调整滴速,约 100 滴 /min,一般要求在 30min 内将 300mL 骨髓输完,最后的少量(约 5mL)骨髓弃去,以防发生脂肪栓塞。经另一静脉通道同步输入适量鱼精蛋白,以中和骨髓液内的肝素,或根据骨髓输完后所用肝素总量,准确计算中和肝素所需鱼精蛋白的用量,再予输注,但输注速度不宜过快,以免出现低血压、心动过速和呼吸困难等。在输注骨髓过程中,应密切观察患者的生命体征和各种反应,有无肺水肿征兆等,若出现皮疹、酱油色尿、腰部不适等溶血现象应立即停止输入,并配合医生做好有关救治工作。

(2) 自体骨髓回输:自体骨髓液在患者进行预处理前采集,采集后加入保护液放入 4℃ 冰箱内液态保存,一般于 72h 内,待预处理结束后,提前取出于室温下放置 0.5~1h 复温后再回输给患者。方法同异体骨髓的输注。

2. **外周血造血干细胞输注的护理**

(1) 自体外周血造血干细胞的回输:为减少因冷冻剂或细胞破坏所引起的过敏反应,回输前 15~20min 应用抗过敏药;冷冻保存的造血干细胞需在床旁以 38.5~40℃ 恒温水迅速复温融化。解冻融化后的干细胞应立即用无滤网输液器从静脉导管输入,同时另一路静脉输等量鱼精蛋白以中和肝素。回输过程中为防止外周血干细胞中混有红细胞而引起的血红蛋白尿,需同时静脉滴注 5% 碳酸氢钠和生理盐水、呋塞米和甘露醇,以维持足够的尿量,直至血红蛋白尿消失。此外,在患者能够耐受的情况下,应在 15min 内回输 1 袋外周血干细胞,回输 2 袋外周血干细胞之间需用生理盐水冲管,以清洗输血管道。

(2) 异体外周血造血干细胞输注:异体外周血造血干细胞移植同异体骨髓移植一样,

患者预处理后,再采集供者的外周血造血干细胞,采集后可立即输注给受者。但输注前先将造血干细胞 50~100mL 加生理盐水稀释到 200mL,与自体外周血造血干细胞回输相同。

(3) 脐带血造血干细胞输注:脐带血回输量较少,一般为 100mL 左右,因此要十分注意回输过程中勿出现漏液现象,一般采用微量泵推注。同时密切注意患者心率变化,随时调整推注速度。

(五) 造血干细胞移植并发症的预防及护理

1. **感染**　感染是 HSCT 最常见的并发症之一,也是移植成败的关键。感染率高达 60%~80%。感染可发生于任何部位,病原体可包括各种细菌、真菌与病毒。一般情况下,移植早期(移植后第 1 个月),多以单纯疱疹病毒、细菌(包括革兰氏阴性菌与阳性菌)和真菌感染较常见;移植中期(移植后 2~3 个月),巨细胞病毒和肺孢子菌为多;移植后期(移植 3 个月后),则要注意带状疱疹、水痘等病毒感染及移植后肝炎等。感染的主要原因有:

(1) 移植前预处理中使用大剂量化疗,造成了皮肤、黏膜和器官等正常组织损害,使机体的天然保护屏障被破坏。

(2) 大剂量化疗和放疗破坏了机体的免疫细胞,此时中性粒细胞可降至零,机体免疫力极度低下。

(3) 移植中使用免疫抑制剂降低了移植物抗宿主反应的强度,但也进一步抑制了免疫系统对入侵微生物的识别和杀伤功能。

(4) 留置中心静脉导管。

(5) 移植物抗宿主病(GVHD)。

预防感染必须在移植期间对患者进行全环境保护。

2. **出血**　预处理后血小板极度减少是导致患者出血的主要原因,且移植后血小板的恢复较慢。因此要每天监测血小板计数,观察有无出血倾向,必要时遵医嘱输注 25Gy 照射后或白细胞过滤器过滤后的单采血小板。

3. **GVHD**　是异基因 HSCT 后最严重的并发症,由供者 T 淋巴细胞攻击受者同种异型抗原所致。急性 GVHD 发生在移植 100d 内,尤其是移植后的第 1~2 周,又称超急性 GVHD,主要表现为突发广泛性斑丘疹(最早出现在手掌、足掌、耳后、面部与颈部)、持续性厌食、腹泻(每天数次甚至数十次的水样便,严重者可出现血水样便)、黄疸与肝功能异常等。100d 后出现的则为慢性 GVHD,临床表现类似自身免疫性表现,如局限性或全身性硬皮病、皮肌炎、面部皮疹、干燥综合征、关节炎、闭塞性支气管炎、胆管变性和胆汁淤积等。发生 GVHD 后治疗常较困难,死亡率甚高。单独或联合应用免疫抑制剂(氨甲蝶呤、环孢素、免疫球蛋白、抗淋巴细胞球蛋白等)和清除 T 淋巴细胞是目前预防 GVHD 最常用的两种方法。依 GVHD 发生的严重程度不同,可采取局部用药或大剂量甲泼尼龙冲击治疗。护理配合中要注意:

(1) 遵医嘱正确应用各种治疗药物,如环孢素、氨甲蝶呤、糖皮质激素等,并要注意观察各种药物不良反应。

（2）输注各种血液制品时，必须在常规照射等处理后执行。

（3）密切观察病情变化，如自觉症状、生命体征、皮肤黏膜、大小便性质及其排泄情况，及早发现 GVHD 并配合做好各项救治工作。

（4）严格执行无菌操作。

4. 肝静脉闭塞病 亦称肝窦阻塞综合征。主要因预处理中大剂量的化疗及放疗，肝血管和窦状隙内皮的细胞毒损伤并在局部呈现高凝状态所致。近年来因预处理方案的调整，发病率有明显下降，确诊需肝活检。一般在移植后 1 个月内发病，高峰发病时间为移植后 2 周，多以高胆红素血症为首发表现，伴有肝大、右上腹压痛、腹水、体重增加等。危险因素包括高强度预处理、移植时肝功能异常，接受了 HBV 或 HCV 阳性供体等。临床证实低剂量肝素 100U/(kg·d)持续静脉滴注 30d 和前列腺素 E_2、熊去氧胆酸对预防肝静脉闭塞病有效。因此，移植后应注意观察患者有无黄疸等上述改变，并协助医生进行有关检查，如肝功能和凝血功能的检查。

5. 神经系统并发症 HSCT 后中枢神经系统并发症及周围神经系统并发症的发生率分别为 70% 与 29%。前者包括中枢神经系统感染、脑血管病、癫痫发作、代谢性脑病及药物介导的中枢神经系统不良反应等。周围神经系统并发症最常见吉兰 - 巴雷综合征。应密切观察患者的神志，有无意识障碍、头痛、抽搐等表现。

五、造血干细胞移植治疗与护理 PBL 案例

第一幕

徐女士，女，40 岁，是一名白领，平时工作特别积极，总是不知疲倦，半年前家里重新装修，装修后 1 个月即入住新房，2 个月前无明显诱因出现胸前区隐痛，持续不缓解，无肩背部放射痛，徐女士并未重视，半个月前患者前去口腔科拔牙，拔牙后出血不止，后予止血对症治疗及外科缝合治疗后并未有所缓解，口腔科医生建议患者去综合医院行进一步检查。门诊预检台护士小张详细询问了徐女士的病情，并根据其描述的症状进行了预检分诊。在血液科诊室，医生简要询问了病史，症状如上诉，无既往史，无药物过敏史，遂进行血常规检查。血常规提示：C 反应蛋白 11mg/L，白细胞 $19.22×10^9$/L，红细胞 $3.66×10^{12}$/L，血红蛋白 93g/L，红细胞压积 30%，平均红细胞血红蛋白量 25.4pg，平均红细胞血红蛋白浓度 310g/L，血小板 $25×10^9$/L，中性粒细胞 8.1%，淋巴细胞 85.5%。门诊医生根据患者情况，告知患者："你现在需要住院行进一步检查。"于是患者入血液科行进一步诊治。

【学习目标】

1. 掌握 急性白血病的临床表现。

2. 熟悉 急性白血病的病因。

3. 了解

（1）急性白血病的定义。

（2）急性白血病的分类。

第二幕

入院后徐女士被安排到重症病房,徐女士纳闷道:"我怎么会被安排到重症病房?"护士小李给徐女士做入院指导并且告知:"你现在血小板低,需要绝对卧床休息。"徐女士听后有些不以为然:"我没事的!医生也跟我说住院再做个检查看看,做完检查就好了。"之后没多久,徐女士准备起身下床,小李发现后及时给予制止了,徐女士嘟囔道:"上厕所也不行吗,大小便都要在床上解决,怎么会这么麻烦?"接着床位医生进一步完善了检查,骨髓穿刺提示小粒多见,有核细胞增生极度活跃。原始幼稚淋巴细胞占 88.5%,大小较均一,圆形,核质比大,核圆,可见凹陷,折叠切迹,浆量极少,色蓝。粒、红二系受抑制。POX 染色:阴性反应。PAS 染色阴性、弱阳性、强阳性,见粗大结块糖原颗粒。进一步诊断为:急性淋巴细胞白血病。医生建议徐女士化疗。一听要化疗,徐女士顿时慌了手脚,"怎么还要化疗?这个病有这么严重吗?最近单位特别忙,我还想着过两天就回去上班呢。"小李笑着说:"徐女士,您先不要着急,这个病需要休息,上班的事先缓一缓。"徐女士一听,一下子沉默了。到了下午探视时见着老公,急忙拉着他的手:"你帮我去问问,这个病会不会影响到我以后的生活,我还能正常上班吗?"老公一时之间也找不着人问。徐女士愈发沉默、夜间睡不安稳。责任护士小李发现了徐女士的异常。

📖【学习目标】

1. 掌握 急性白血病的护理诊断及护理措施。
2. 了解
(1)急性白血病的辅助检查及鉴别诊断。
(2)急性白血病的治疗。

第三幕

化疗 1 周后,徐女士出现皮肤散在瘀点瘀斑,并伴有鼻出血及牙龈、口腔出血。血常规示:白细胞 $1.71×10^9/L$,红细胞 $2.49×10^{12}/L$,血红蛋白 62g/L,红细胞压积 19.7%,平均红细胞血红蛋白量 24.9pg,平均红细胞血红蛋白浓度 314g/L,血小板 $4×10^9/L$,晚幼粒细胞 3%,杆状核细胞 9%,淋巴细胞 18%,单核细胞 2%,C 反应蛋白 9.42mg/L。遵医嘱予冰去甲肾上腺素溶液漱口,棉球局部填塞出血鼻孔,予申请单采血小板。过了 2d,出血情况仍未有明显好转,徐女士的表情有些紧张,责任护士小李注意到了徐女士的变化,于是问道:"徐女士,您怎么了?是有什么地方不舒服吗?""我怎么出血还没有止住?我会不会失血过多而死?"护士小李面对徐女士的疑虑,向其讲解了出血的原因以及化疗后的并发症。又过了 1 周,徐女士感觉好多了,四肢的瘀点瘀斑已经渐渐消退,鼻子牙龈都不再出血了。护士小李告诉她可以床边站立了,徐女士不可置信地问道:"可以下床了吗?我真的可以下床了吗?""真的,您的血小板已经恢复到 $20×10^9/L$ 以上了,可以适当下床活动了,过一会医生会来跟你谈造血干细胞移植的事情。"小李回答道。

📖【学习目标】

1. 掌握 急性白血病的并发症及护理措施。

2. 了解　造血干细胞移植的定义。

● 第四幕 ●

5个月后,徐女士入血液移植仓行异体造血干细胞移植,回输当天输入外周血造血干细胞232mL(MNC 4.11×10⁹/kg,CD34+7.54×10⁶/kg),回输前使用碳酸氢钠、地塞米松、盐酸异丙嗪,回输时给予心电监护,密切观察生命体征及不良反应。回输过程顺利,患者无不适主诉。回输后复查尿常规,监测有无溶血反应。回输后7d,患者白细胞0.04×10⁹/L,出现严重的口腔溃疡,无法进食,予口腔护理3次/d,康复新、碳酸氢钠、氟康唑溶液交替漱口,氯膦酸二钠持续湿敷。2周后,徐女士白细胞计数升至正常,口腔溃疡明显好转,符合出院标准。责任护士小赵来到床边,对徐女士说道:"徐女士,恭喜您可以出院了,回家后可要好好保养啊"。徐女士喜出望外,高兴地说道:"太好啦,我终于自由啦,你可知道,在仓里的这二十几天简直度日如年啊,我还有多久可以去上班?我以后能痊愈吗?"

📖【学习目标】

1. 掌握
(1) 造血干细胞移植的护理。
(2) 移植后并发症的观察和护理。
2. 了解
(1) 造血干细胞移植的分类。
(2) 造血干细胞移植的适应证。
(3) 供体的选择。
(4) 供者的准备。
(5) 造血干细胞的采集。

第二节　高强度聚焦超声治疗与护理

一、高强度聚焦超声治疗

(一) HIFU 治疗概述

1. **概念**　高强度聚焦超声(high intensity focused ultrasound,HIFU)的治疗源为超声波;与太阳灶聚焦阳光在焦点处产生巨大能量原理类似,该技术将体外低能量超声波聚焦于体内靶区,在肿瘤内产生瞬态高温效应(60℃以上)、空化效应、机械效应、超声生化等生物学效应,使肿瘤组织凝固性坏死,瞬间失去增殖、浸润和转移的能力,并最终被机体吸收。

2. **起源和发展**　早在20世纪50年代,美国 Fry 兄弟就已提出了用聚焦超声治疗肿瘤的概念并进行了相应的实验研究,但局限于相关配套技术的落后,其发展的进程远不及超声诊断那般迅猛。20世纪90年代后,随着相关技术如影像诊断、计算机技术的不断进步,聚焦超声治疗技术才不断发展起来,HIFU 的重新崛起已成为超声医学发展史上的一个新亮点。高强度聚焦超声,又称为海扶刀(HIFU),但并非人们想象中的一把实体刀,是一种无创治疗的新技术。HIFU 是用于临床无创性"切除"实体肿瘤的大型医疗设备,该设备涉及医学、生物医学工程、声学、自动化控制、计算机、精密机械制造等多项技术。这个过程是不可逆的,达到"消融"的目的,杀死靶区内的肿瘤细胞,也就是通常意义上的"切除",不需多次治疗,是一次性手术的概念。

3. 治疗机制

(1) 热效应:目前公认的能杀死或损伤细胞的主要原因是 HIFU 产生的局部高温效应。灭活肿瘤细胞的临界温度为 42.6~43.0℃,而正常细胞为 45℃。早期的温热疗法是利用癌瘤在组织学上的血流灌注缺陷及对超声的吸收及散热系数的不同行肿瘤治疗,而 HIFU 聚焦的超声束不仅具有同样的功能,而且能在焦点达到很高的声强,使声能迅速被组织吸收并转化为热能,在局部瞬间产生 60℃ 以上的高温,照射时间不足 1s 肿瘤细胞即可发生凝固性坏死,达到热消融的目的。HIFU 可致组织细胞发生凝固性坏死、溶解性坏死、裂解性坏死及变性等。组织坏死具有明显的病理形态学改变,而变性尽管在光镜下形态学变化不明显,但细胞也已丧失功能,达到抑制肿瘤生长的作用。

(2) 空化效应:超声强度过高时,由于声压幅值很大,正负压交替出现,组织内部微小气泡在这种正负压作用下发生压缩、膨胀而破裂,引起能量释放及局部温度瞬时升高,导致细胞坏死,微观上发生了机械牵拉和热损伤的结合。但是空化效应是随机产生的,组织破坏更容易发生在有微气泡的邻近区域。组织破坏不均匀,无法对整个靶区进行彻底治疗。

(3) 机械效应:是指体内受到超声作用的组织细胞分子结构的高频振荡,强烈变化的力学作用即机械效应引起细胞溶解、功能改变、DNA 大分子降解及蛋白质变性,并可造成细胞间黏滞系数降低,导致细胞分离脱落。

(4) 其他作用机制:可作为肿瘤综合治疗的一部分。热疗对放疗有增敏效应,主要是因为热疗对血供较差的乏血、乏氧的肿瘤细胞及 S 期细胞更容易产生热蓄积作用而将其破坏,提高放疗的效果,联合使用可减少放疗剂量。很多化疗药物对血供少和代谢静止期的组织细胞不敏感,热疗弥补了化疗的不足,使更多肿瘤细胞进入增殖周期,有利于化疗药物发挥更好的疗效。

(二) HIFU 治疗原则

1. 适应证　肝脏肿瘤、骨肿瘤、乳腺肿瘤、胰腺癌、肾脏肿瘤、软组织肿瘤、子宫肌瘤、良性前列腺增生和前列腺癌、具有良好超声通道的腹膜后或腹盆腔实体肿瘤。

2. 禁忌证　有以下情况之一者禁行 HIFU 肿瘤治疗:

(1) 含气空腔脏器的肿瘤。

(2) 中枢神经系统肿瘤。

(3) 治疗相关区域存在皮肤破溃或感染时。

(4) 无安全声通道者。

(5) 超声治疗的通道中存在腔静脉系统栓子时。

(6) 超声治疗的通道中存在显著钙化的动脉血管壁时。

(7) 有重要脏器功能衰竭的患者。

（8）有严重凝血功能障碍的患者。

（9）不能耐受相应麻醉的患者或在镇痛镇静下治疗,不能俯卧 1h 者。

（10）机载定位影像系统不能清晰显示的肿瘤。

（11）合并盆腔或生殖道急性或亚急性期感染。

（三）HIFU 治疗方法

1. 定位 根据不同适应证,患者取不同体位,身体承重部位要有软垫保护。机载影像引导定位后固定体位。

（1）确定病灶的位置、大小及超声影像特征:明确病灶三维径线,同时确定病灶与周围结构组织的毗邻关系。

（2）判断声通道安全性:声通道是指治疗超声所经过的路径。超声波穿过声通道内组织汇聚于焦域,由于超声波在空气和骨骼界面会形成强反射,能量沉积在界面上会形成损伤。因此如肠道、肋骨、耻骨联合出现在声通道内,有可能出现损伤。在严格肠道准备、去除肠道气体的基础上,设法将肠道推挤至声通道外或进一步挤出肠道内气体;肋骨、耻骨联合出现在声通道内时,需要通过调节治疗节奏来降低出现并发症的风险。

2. 制订消融治疗计划 选择便于观察病灶与周围组织结构位置关系的矢状位或轴位,作为引导影像的扫描方向,在靶肿瘤的左右径或上下径的基础上以层间距 5mm 制订分层治疗计划,扫描范围为靶肿瘤的左右径或上下径的基础上再于两端各加 5mm。增加范围的目的是帮助更好地确定病灶的边界,确定治疗的范围。恶性肿瘤的局部根治应按外科切除范围制订消融范围。

3. 消融治疗

（1）扫描方式:根据治疗计划选定治疗层面,选择扫描辐照方式为点扫描或线扫描。

（2）起始治疗层面和起始治疗区域的选择:选择合适的起始治疗层面或区域开始治疗,一般选择病灶最大层面开始治疗。

（3）治疗剂量与调节:在对每个层面深面进行首次治疗时,或在任何一个点拟采用一个新的高剂量时必须先进行剂量的试探,如出现下肢放射痛、会阴部疼痛等不良反应,则必须根据相应反应进行调整。先治疗病灶的深面,后治疗其浅面,目的是保证病灶深面投入足够能量,以免深面残留。

二、高强度聚焦超声治疗患者的护理

（一）HIFU 治疗前护理

1. 患者要保持情绪稳定,消除紧张、焦虑的情绪,针对患者所关心的 HIFU 治疗安全性,对疼痛恐惧、预后情况等问题,做好心理护理和治疗前宣教。

（1）讲解 HIFU 治疗原理,说明 HIFU 是非侵入性治疗、创伤小、副作用少和术后恢复快。

（2）麻醉方式:镇静、镇痛。

（3）讲解治疗过程,从中可给患者估计治疗大致需要的时间。

（4）治疗前护理配合工作:皮肤准备、胃肠道准备和饮食指导。

（5）治疗后的配合工作：进食时间和下床活动时间。

2. 治疗区定位　患者治疗前在治疗床上置于治疗时的体位,用 HIFU 机载显像超声了解肿瘤位置和其毗邻关系,包括肿瘤与皮肤和各相邻脏器之间的距离,并根据超声图像调整体位,指导获得最佳体位。详细记录该体位的有关情况,如是什么体位、是否向某个方向倾斜和倾斜角度以及固定带的位置等,以便治疗前能准确、快速地安置体位。定位目的是确定肿瘤的位置和毗邻关系,选择声通道及治疗时的体位和治疗头,确定是否需要辅助措施,使 HIFU 治疗更加有效。

3. 治疗区皮肤准备

（1）备皮方法：治疗区域皮肤给予清洁,剃去毛发；并用肥皂水清洗该区域皮肤,以便去除污垢。清洗时不可用力过猛,使皮肤产生红肿,保持治疗区域皮肤保持完整,无破损,以免影响治疗；皮肤上有标记者,清洗时应注意保护标记。备皮范围根据肿瘤部位和大小而定,备皮范围最少要超过肿瘤边缘 8cm。

（2）常见肿瘤的备皮范围

1）四肢骨、软组织肿瘤：超过病灶上、下界各 10cm,一般多为整个肢体备皮。

2）肝癌、胰腺癌及其他腹腔肿瘤：上起乳头水平,下至耻骨联合,两侧到腋后线。

3）乳腺癌：上起锁骨上部、下至脐水平,两侧至腋后线,并包括同侧腋窝部。

4. 胃肠道准备

（1）常规胃肠道准备：治疗当天开始禁食、禁饮(不禁药)。其目的是防止麻醉中呕吐物误吸入气管导致窒息。

（2）特殊胃肠道准备：邻近胃肠道的肿瘤患者。

1）饮食：治疗前 3d 进无渣饮食,避免产气食物；治疗前 2d 进流质,应保证足够营养的供给,治疗前 1d 进少量流质,同时静脉给予营养支持。

2）导泻：治疗前 1d 傍晚口服导泻药物,如复方聚乙二醇电解质散 3 包。

3）灌肠：治疗当天早晨 6 点给予灌肠。其目的是彻底清除滞留在结肠中的粪便,排除肠道内的积气。肠道准备干净的标准：灌肠次数由灌肠后排出便的形状决定,直至排泄物无粪渣,通常是黄色清亮的排泄物。注意防止患者脱水、虚脱。

5. 治疗当天早晨

（1）嘱患者起床洗漱。

（2）遵医嘱留置尿管：子宫肌瘤及盆腔病灶的患者需要留置导尿,目的是在定位和治疗过程中,控制膀胱内的液体量,以便改善超声通道。

（3）遵医嘱留置胃管：可能伤及胃部的治疗需要留置胃管,便于排出胃内气体和胃液,避免胃的扩张；观察胃液性状和量,了解治疗时有无胃损伤。

（4）给予患者心理护理,穿好病号服、戴好手腕带,携带病历资料准备送入 HIFU 治疗室。

（二）HIFU 治疗后的护理

1. 观察患者神志变化情况。

2. 给予氧气吸入、心电监护仪监护生命体征。通过调整氧浓度和氧流量,使 SpO_2 保持在 95% 以上。吸氧及监护 24h 后,生命体征平稳后即可停止吸氧和心电监护。

3. 妥善固定各种管道,保持其通畅,并进行交接班。肿瘤邻近胃时要观察引流液性状,如颜色和量,以便观察有无胃损伤。子宫肌瘤治疗结束后,遵医嘱用冰生理盐水 200mL 灌注膀胱,灌注盐水在膀胱内保留 10min 后放出,每 15min 灌注 1 次,共 2~4 次。

4. **通常治疗区皮肤温度观察**　皮肤温度高于正常皮温且皮肤完整的情况下,给予间断冰敷。治疗区皮温较高,血供较好。间断冰敷(冰袋)敷 15~30min,间歇 15min,根据其皮温、水肿情况冰敷 24h,直至治疗区皮温接近正常皮温。冰敷时应注意防止皮肤冻伤。

5. **饮食**

(1) 治疗后患者常规禁食、禁饮 4h,然后可进流质,并逐渐恢复到正常饮食。

(2) 胰腺癌患者:治疗后禁食、禁饮 24h,术后、次日晨、72h 分别监测血糖、血淀粉酶、尿淀粉酶变化。当 24h 患者腹部体征阴性、血尿淀粉酶正常、血糖正常时方可进食。首先进食流质,若无不良反应可遵医嘱恢复正常饮食。

(三) HIFU 治疗并发症预防及护理

1. **发热**　发热患者按发热患者体温测量的原则处理,体温正常者 1 次 /d。

2. **疼痛**　患者会出现治疗区疼痛,应观察治疗区疼痛的部位、性质、持续时间。如特别疼痛可以告知医生使用镇痛药。

3. **治疗区皮肤情况观察及处理**　部分患者有皮肤灼伤,表现为Ⅰ度和Ⅱ度灼伤。Ⅰ度表现为局部红肿,无水疱、无划痕和皮肤完整,不做处理,保持其清洁和干燥;防止皮肤进一步损伤。Ⅱ度灼伤常表现有数条灼痕,伴有水疱,告知医生后,遵医嘱予以相关处理。

三、高强度聚焦超声治疗与护理 PBL 案例

胰腺癌

━━━━━●　第一幕　●━━━━━

赵先生,56 岁,既往有胰腺炎史 20 年、吸烟史 30 年。近 1 个月无明显诱因出现中上腹胀痛,疼痛发生时间不固定,夜间屡次被痛醒,胃纳差,体重也逐渐下降,遂入院就诊。入院后查体:左上腹有压痛感。上腹部平扫 CT 检查示:胰腺头颈部占位伴肝内多发转移;腹腔少量积液;门诊拟胰腺癌伴肝内多发转移收治入院。入院后患者完善相关检查后,准备行 HIFU 治疗。赵先生沮丧地说:"我同事天天喝酒吸烟什么问题都没有,我怎么就摊上这个病,中彩票没我的份,这倒霉的病倒是一来一个准。"护士小陈听后立即给予赵先生进行了心理疏导,并将成功案例分享给赵先生,告知 HIFU 治疗的目的及预后情况。治疗当天护士小陈给予赵先生完善了 HIFU 前准备,留置了胃管。谁知患者突然出现心跳加速、冒冷汗、发抖、全身无力等不适:"医生啊,我怎么突然觉得心慌,身上出了这么多汗!"经过医生的检查,发现血糖只有 2.0mmol/L,再结合患者全身发抖的症状,医生判定为低血糖。于是对患者进行了对症处理。

📖【学习目标】

1. 掌握　HIFU 的术前准备。

2. 熟悉　低血糖的定义及症状。

3. 了解

(1) 发生低血糖的处理原则。

(2) 患者做 HIFU 时的心理变化。

━━━━━━ 第二幕 ━━━━━━

赵先生经过抢救,恢复了血糖正常值,接下来开始进行 HIFU 治疗,患者进入 HIFU 室后,四处张望,神情焦虑:"护士,我听说这个治疗很痛的,时间又很长,我心里好怕哦!我是最怕疼的。"护士小王说:"赵先生,您放心,治疗过程中您只要按照医生的话做好配合很快就好了,就跟做 B 超一样的,不疼",并嘱其放松不要紧张。开始进行高强度超声聚焦治疗,治疗结束后赵先生说"感觉没那么恐怖,就睡了一觉,醒过来,治疗就结束了"。

📖【学习目标】

掌握　HIFU 治疗的术中护理要点。

━━━━━━ 第三幕 ━━━━━━

赵先生 HIFU 治疗后安返病房,责任护士小陈立即进行了评估工作,结果示:神志清,能自行活动,体温及治疗区域皮肤温度正常,主诉全身寒战怕冷。小陈护士立即通知医生,遵医嘱给予赵先生治疗区皮肤继续冰敷,静脉滴注0.9%氯化钠溶液＋生长激素释放抑制激素。赵先生疑惑地问道:"护士小姐,我现在自己能上厕所,为什么导尿管还不拔掉?皮肤也没有觉得很烫呀,冰袋用着我更冷,不要用!不要用!拿走!"护士小陈很有耐心地向赵先生解答了所有疑问,赵先生听后配合护士进行了相关治疗。当天赵先生胃管留置通畅,无血性液体引流出,24h 尿量 2 100mL,生命体征平稳。

HIFU 治疗后、次日晨、72h 后,检测赵先生的血糖、血和尿胰淀粉酶都正常,小陈护士遵医嘱予以拔除胃管,饮食逐步过渡到普食。床位医生评估赵先生情况后决定予以出院,并做好出院指导。

📖【学习目标】

1. 掌握

(1) HIFU 的术后护理要点。

(2) HIFU 术后的常见并发症及护理措施。

2. 熟悉　胰腺癌 HIFU 术后患者的健康教育。

第三节　肿瘤中医治疗与护理

一、中医治疗

1. 中医治疗概述　中医学是以中国汉族创造的传统医学为主的医学,是研究人体生理、病理以及疾病的诊断和防治等的一门学科。中医学以阴阳五行为理论基础,将人体看成气、形、神的统一体,通过"望闻问切"四诊合参的方法,探求病因、病性、病位,分析病机及人体内五脏六腑、经络关节、气血津液的变化,判断邪正消长,做出诊断、归纳出证型,以辨证论治原则制定"汗、吐、下、和、温、清、消、补"等治法,使用中药、针灸、推拿、按摩、拔罐、气功、食疗等多种治疗手段,使人体达到阴阳调和而康复。

(1) 中医学理论体系的形成与发展:中医学发源于先秦,其理论体系形成于战国到秦汉时期。中医学理论体系形成的标志是《黄帝内经》的问世。《黄帝内经》吸收了秦汉以前的天文、历法、气象、数学、生物、地理等多种学科的重要成果,在气一元论、阴阳五行学说指导下,总结了春秋战国以前的医疗成就和治疗经验,确定了中医学的理论原则,系统地阐述了生理、病理、经络、解剖、诊断、治疗、预防等问题,建立了独特的理论体系,在理论上建立了中医学上的"阴阳五行学说""脉象学说""藏象学说""经络学说""病因学说""病机学说""病症""诊法"、论治及"养生学""运气学"等,成为我国医学宝库中成书最早的一部中医理论性经典著作,同时是研究人的生理学、病理学、诊断学、治疗原则和药物学的医学巨著。《神农本草经》是秦汉时期众多医学家搜集、总结了先秦以来丰富药学资料而成书的,该书载药365种,至今尚为临床所习用,它的问世标志着中药学的初步确立,是现存最早的药学专著。《伤寒杂病论》是一部论述外感病与内科杂病为主要内容的医学典籍,东汉末年张仲景把疾病发生、发展过程中所出现的各种症状,根据病邪入侵经络、脏腑的深浅程度,患者体质的强弱,正气的盛衰,以及病势的进退缓急和有无宿疾等情况加以综合分析,寻找发病的规律,以便确定不同情况下的治疗原则。该书创造性地把外感热性病的所有症状归纳为六个证候群和八个辨证纲领,以六经(太阳、少阳、阳明、太阴、少阴、厥阴)来分析归纳疾病在发展过程中的演变和转归,以八纲(阴阳、表里、寒热、虚实)来辨别疾病的属性、病位、邪正消长和病态表现。《伤寒杂病论》系统地分析了伤寒的原因、症状、发展阶段和处理方法,创造性地确立了对伤寒病"六经分类"的辨证施治原则,奠定了理、法、方、药的理论基础。

《黄帝内经》的成书,实际上标志着中医学基本理论的确立,它与张仲景的《伤寒杂病论》分别是中医学基本理论和辨证论治的奠基之作。二者与《神农本草经》《难经》一起,被历代医家奉为经典,由此而确立了中医学独特的理论体系,给后世医学的发展以深远的影响。

(2) 中医治疗基本特点:中医具有完整的理论体系,其独特之处在于"天人合一""天人相应"的恒动观、整体观与辨证论治的特点。

人是自然界的一个组成部分,由最基本的物质(命名为"气")以及其运动(包括两种不同趋势的基本运动——阴和阳)构成。阴阳二气相互对立而又相互依存,并时刻都在运动与变化之中。在正常生理状态下,两者处于一种动态平衡之中,一旦这种动态平衡受到破坏,即呈现为病理状态。而在治疗疾病,纠正阴阳失衡时并非采取孤立静止的看待问题的方法,多从动态的角度出发,即强调"恒动观"。

人体各组织、器官共处于一个统一体中,不论在生理上还是在病理上都是互相联系、互相影响的,因此从不孤立地看待某一生理或病理现象,头痛医头,脚痛医脚,而多从整体的角度来对待疾病的治疗与预防,特别强调"整体观"。

运用望、闻、问、切的诊断方法,收集患者的症状、体征以及病史有关情况,进行分析、综合、辨明病理变化的性质和部位,判断为何种性质的"证候",这个过程就是"辨证"。"论治",就是在辨证基础上,根据正邪情况而确立的治疗法则。因此辨证是治疗的前提和依据,论治是治疗疾病的手段和方法,亦为辨证的目的,又是对辨证正确与否的检验。

(3) 中医学的基本理论

1) 精气学说:气是构成天地万物的原始物质。气的运动称为"气机",有"升降出入"四种形式。由运动而产生的各种变化,称为"气化",如动物的"生长壮老已",植物的"生长化收藏"。气是天地万物之间的中介,使之得以交感相应。如:"人与天地相参,与日月相应"。天地之精气化生为人。

2) 阴阳学说:阴阳是宇宙中相互关联的事物或现象对立双方属性的概括。最初是指日光的向背,向日光为阳,背日光为阴。阴为"体",阳为"用"。阴为有形之"体",阳为无形之"用"。阴阳的交互作用包括:阴阳交感、对立制约、互根互用、消长平衡、相互转化。

3) 五行学说:五行学说是中国古代哲学的重要成就,五行即木、火、土、金、水,但是这并不代表五种物质,而是物质的五种属性。五行于中医则体现了具备这五种属性的人体五大系统的相互关系。木、火、土、金、水这五个符号分别代表肝、心、脾、肺、肾所统领的五大系统。中医不是研究微观的病毒、细菌如何作用于人体的理论,而是研究人体整体的各系统之间的关系,并且通过中药、按摩、针灸,甚至心理作用去调节各系统之间的平衡,以此保持身体健康。五行的交互作用包括:相生、相克、制化、胜复、相侮、相乘、母子相及。

4) 藏象学说:藏指人体内的五脏六腑、奇恒之腑,通称为脏腑。象一指"形象",即脏腑的解剖形态;二指"征象",即脏腑表现于外的生理病理;三指"应象",即脏腑相应于四时阴阳之象。透过外在"象"的变化,以测知内在"藏"的生理病理状态,称为"以象测藏",即"视其外应,以知其内脏"。"脏腑"不单是解剖形态的概念,而是包括解剖、生理、病理在内的综合概念。五脏:指肝、心、脾、肺、肾,一般笼统功能为"化生和储藏精气"。六腑:指胆、胃、大肠、小肠、膀胱、三焦,一般笼统功能为"腐熟水谷、分清泌浊、传化糟粕"。奇恒之腑:指"脑、髓、骨、脉、胆、女子胞"。

5) 气血津液学说:气、血、津液是构成和维持人体生命活动的基本物质。气的生成源自先天与后天。禀受于父母的精气,称为"先天之气"。肺吸入自然的清气,与脾胃运化水谷产生的水谷之气,合称为"后天之气"。气有推动、温煦、防御、固摄、气化、营养等作用。人体的气可分为元气、宗气、营气、卫气、脏腑之气、经络之气。气的"升降出入"运动失常,称为"气机不调"。其表现形式有气滞、气郁、气逆、气陷、气脱、气闭等。

6) 经络学说:经络是人体运行气血、联络脏腑形体官窍、沟通上下内外的通道。经络系统包括十二经脉、十二经别、奇经八脉、十五别络、浮络、孙络、十二经筋、十二皮部等。经络在中医学的重要性正如《扁鹊心书》所说:"学医不知经络,开口动手便错。盖经络不明,无以识病证之根源,究阴阳之传变。"

7) 病因学说:病因分为五类,即外感病因,包括六淫(风、寒、暑、湿、燥、火)和疠气。内伤病因,包括七情(喜、怒、忧、思、悲、恐、惊)、饮食失宜、劳逸失度。继发病因,包括痰饮、瘀血、结石。其他病因,包括外伤、寄生虫、胎传、诸毒、医过。邪气与正气交战,决定发病及疾病的发展变化。又称为"正邪分争"。"邪气"泛指各种致病因素,"正气"指人体的自我修复调节能力、适应环境能力、抗病能力等。"正气不足"是发病的内在依据,即"邪之所凑,其气必虚""正气存内,邪不可干"。体质、情志、地域、气候等,与发病有密切关系。病机是疾病发生、发展与传变的机理,又称"病理"。基本病机包括:邪正盛衰、阴阳失调、气血失常、津液代谢失常。内生五邪包括:风气内动、寒从中生、湿浊内生、津伤化燥、火热内生。病位传变包括:表里出入、六经传变、三焦传变、卫气营血传变、脏腑传变等。病性转化包括:寒热转化、虚实转化等。

2. **中医治疗原则** 祖国医学认为:"治病必求于本"(《素问·阴阳应象大论》)。本,本质、本原、根本、根源之渭。治病求本,就是在治疗疾病时必须寻找出疾病的根本原因,抓住疾病的本质,并针对疾病的根本原因进行治疗。它是中医辨证论治的根本原则,也是中医治疗中最基本的原则。除此之外,中医治疗原则还包括:

(1) 治有标本:也就是治病求本,通过症状(标)来找到病的因(本)。

(2) 治有缓急:指有时以治本为急,有时则应以治标为急。

(3) 有轻重:指病轻、病重应以元气是否亏损为标准,而不能光看表象。

(4) 治疗须辨幼体质:根据患者的年龄、体质来考虑用药分量的轻重。

(5) 治疗用药不可偏执:要具体病症具体分析,不能凭个人喜好。

(6) 虚实的治疗原则:指治疗时的"攻"与"补"要相结合。

3. **中医治疗方法** 中医治疗八法包括:汗法、吐法、下法、和法、温法、清法、消法、补法。

(1) 汗法:通过身体的排汗而把外感六淫之邪排出体外。汗法主要用于治疗表证,凡病变部位在皮肤、肌肉、经络,主要表现为发热、恶寒、舌苔薄白、脉浮等,感冒伤风以及各种传染病的初起均属于表证。汗法有辛温和辛凉的区分,而疾病和患者的体质也有所不同,因此运用汗法时需要辨证施治。

(2) 吐法:通过患者的呕吐使积聚在胃脘、胸膈、咽喉等部位的毒物和痰等物质得以排出。一般采用给患者服用催吐药或者使用刺激让患者呕吐的方法。

(3) 下法:通过大便或小便的排出而治疗疾病的一种方法,它所采用的药物主要有润下、泻下、攻逐的作用,使积聚于肠内的宿食、瘀结、瘀血、实热和水饮等得以排出。

(4) 和法:是一种使用比较广泛的治疗方法,通过运用和解或调和的方法,来达到治疗疾病的目的。和解主要是治疗一些处于半表半里的疾病,而调和是指调节人体的生理功能和机能,所以能够治疗的疾病种类比较多,比如肝脾不和、气血阴阳不和、肠胃不和、营卫不和等。

(5) 温法:是治疗里寒证的一种方法,主要作用是祛寒邪,使阳气恢复。经常使用一些温热药物。温法根据寒病发生的部位不同而分为三种,即温经散寒、温中祛寒和回阳救逆。

(6) 清法:是治疗里热证的一种方法,它所用的是寒凉的药物,一般这些药物具有清热解毒的作用。根据里热证种类不同而产生很多治疗方法,比如清气分热、清营凉血、气血两清、清热解毒等,这些方法在治疗温热病时的效果最佳。清法经常和生津、益气的药物配伍,因为里热病容易伤津耗液、伤气。清法还经常和滋阴等方法并用,这样才能起到更好的效果。

(7) 消法:治疗体内气、血、食、水、疾、虫等聚集而成的瘀结,并通过提高人体的消化能力来治疗这些病症。由于消法主要治疗处于经络、脏腑、肌肉之间的积块,而这些疾病的来势比较缓慢,所以用消法治疗疾病需要有耐心和毅力。

(8) 补法:是对身体进行补养的治疗方法,一般是补充体内气血阴阳、脏腑的虚损。补法以补虚为主,还能起到扶正祛邪的作用。经常采用的补法为补气、补血、补阳、补阴、气血双补和阴阳双补等。

二、中医治疗患者的护理

1. **中医护理概述** 中医护理学是以中医理论为指导,运用整体观念,结合预防、保健、康复和医疗等措施,采用独特的传统护理技术,对患者及老、弱、幼、残者开展辨证护理的一门应用学科。

我国现存最早的医学典籍是《黄帝内经》。东汉末年的张仲景开创了辨证施护先河,其代表作《伤寒杂病论》论述了对疾病的辨证施护理论和措施。《伤寒杂病论》中对中医护理操作技术也有详细的论述,如熏洗法、烟熏法、坐浴法、点烙法、外掺法、灌耳法等,尤其是张仲景首创了猪胆汁灌肠法。在养生健身方面,三国时期的名医华佗倡导的"五禽戏",模仿虎、鹿、猿、熊、鸟 5 种动物的姿态动作,把体育与医疗护理结合起来,是最早的康复护理方法。清代名医钱襄的《侍疾要语》是现存最早的中医护理专著。

中医护理是从整体观出发,通过望、闻、问、切四诊收集患者有关疾病发生、发展的资料,进行整理、分析、综合,辨明病因、病机和病位,判断为何种性质的证,从而制订相应的护理计划与护理措施的过程。其基本特点是辨证施护。

2. **中医治疗前护理** 中医诊病讲究望、闻、问、切四诊,其中望诊是诊病的首要环节,它包括望精神状态、望面部气色、望舌苔、望舌质、望唇甲等诸多方面,它是患者留给医生的最初印象,对其余三诊有非常重要的参考价值。

(1) 中医讲究望闻问切,当面诊断为宜:中医看病须望闻问切,四诊合参,讲求个体化辨证治疗,绝不是说一两种症状或一半个病名便可以处方用药,只有经过全面的诊断和细致的辨证之后,处方用药才不致有失。

(2) 不宜饭后就诊:饭后不但脉多洪缓,而且舌变薄,舌质变红,加上有些食物容易使舌苔变色,这样会导致医生误诊(就诊最好在饭后 1h),最好清晨尚未刷牙前就诊。

(3) 剧烈运动后不宜就诊:剧烈运动后人体处于亢奋状态,会影响医生切脉,掩盖疾病的其他表现。应该休息 30min 左右,待患者气血平静时才就诊。

(4) 看中医前不要"添色":找中医看病前最好不要化妆,因为化妆会掩盖真实的面色,从而影响望诊的进行。也不宜吃带有色素的食物,因为色素会使舌苔染上相应的颜色,从而不利于舌象的判断。

(5) 切莫轻易"动"舌头:"望舌"是中医望诊的一个重要内容,医生希望能够看到患者真实的舌苔、舌色。有些患者早晨刷牙时拼命用牙刷刮舌面,目的是想给医生看一个漂亮的舌头,恰恰因为这样才让病看不明白、不准确。伸舌头时应该放松、自然,舌面充分展开,舌长的 1/3 伸出口外为宜。

(6) 看中医前不宜吃的食物:不宜喝牛奶、豆浆等乳白色食品,喝牛奶、豆浆等制品易使舌苔变白腻,不利于中医师观察,造成误诊。不宜喝咖啡、吃橘子等黄色食物,咖啡、橘子都是带有色泽的饮品和食物,吃这些东西会令舌苔发黄,易造成误诊。不宜吃花生、瓜子、核桃,瓜子、核桃以及花生不能在问诊前吃,因为这些含脂肪多的食品也会使舌苔白腻,使医生误诊。不宜吃橄榄、乌梅、杨梅等深颜色食品,深色食物往往容易使舌苔变黑,造成误诊的概率也会增加。不宜饮酒、吃辣椒或吃过热过冷的食物,酒、辣椒等属于热性,进行中医问诊前千万不能喝酒,因会使气血运行加快,舌质变红,舌苔减少,脉搏增加,影响对疾病的诊断。

3. **中医治疗后护理**　中医治疗后患者正气渐复,邪气已衰,脏腑功能逐渐恢复,病情好转,已趋于痊愈时期的调护。在这个时期,由于脏腑功能尚未完全恢复,气血尚未平复,因此应加强患者情志护理,给予合理的饮食调护,鼓励适当锻炼以增强体质,使病邪彻底清除,脏腑功能完全恢复。若护理不当,易使病邪在体内复燃,导致脏腑气血紊乱,阴阳失调,而使疾病复发。因此,做好病症后期的调护指导十分重要。

(1) 防止因风邪复病:风邪,泛指六淫之邪。大病初愈之人气血未复,正气尚虚,机体的卫外防御功能低下,常易感受六淫之邪而引起疾病的复发。因此,做好起居、饮食等方面的护理,对于防止虚邪贼风的侵袭有着十分重要的意义。

1) 扶正护卫:卫气来源于脾胃运化的水谷精微。人体的卫气布散于体表,又依赖于肺气的宣发,其功能之一是抵御六淫之邪而避免疾病入侵。病后初愈时要扶助正气,增强体质,提高机体卫外抗病能力,具体措施如下:①合理饮食,加强营养,补益脾肾。②利用日光晒浴背部或全身,以补人体的阳气。除冬季外,一般以晨起阳光温煦不烈为日光浴最佳时间,机体通过与冷空气经常接触,可提高卫气的反应能力。③进行适当的锻炼,如散步、慢跑,气功、太极拳等,以增强体质。④制订合理的作息时间。春夏之季,天气由寒转暖、由暖转热,应早起床,广步于庭,使阳气更加充沛;秋冬之季,气候由热转凉而寒,应早卧晚起,使阳气内藏不致外泄。⑤注意节气的变化,预防感冒。

2) 慎避风邪:患者在病后恢复阶段,气血阴阳平衡渐渐恢复,适应能力较弱,生活起居应做到顺应四时。具体措施如下:①根据四时寒热温凉气候变化而随时增减衣被,以防风寒之邪的侵入。如春季不可遇天气转暖而顿减衣被,夏天炎热不能纵意当风,以防"贼风"所袭。冬天严寒,不可轻出,以免触冒风寒。②保持居室内适宜的温度、湿度,以防风邪相兼他邪而复感。③做好个人卫生,汗出后及时更衣,防止复感外邪。

(2) 防止因食复病:脾胃为后天之本,气血化生之源。病后初愈,余邪未尽,脾胃虚弱,不可强食、纵食、暴食,否则因饮食不节导致疾病的复发,即所谓食复。《素问·热论》所说:"病热少愈,食肉则复,多食则遗,此其禁也。"

1) 合理膳食:由于病后初愈者具有阴阳平衡不稳及正虚邪恋的特点,在饮食调补时应防止偏补太过或因补滞邪。因此要求做到以下几点:①饮食结构合理,荤素搭配,营养丰富;②饮食宜清淡、易消化,少食多餐,定时定量;③饮食应卫生,避免生冷、炙煿、坚硬、不洁饮食;④辨证施养,如寒病者偏于温养,但不宜过燥;热病者,应防其过寒。

2) 注意忌口:对于病后初愈之人,由于病邪余焰未熄,所以凡有属于增邪伤正的饮食,皆应忌口。如热病者忌食温燥辛辣之品,瘾疹者忌食鱼虾海鲜等。

(3) 防止因劳复病:劳复是指病后初愈,因形体劳倦、劳神劳心及劳房过度等引起疾病的复发。

1) 防形体劳倦:病后初愈之人应量力而行,进行必要的形体活动,如散步、打太极拳等,使气血流畅,有助于彻底康复。但应以"小劳不倦"为原则。

2) 防劳神劳心:劳神劳心过度,会伤及心脾两脏,耗尽气血。所以,应及时消除各种不良致病因素,让患者安心静养。调整生活作息,做一些轻微的体力劳动和脑力劳动,保持心情舒畅。

3）防劳房复病：病后初愈，应分别对患者及其配偶强调，在身体完全康复之前宜静养，不犯劳房，以免肾精损伤而致病情反复。

（4）防止因情复病：情志所伤可引起气机紊乱，脏腑气血阴阳失调，直接导致相应的脏腑发生疾病。在病症后期应注意调畅患者的情志，以免因情复病。

1）保持心情舒畅：病症后期，脏腑功能恢复需要一段时间，患者容易产生急躁等不良情志，这些不良刺激都可以影响脏腑功能，从而使病情加重。因此，要耐心、细致地做好疏导、解释、宣教工作，使患者树立乐观情绪，保持心情舒畅，正确面对疾病和人生，学会在生活中调节自己的情绪。

2）避免情志过激：七情变动影响气机，七情过激损伤五脏。患者在休养期间如果出现情志变动和过激，可使病情加重或迅速恶化。因此在病症后期，应保持心情开朗、豁达乐观，使五脏安和，气机调畅，促进疾病向愈。避免七情过极，使病情加重。

4. 中医治疗并发症的预防及护理　中医适宜技术在肿瘤护理中主要用于症状管理，用于改善肿瘤患者恶心、呕吐、疼痛、失眠、便秘、脱发等不适症状。主要的中医护理措施包括穴位敷贴、耳穴埋豆等，能有效地缓解或减轻肿瘤患者的不良反应及痛苦。

（1）穴位敷贴技术操作并发症的预防及处理：穴位敷贴技术是将药物制成一定剂型，敷贴到人体穴位，通过刺激穴位，激发经气，达到通经活络、清热解毒、活血化瘀、消肿止痛、行气消痞、扶正强身作用的一种操作。该中医技术常见并发症包括：

1）过敏反应：发生原因主要包括患者本身属易过敏体质，贴敷的中药中含有使皮肤过敏的成分。主要临床表现为局部皮肤出现红肿、瘙痒、脱皮及过敏性皮炎等异常现象，患者出现呼吸困难、头痛头晕等症状。预防及处理措施包括：尽量避免使用易使皮肤过敏的药物。过敏体质慎用。敷贴部位应交替使用，不宜单个部位连续敷贴。使用敷贴后，出现红疹、瘙痒、水疱等过敏现象时应暂停使用，报告医生，配合处理。

2）感染：发生原因主要包括操作人员未能严格进行无菌操作，患者贴敷部位存在皮肤破损。主要临床表现为局部皮肤红肿热痛，伴或不伴发热。预防及处理措施包括：在实施操作之前须对患者皮肤进行准确评估，判断患者是否适合进行操作。严格按照无菌操作进行。局部皮肤红肿热痛，可在局部使用聚维酮碘消毒。伴发热的患者须密切注意体温的变化，可应用物理降温疗法。必要时遵医嘱使用消炎药。

（2）耳穴埋豆技术操作并发症的预防及处理：耳穴贴压是采用王不留行籽、莱菔子等丸状物贴压于耳廓上的穴位或反应点，通过其疏通经络，调整脏腑气血功能，促进机体的阴阳平衡，达到防治疾病、改善症状的一种操作方法，属于耳针技术范畴。该中医技术常见并发症包括：

1）皮肤过敏：发生原因主要包括患者对使用的胶布过敏。主要临床表现为皮肤出现红肿、发痒、脱皮及过敏性皮炎等异常现象。预防及处理措施包括：操作前，对患者的病情、既往史、过敏史等做好评估工作；杜绝使用易过敏的胶布；皮肤出现红肿、发痒、脱皮等过敏反应时，应及时告知医护人员；注意保持局部皮肤清洁、干燥，避免搔抓；做好病情观察，必要时遵医嘱使用抗过敏药，涂搽中药抗过敏的药物，如炉甘石洗剂。

2）皮肤破损：发生原因主要包括搓动压丸用力过猛。主要临床表现为表皮破损，创面呈现苍白色，并有许多小出血点和组织液渗出。预防及处理措施包括：按压时用力要均匀、柔和,避免过度用力搓动压丸。皮肤破损后可用生理盐水擦洗,或用聚维酮碘棉球消毒伤口。注意保持创面清洁干燥,防止水浸湿伤口。做好病情观察,防止继发感染。

3)感染:发生原因主要包括皮肤破损后继发感染或在有炎症、皮损、溃疡处部位进行耳穴压丸。主要临床表现为局部皮肤或全身性炎症反应。预防及处理措施包括:操作前做好对皮肤情况的评估,避免在有炎症、皮损或溃疡处行耳穴压丸;耳穴压丸过程中如出现压丸破碎、皮肤破损,应立即取下按压物,并告知医护人员;皮肤破损后做好清洁、消毒工作,并保持局部清洁、干燥;做好病情观察,必要时遵医嘱使用抗感染药物。

三、中医治疗与护理 PBL 案例

胃癌

第一幕

患者因"黑便1个月"于4月5日门诊查电子胃镜,病理示:胃体浅表黏膜组织中重度慢性炎,贲门腺体重度不典型增生,癌变。于4月15日行"胃癌根治术＋胆囊切除术",5月20日行奥沙利铂＋亚叶酸钙＋氟尿嘧啶化疗1疗程,6月13日患者要求进一步治疗入院,入院时患者乏力,胃纳差,每天进食约200g,夜寐安,舌淡,苔薄白,脉细,情绪稳定。患者有高血压病史10年,否认药物食物过敏史。护理查体:T 36.5℃,P 76次/min,R 20次/min,BP 125/80mmHg,体重70kg,身高175cm;营养状况一般,自动体位,神志清楚,对答切题,双瞳等大等圆,腹部伤口已完全愈合,全身皮肤黏膜正常,弹性良好,全身浅表淋巴结无肿大。患者焦虑量表评分35分,压力性损伤评分23分,跌倒/坠床评分15分,Barthel指数评定100分。血栓 Padua 评分1分,营养评分3分。

中医诊断:胃积(气血亏虚型);西医诊断:胃癌根治术后。

【学习目标】

1. 掌握 胃癌主要临床证候分型及辨证施治。
2. 了解 胃癌的中医病机。

第二幕

患者住院期间常常胃痛、泛酸、腹胀、便溏、夜不能寐,情绪低落,担心病情复发,整天唉声叹气,不愿与家人、医护人员进行交流。针对这种现象,责任护士积极辨证施护,最终改善了患者的不适症状。

【学习目标】

掌握

(1)胃癌主要证候的护理要点。
(2)胃癌症状改善的中医适宜技术。

第三幕

该患者住院 7d 期间,责任护士遵医嘱给予中成药口服,配合食疗与针对性改善不适症状的中医护理技术,患者入院时乏力、恶心呕吐等不适症状明显改善,经过医护共同评估,达到出院指征,遵医嘱予以出院。出院时,护士认真评估了患者生理、心理与社会状况,制订了完善的出院随访计划。

【学习目标】

掌握 胃癌主要中医健康教育要点。

第九章　肿瘤治疗相关护理技术

第一节　经外周静脉置入中心静脉导管置入及维护技术

一、起源

早在 1929 年,德国医生 Forssmann 在自己身上将一根 65cm 的导管由肘部静脉插入右心房。20 世纪 70 年代,经外周静脉置入中心静脉导管(peripherally inserted central venous catheter,PICC)开始在临床应用;20 世纪 80 年代只用于儿科重症监护室,中长期家庭输液患者;20 世纪 90 年代进入中国。1998 年引入四川大学华西医院。

二、定义

PICC 的置管技术是指经上肢贵要静脉、肘正中静脉、头静脉、肱静脉,颈外静脉(新生儿还可通过下肢大隐静脉、头部颞静脉、耳后静脉等)穿刺置管,导管尖端位于上腔静脉或下腔静脉的导管留置方法。因其操作简捷、使用安全、维护简单、便于长期留置等优势,在临床应用越来越广泛。

三、使用范围

(一) 适应证

PICC 适用于中长期静脉治疗,可用于任何性质的药物输注,不应用于高压注射泵注射造影剂和血流动力学监测(耐高压导管除外)。具体包括:

1. 需要持续中、长期静脉输液,治疗时间超过 7d 者。
2. 需反复输入腐蚀性或刺激性药物,如化疗药物、pH < 5 或 pH > 9 的药物、渗透压高的药(> 900mOsm/L),如高糖、脂肪乳、全肠外营养(TPN),氨基酸等。
3. 外周静脉血管条件差或缺乏外周静脉通路,难以维持静脉输液者。
4. 长期需要间歇治疗者。
5. 危重患者或低出生体重早产儿。

(二) 禁忌证

1. 绝对禁忌证
(1) 上腔静脉压迫综合征(上腔静脉完全阻塞)者。

（2）确诊或疑似导管相关性感染、菌血症或脓毒血症者。

（3）感染性心内膜炎者。

（4）确诊或疑似导管材质过敏者。

2．相对禁忌证

（1）上腔静脉压迫综合征（上腔静脉部分压迫）者。

（2）严重的凝血功能异常者。

（3）乳腺癌根治手术患侧手臂。

（4）预置管部位拟行放疗或有放疗史、血管外科手术史。

（5）血栓性静脉炎、上腔静脉置管血液透析、安装起搏器、置入式心律转复除颤器者。

四、操作流程与步骤

1．环境准备　置管室环境清洁、明亮，紫外线消毒 30min。

2．患者准备

（1）心理准备：通过护士宣教解释，了解置管目的、穿刺过程、注意事项及配合要点，消除紧张情绪。

（2）签署知情同意书。

（3）皮肤准备：将穿刺手臂洗净，更换干净的病号服。

（4）置管前排尿、排便，做好穿刺准备。

3．操作者准备

（1）查对医嘱及知情同意书签署情况。

（2）评估患者：了解患者神志、生命体征、心肺功能等，有无放射、血管手术及血栓形成史等，查相关检验检查结果如血常规、肝功能、凝血功能等。评估患者配合与肢体活动情况。查看预置管部位皮肤、血管有无损伤、感染、瘢痕硬结等，确定穿刺血管。

（3）自身准备：洗手，戴口罩，戴圆帽。

（4）备齐用物，检查所需物品有效期和质量，推车携用物至患者床旁。

4．物品准备　见表 9-1。

表 9-1　PICC 置管物品准备清单

目录	内容
PICC 置管包	1 个，包括治疗碗 1 个（含大棉球 6 个、止血钳或无菌镊各 2 个），治疗巾 1 个，止血带 1 个，大铺巾 1 个，孔巾 1 个，弯盘 1 个（含方纱 4 个、手术剪 1 个、无菌胶贴 3 个、透明敷料 1 个）
PICC 导管	1 个
无菌物品	1mL 注射器 1 支，20mL 注射器 2 支，一次性无菌手术衣 1 包，一次性无粉无菌手套 2 副，无针输液接头 1 个，棉签 1 包
液体和药物	100mL 生理盐水 1 袋
消毒剂	1~2 瓶 2% 葡萄糖氯己定乙醇溶液
其他	治疗车 1 辆，弹力绷带 1 包，医疗垃圾桶和生活垃圾桶各 1 个，锐器桶 1 个，手消液 1 瓶

续表

目录	内容
血管超声引导系统1台	超声引导系统专用针器1套(选配),非无菌与无菌超声探查耦合剂各1支(超声引导下置管需备)
无菌超声套件	导针架,无菌透明超声套,2根无菌橡皮筋
知情同意告知书	1份

5. 置管流程　见表9-2。

表9-2　PICC置管流程

步骤	详细顺序
1. 皮肤消毒	(1) 洗手 (2) 打开PICC穿刺包 (3) 戴无菌手套 (4) 患者手臂下垫无菌巾 (5) 消毒:整个手臂以穿刺点皮肤为中心,螺旋式摩擦消毒3遍并待干
2. 建立无菌区	放好止血带,铺无菌巾,建立最大化无菌屏障,穿隔离衣,戴无菌手套
3. 预冲导管	(1) 抽吸生理盐水,抽取利多卡因 (2) 预冲导管及肝素帽或无针输液接头,检查导管的完整性
4. 套探头、装导针器	(1) 打开超声套件包,在探头上涂抹耦合剂,无菌保护套包裹整个探头及连线 (2) 根据血管深度选择合适导针器,将导针器固定于超声探头上,穿刺针斜面向上放入导针器针槽
5. 穿刺	(1) 扎止血带 (2) 左手持超声探头垂直于血管放置,握探头力度适宜,使血管呈圆形 (3) 操作者眼睛看超声仪屏幕,右手根据图像显示将穿刺针缓慢刺入血管中心 (4) 见回血后降低角度,由针头缓慢送入导丝(必须保证导丝一定的外露) (5) 放下探头,松止血带,撤出穿刺针
6. 局麻及修剪	(1) 利多卡因局部麻醉,手术刀扩皮(避免损伤导丝),沿导丝送入扩张器/血管鞘套件 (2) 根据预测量长度,将导管内导丝撤至预修剪刻度后1cm,剪刀垂直修剪导管 (3) 左手拇指固定插管鞘,示指、中指按压插管鞘末端上方的静脉止血,撤出导丝和扩张器,检查撤出导丝的完整性
7. 送管	(1) 将导管自插管鞘中缓慢、匀速(每次1~2cm)、轻柔地完全送入,置入20cm时嘱患者头转向穿刺侧并低头(下颌贴近肩膀) (2) 退出插管鞘并撕裂,检查回血并撤去支撑导丝 (3) 超声系统查看置管侧颈内静脉以排除导管颈内静脉异位
8. 抽回血及冲管	注射器抽回血,用生理盐水或肝素盐水封管(浓度0~10U/mL)连接肝素帽或无针输液接头
9. 压迫止血与固定	(1) 清洁穿刺点血迹 (2) 在穿刺点上用纱布加压止血 (3) 按需要使用一次性免缝导管固定装置 (4) 无菌透明敷料固定导管,胶带妥善固定 (5) 敷料外注明日期、操作者姓名

续表

步骤	详细顺序
10. 整理用物	
11. 安置患者、宣教	向患者及家属交代置管后的注意事项
12. 确认导管尖端位置	请医生开具 X 线片检查医嘱,确认导管位置(理想位置:PICC 尖端位于上腔静脉与右心房交界处)
13. 记录	(1) 完成有创操作手术记录 (2) 完成护理记录及导管维护记录 (3) 记录穿刺静脉、日期、导管刻度、导管尖端位置、导管型号、生产商及批号

五、观察要点

1. 严格遵循无菌技术操作原则,消毒、铺巾,建立最大化无菌屏障,以穿刺点为中心消毒皮肤,整臂消毒。

2. 避免重复穿刺,推荐使用超声引导穿刺技术,使用超声评估血管情况,并在超声引导下进行 PICC 置管,提高穿刺的成功率,减少并发症。

3. 测量长度要准确,避免导管进入右心房引起心律失常。

4. 导管送入肩部附近,嘱患者向穿刺侧偏头,下颌贴近锁骨上缘,过瘦或无意识患者由助手协助压迫颈内外静脉,防止 PICC 导管误入颈静脉。

5. 送管动作轻柔、缓慢匀速,每次不超过 2cm。如遇送管困难,表明静脉有阻塞或导管位置有误,不可强行送管,防止损伤血管,应退出导管,调整穿刺侧肢体位置或体位,同时舒缓患者紧张情绪,或停止片刻再试行送管。

6. 置管过程中,与患者交流,询问患者不适,严密观察患者病情变化与反应。

7. 连接减压套筒时务必将接头锁紧,防止导管滑脱,导致导管移位引起栓塞。

8. 有凝血功能障碍的患者,密切观察穿刺点,注意改善凝血功能,穿刺点出现出血时及时更换敷料。

9. 非耐高压导管禁用小于 10mL 的注射器冲管或封管,以免压力过大损坏导管。

10. 禁止在导管上贴胶布,以免影响导管强度和完整性。

11. 三向瓣膜式导管露出体外部分及导管固定器(思乐扣)应全部覆盖于透明敷料内,保证导管处于无菌范围之内,减少导管相关性感染发生率。前端开口式导管露出体外部分至圆盘应全部覆盖于透明敷料内。

12. 定时观察穿刺点有无红、肿、热、痛、渗液、渗血或分泌物。穿刺点及 PICC 导管行走周围皮肤组织有无红、肿、热、痛、硬结或变色等。置管侧肢体有无肩膀或颈部酸胀、麻木、疼痛、肿胀、活动受限等。透明敷料是否卷边、松动或污染等。发现异常情况应及时报告,妥善处理,并详细动态记录。

13. 置管后应在护理记录单、PICC 置管记录单、PICC 患者维护手册上详细记录相关信息,如置管日期、时间、置管部位、血管、方式、置管过程、置入长度、外露长度、X 线定位结果等。

14. 做好 PICC 置管患者宣教工作,发给患者 PICC 维护手册,并交代妥善保管,维护时随身携带手册,以便护士查阅和记录。

15. 对免疫力低下、白细胞计数低的易感患者,应加强防护,提高机体免疫力的同时,严密观察病情变化,置管和维护过程中严格执行消毒隔离和无菌操作原则。

16. 护士应识别 PICC 导管置管部位的静脉、动脉和神经的正常解剖位置,置管过程中患者主诉有异常样感觉时,应立即停止置入或小心地拔除导管,并报告医师和做好相关记录。

17. 告知患者留置深静脉导管期间穿刺部位防水、防牵拉;保持局部清洁干燥,不要擅自撕下贴膜,贴膜有卷边、松动,贴膜下有汗液时及时维护,避免置管部位污染。如留置 PICC 导管,置管侧手臂避免过度活动,避免提重物、挂拐杖,衣服袖口不可过紧,不可测血压及行静脉穿刺,避免激烈咳嗽。

六、经外周静脉置入中心静脉导管的维护技术

(一) PICC 维护步骤与流程

中心静脉导管的恰当维护对有效预防导管相关性感染及其他相关并发症有积极的影响,直接影响到导管留置的时间和护理质量。经外周置入中心静脉导管的维护技术主要包括 PICC 维护技术。评分表详见表 9-3。

表 9-3　PICC 维护步骤与流程

程序	规范项目	分值	得分
操作前的准备(15 分)	1. 仪表端庄,着装整洁,剪指甲	2	
	2. 评估 (1) 查看维护记录:换药日期、导管长度、外露长度等 (2) 患者病情、一般状况(神志、出凝血)、配合程度 (3) 穿刺点:有无肿胀、压痛、渗血及渗液 (4) 导管:长度、有无移动、脱出 (5) 敷料:有无潮湿、松脱、污染	6	
	3. 洗手,戴口罩	2	
	4. 用物准备　治疗车、治疗盘、换药包(碘伏棉球、无菌手套、无菌纱布 3 块、弯盘 2 个、镊子 2 个)、洗手液、无菌用品(无菌胶带、透明敷贴、输液接头、无菌手套、生理盐水、75% 乙醇、20mL 注射器、一次性治疗巾)、其他:软尺、笔、维护记录单、垃圾桶、松节油(必要时)	5	
操作流程(70 分)	1. 携用物至床旁,核对床号、姓名,向患者解释。告知患者配合方法,取得配合 2. 测臂围	3	
	3. 协助患者取舒适体位,患者手臂下垫治疗巾	3	
	4. 换药 (1) 去除敷料:揭除透明敷贴时应按压穿刺口导管,以 0° 角松开敷料边缘,自下而上 180° 角去除贴膜。观察:穿刺点有无发红、肿胀、渗血及渗液。导管:长度、有无移动、脱出或进入体内	5	

续表

程序	规范项目	分值	得分
操作流程(70 分)	(2) 洗手:快速手消液六步洗手法洗手,时间 15s	2	
	(3) 打开换药包,按无菌操作原则投入所需物品,戴无菌手套,20mL 注射器抽吸生理盐水,并预冲新输液接头,备用	5	
	(4) 消毒:(取下固定翼清洗备用)以穿刺点为中心,上下各 10cm,两侧至臂缘。先用 75% 乙醇避开穿刺点清洁脱脂。再用 2% 碘酊以穿刺点为中心,按压片刻,由内向外螺旋式涂擦 1 遍,待干后用 75% 乙醇脱碘 3 遍,待干	8	
	5. 更换肝素帽 纱布包裹取下原有肝素帽,酒精纱布消毒导管接头横切面及外围,至少 15s,连接输液接头,确保连接紧密	8	
	6. 冲管、封管 用生理盐水,正压封管。用吸好生理盐水的注射器连接输液接头,确认导管在血管内,然后以脉冲方式冲洗导管,剩下 0.5~1mL 时正压方式退出注射器(必要时使用肝素钠封管液封管)	14	
	7. 覆盖敷料 在离穿刺点 0.5cm 处装上固定翼,导管体外部分呈 S 形弯曲放置,用无菌胶布固定固定翼及连接器。使用透明贴膜应注意将贴膜中心对准穿刺点,单手无张力放置,交叉固定一条无菌胶带 8. 洗手,注明置管、更换敷料、更换接头装置日期固定在敷贴上	12	
	9. 询问患者对操作的感受,协助患者取舒适体位,整理用物及床单位,致谢	4	
	10. 洗手,填写维护记录单	3	
	11. 按消毒技术规范要求分类整理使用后物品	3	
操作后评价(15 分)	1. 正确指导患者 (1) 告知患者擦身淋浴时,注意保护导管部位,防止水渗入敷料引起感染 (2) 告知患者严禁自行移动导管,可适度抬高置管侧肢体,避免导管随置管侧肢体过度屈伸、外展、旋转运动而增加对血管内壁的机械性刺激 (3) 告知患者避免长时间压迫置管侧肢体,防止导致血液流动缓慢 (4) 指导患者观察自身有无出血倾向(如发生牙龈出血、皮肤轻微磕碰后淤青等现象)及置管侧肢体有无出现酸胀、疼痛等不适感,如有应及时告诉护士,以便及时处理	6	
	2. 言语通俗易懂,态度和蔼、沟通有效	4	
	3. 全过程动作熟练、规范,符合操作原则	5	
总分			

（二）注意事项

1. PICC 置管次日进行维护。

2. 常规维护应根据敷料的类型来决定中心静脉导管的维护频率。无菌透明贴膜应至少每 7d 更换 1 次。纱布敷料应至少每 2d 更换 1 次。

3. 如果穿刺部位出现渗液、疼痛或者感染的其他症状以及敷料失去完整性、移位，应尽快更换敷料进行维护。

4. 输血或血液制品、输全肠外营养后及抽回血后需立即冲管，输液结束冲管并正压封管。

5. 零角度去除原有敷料，注意切忌将导管带出体外。

6. 禁止使用小于 10mL 的注射器冲、封管。

7. 禁止将胶布直接贴于导管上。

8. 禁止将体外导管部分人为地移入体内。

9. 禁止接头重复使用。

10. 固定导管时采取无张力粘贴，以降低皮肤张力。

11. 一旦发现导管堵塞，不可强行推注液体，否则有导管破裂或导管栓塞的危险。应先检查导管夹是否关闭，是否打折，排除以上因素后，若为不完全堵塞，可遵医嘱先肝素化，再使用尿激酶溶解导管内的血凝块，严禁将血块推入血管。

七、经外周静脉置入中心静脉导管常见并发症的预防与处理

PICC 常见并发症的预防与处理，见表 9-4。

表 9-4　PICC 常见并发症的预防与处理

并发症	预防	处理
静脉炎	1. 选择合适型号的导管，尽量选择贵要静脉穿刺 2. 选用无粉手套 3. 送管动作轻柔 4. 抬高患肢（常规置管后 2 周内置管侧手臂上方湿热敷或选用水胶体敷料外敷），配合握力增加握拳松拳活动，加快血流速度，促进静脉回流，缓解症状 5. 血栓性静脉炎　掌握适应证，建议穿刺部位选择在肘关节以上，确保导管尖端位置在上腔静脉下 1/3	1. 彩超确诊，遵医嘱行溶栓治疗，或拔除导管 2. 发生机械性静脉炎时，加强热敷或选用水胶体敷料外敷，适当活动
导管相关性感染	1. 接触患者导管前后应洗手，并注意无菌操作 2. 使用适当的一次性免缝导管固定装置 3. 按时按要求消毒、更换敷料和接头 4. 导管滑出体外的部分不能再推入血管	1. 血培养呈阳性且找不到其他感染源，而患者感染症状持续，应遵医嘱拔管 2. 按医嘱给予局部或静脉应用抗生素对症处理

续表

并发症	预防	处理
导管堵塞	1. 给予脉冲方式冲洗导管,遵守正确的冲管液、冲管容量及冲管频率的规定,正压封管 2. 妥善固定,防止导管打折、盘绕或其他受损,必要时复查胸部 X 线片 3. 应经常观察有无导管内回血,如有应及时处理。使用肝素液封管、连接正压接头可有效预防导管堵塞	1. 血凝性堵塞溶栓方法 (1) 去除肝素帽,换上预冲好的三通,三通一直臂连接导管,另一直臂接尿激酶溶液 2mL(5 000U/mL)侧臂接 20mL 注射器 (2) 先使导管与侧臂相通,回抽注射器活塞 3~5mL,然后迅速使三通两直臂相通,导管内的负压会使尿激酶溶液进入管内 (3) 15min 后回抽,将导管中的药物和溶解掉的血液抽出 (4) 用 20mL 生理盐水,以脉冲方式彻底冲洗导管 (5) 可重复几次以上的操作使导管通畅 2. 如果仍然不能溶解堵塞物,拔出导管
穿刺点渗液、渗血	1. 确保导管尖端位置在上腔静脉,避免形成纤维蛋白鞘 2. 选择肘关节下两横指或肘上的位置进针,导管能在皮下走一小段再进血管可能会减少渗血 3. 超声引导上臂穿刺置管要避免损伤淋巴管	1. 渗血量多且持续渗血 换药并用弹力绷带加压包扎,并暂时减少手臂的活动 2. 遵医嘱拔出、更换导管
导管破损或断裂	1. 禁止在导管上贴胶布,聚氨酯材质导管应减少与乙醇接触,防止导管老化破裂 2. 妥善固定,避免出现导管折痕破裂 3. 硅胶材质的导管应避免高压推注导致导管破裂	1. 导管体外部分破损 应根据情况(X 线摄片后评估导管尖端位置情况)决定是修复还是拔管 2. 导管断裂、脱落 及时通知医生;限制患者活动。摄 X 线片确认导管断端的位置。静脉切开取出或在数字减影血管造影(DSA)下通过介入方法用抓捕器取出
导管拔除困难	1. 遵循导管使用说明书,控制导管使用期限 2. 导管末端保持在适宜位置,防止血栓形成 3. 轻柔、缓慢地逐渐拔除导管,感觉有阻力时应停止撤管	1. 嘱患者保持平静 2. 局部热敷 20~30min,缓慢拔除 3. 持续性的拔除阻力应考虑行放射检查,排除感染、血栓形成或导管打结 4. 必要时通知医生手术处理

第二节 中心静脉导管

一、概念

中心静脉导管(非隧道式)(central venous catheter,CVC)是经锁骨下静脉、颈内静脉、股静脉置管,尖端位于上腔静脉或下腔静脉的导管。使用中心静脉导管的患者一般需静脉治疗数天至数周。

二、使用范围

(一)适应证

1. 危重及大手术患者。
2. 全肠外营养患者。
3. 输注刺激性和腐蚀性的药物。
4. 监测中心静脉压。

(二)禁忌证

1. 局部皮肤有破损或感染。
2. 有出血倾向者。

三、维护操作流程与步骤

CVC 维护流程及评分标准见表 9-5。

表 9-5　CVC 维护流程及评分标准

项目	维护操作流程	分值	得分
操作前(15分)	1. 环境准备 (1)保持病房环境整洁安静,室温适宜,光线充足,30min 内不应实施清扫 (2)保护患者隐私(准备围帘或屏风等) (3)无关人员离开穿刺操作现场	5	
	2. 操作人员准备 (1)查对医嘱 (2)评估穿刺点和导管情况 (3)洗手或卫生手消毒,戴一次性医用外科口罩	5	
	3. 物品准备　治疗车、消毒剂、维护无菌包、注射器(10mL 以上)或预冲式导管冲洗器、10cm×10cm 以上无菌透明敷料、输液接头、生理盐水和 10U/mL 肝素生理盐水等	5	
操作中(74分)	1. 携用物至床旁,核对患者信息,采用两种以上方式进行核对,解释操作目的以取得合作,摆体位,暴露穿刺部位	3	
	2. 揭开固定输液接头的胶布,去除胶痕,用酒精棉签清洁输液接头下皮肤	3	
	3. 卸下旧接头	2	
	4. 手消毒,打开无菌包,戴一次性医用无菌手套	4	

续表

项目	维护操作流程	分值	得分
操作中(74 分)	5. 取出预充式导管冲洗器,释放阻力或 10mL 生理盐水连接新输液接头,排气备用	6	
	6. 使用符合要求的消毒棉棒 / 棉片,用一定力度摩擦 CVC 导管连接口横断面、周围侧面≥ 15s	8	
	7. 连接新的输液接头,抽回血,生理盐水脉冲式冲管,10U/mL 肝素 5mL 正压封管	8	
	8. 将患者皮肤表面的贴膜"0°"角平拉,自下向上揭去贴膜	5	
	9. 脱手套	2	
	10. 手消毒,戴一次性医用无菌手套	5	
	11. 向上提起导管,避开穿刺点直径 1cm 处,用酒精棉棒 / 棉球按顺 - 逆 - 顺时针消毒皮肤,消毒范围≥ 15cm;放平导管,用碘伏(或氯己定)棉签 / 棉球以穿刺点为中心顺 - 逆 - 顺时针消毒皮肤及导管,消毒面积直径≥ 15cm	20	
	12. 使用无菌透明、透气性好的敷料覆盖穿刺点,以穿刺点为中心无张力固定,塑形,胶布交叉固定,注明更换时间,护士签名脱手套,洗手	8	
操作后(11 分)	1. 协助患者取舒适体位,告知注意事项	4	
	2. 整理用物,垃圾分类处理	3	
	3. 再次核对患者信息,签字并做好记录	4	

四、中心静脉导管常见并发症的预防与处理

CVC 常见并发症的预防与处理,见表 9-6。

表 9-6　CVC 常见并发症的预防与处理

并发症	预防	处理
堵管	对过于稠厚的液体如脂肪乳剂,应用生理盐水冲管(重力输注不能代替脉冲式冲管)	发生血凝性堵管时,严禁用力推注,防止血栓意外
滑脱	1. 导管固定时确保固定在位 2. 清晰告知患者及家属相关注意事项	1. 立即通知医生拔除中心静脉导管 2. 用无菌纱布按压穿刺点并密闭 24h
渗血	1. 操作结束注意按压穿刺点止血 2. 穿刺后注意观察穿刺点	1. 渗血严重者使用纱布辅料 2. 纱布辅料必须每 48h 更换,如有渗血污染必须立即更换 3. 有凝血功能障碍的患者要予以对症治疗

续表

并发症	预防	处理
导管相关性感染	置管、使用、维护过程中应严格执行无菌操作	1. 立即拔除 CVC 2. 遵医嘱应用抗生素 3. 拔除的导管应做培养,指导临床用药

第三节　植入式给药装置维护技术

一、定义

植入式静脉输液港(implantable venous access port)是一种较新的输液管路技术,简称输液港(PORT),是一种完全植入的、埋植于人体内的闭合输液系统。其包括尖端位于上腔静脉的导管部分及埋植于皮下的注射座。

二、使用范围

(一) 适应证

1. 长期反复输注腐蚀性、刺激性药物的患者。
2. 需长期肠外营养支持的患者。
3. 需长期和 / 或间断输液和 / 或输注血液制品的患者。
4. 需反复抽血检验的患者。
5. 外周静脉条件差,难以建立外周静脉通路的患者。
6. 与其他静脉通路相比,更愿意接受静脉输液港的患者。

(二) 禁忌证

1. 绝对禁忌证
(1) 病情严重,不能耐受和 / 或配合手术的患者。
(2) 菌血症或手术部位局部感染未控制的患者。
(3) 已知对静脉输液港材料过敏的患者。
(4) 安装心脏起搏器侧肢体。
(5) 存在静脉回流异常的状况,如上腔静脉压迫综合征、穿刺靶血管有血栓形成。
2. 相对禁忌证
(1) 有出血风险的患者,比如正在服用抗凝药物或凝血功能异常未纠正。
(2) 对于仅有一侧健肺的患者,应避免在健侧肺盲目穿刺(一旦发生严重气胸或血胸者,没有代偿)。
(3) 手术部位有放疗史。
(4) 置管侧肢体做过淋巴清扫术的患者。

三、维护操作流程与步骤

植入式静脉输液港维护评分表,见表 9-7。

表 9-7 植入式静脉输液港维护评分表

项目	要求	分值	得分
素质要求	着装整洁,仪表大方,举止端庄;语言柔和恰当,态度和蔼可亲	2	
操作前准备	1. 洗手、戴口罩	2	
	2. 备齐用物,放置合理	2	
	3. 患者解释、核对	2	
评估	1. 了解输液港植入侧的肢体活动情况,有无疼痛等	2	
	2. 检查输液港周围皮肤有无压痛、肿胀、血肿、感染、浆液、脓肿等	2	
	3. 观察隧道情况,同侧胸部、颈部静脉及四肢有无肿胀	2	
	4. 触摸输液港轮廓,检查底座有无翻转	2	
操作过程	1. 携用物至床旁,核对床号、姓名	2	
	2. 询问酒精、碘伏过敏史	2	
	3. 暴露输液港穿刺部位,确认港座位置	2	
	4. 洗手,打开换药包,将注射器、无损伤针等物品放入无菌区	2	
	5. 戴无菌手套	2	
	6. 无损伤针连接 10mL 生理盐水,预冲夹闭延长管	5	
	7. 以穿刺点为中心,先用 75% 乙醇棉棒,由内向外,顺时针、逆时针交替螺旋消毒 3 遍,消毒范围 10cm×12cm,再用 1% 碘伏或 2% 葡萄糖酸氯己定(CHG)消毒,重复以上步骤。待干	5	
	8. 非主力手的拇指、示指和中指固定港座	5	
	9. 主力手持无损伤针,自三指中心垂直刺入,直达储液槽底部	5	
	10. 2mL 注射器抽回血,确认针头是否在输液港内及导管是否通畅,若抽吸顺利,弃掉	5	
	11. 10mL 生理盐水脉冲式冲管	2	
	12. 冲管方法 脉冲式冲管手法,使液体在导管内产生湍流,以利于冲刷干净储液槽及导管壁残留液体	5	
	13. 封管方法 注射最后 0.5mL 溶液时慢慢取出无损伤针,以维持系统内正压	5	
	14. 无损伤针下垫适宜厚度的方纱	2	
	15. 无张力覆盖透明贴膜,固定无损伤针	2	
	16. 胶布固定延长管,高举平台法固定输液接头	2	
	17. 注明换药者姓名、日期和时间	2	

续表

项目	要求	分值	得分
拔针	1. 撕除敷贴,检查局部皮肤	4	
	2. 左手两指固定港座,右手拔针,方纱按压至不出血为止	4	
	3. 碘伏棉签消毒拔针部分	3	
	4. 输液贴(或止血贴)覆盖穿刺点	3	
操作后	1. 记录及时,项目齐全	1	
	2. 清理用物,按要求处理各类物品	1	
	3. 患者教育	1	
熟练程度	动作轻巧、准确、稳重、安全,无菌概念强	2	
相关理论	并发症处理、健康宣教	10	
总得分		100	

四、观察要点

1. 针头必须垂直刺入,以免针尖刺入输液港侧壁。

2. 穿刺动作轻柔,感觉有阻力不可强行进针,以免针尖与注射座底部推磨,形成倒钩。

3. 置入蝶翼针每 7d 更换 1 次。

4. 使用 10mL 以上注射器进行注射。

5. 输注血液制品或抽血后,须用 20mL 生理盐水以脉冲方式冲洗管道。

6. 使用 2 种以上不同药物时,应使用 10mL 以上生理盐水以脉冲方式对输液港进行适时的冲洗,以防止因药物化学成分不同而产生的沉淀。

7. 经由管路加药或冲洗时应使用 10mL 以上注射器,以减少压力过大损伤导管。

8. 若回抽血液不顺时,建议采用以下几种方式处理:以生理盐水冲洗输液港;请患者改变姿势并咳嗽;转动针头方向;请患者做深呼吸动作。

9. 重视夹闭综合征的临床表现,如抽血困难、冲管或输液时有阻力,且与患者体位、手臂或肩关节的活动有关。置管侧肩部后旋或手臂上举、仰卧时会有所改善。

第四节　静脉化疗给药技术

一、静脉化疗定义

静脉注射化疗药物,即通过静脉使化疗药物直接进入血液循环,能最大限度减少个体差异对于化疗药物吸收的影响,从而确保药物足剂量地到达全身。

二、化疗前静脉的评估程序

1. 与医师沟通，了解化疗方案及疗程，评估药物的刺激性及毒性药物的 pH 和渗透压。

2. 清楚血管壁解剖、周围组织结构及患者疾病的整体情况，掌握静脉管腔的直径、出凝血时间等。

3. 综合分析以上各因素，进行血管的风险评估及合理选择输液路径，即根据不同的患者及药物选择不同的血管、输液路径和工具。

(1) 刺激性及毒性强的药物：如多柔比星、表柔比星、柔红霉素以及长春新碱、依托泊苷、紫杉醇、博来霉素、大剂量顺铂等。

1) 宜选用中心静脉导管路径：疗程短者可选用 CVC 或 PICC，疗程长者宜选用 PORT。

2) 实行化疗前谈话告知制度：化疗前常规谈话，告知患者及家属在化疗中可能出现的不良静脉反应及最佳静脉化疗路径的选择。如果患者同意进行 PICC 置管，则签署 PICC 置管知情同意书并进行 PICC 置管。

(2) pH 4.1~9 的药物，如氟尿嘧啶、长春瑞滨等宜选用中心静脉路径。疗程短者可选用 CVC 或 PICC，疗程长者宜选用 PORT。

三、化疗药物静脉给药的方法

1. **静脉推注法**   用于刺激性比较小的药物。药液稀释溶解后更换针头，不再排气。注射时速度宜慢，确保针头在血管内，定时检查回血情况。注射前后用生理盐水冲洗静脉通路。

2. **静脉冲入法**   静脉冲注药物均为刺激性较强的抗肿瘤药。

(1) 应用氮芥时应注意待输液通畅后再配制药物，因为氮芥稀释后，药物作用时间只有 5~8min，随即氧化而失效且刺激性强，因此要求 2~3min 从输液器加药侧管冲入药物，并立即冲入葡萄糖液。

(2) 输注长春碱前后可给予地塞米松或普鲁卡因，输完长春碱后继续输生理盐水 250mL 冲洗静脉。

(3) 输注长春瑞滨前后，以生理盐水 + 地塞米松冲洗静脉。

(4) 采用联合给药时，一般间隔 20~30min，防止 2 种药物混浊。

3. **静脉滴注法**   药物稀释后加入液体静脉滴注，以此维持血液中有效药物浓度。

4. **电子化疗泵持续静脉注射法**   电子化疗泵是一种轻便的可随身携带的输注装置，可用于持续输注化疗药物。由于化疗泵内的药物剂量大、浓度高，对外周静脉的刺激性大，静脉炎的发生率很高，而且患者需要持续 22~96h 静脉输注，如果采用外周静脉穿刺，很容易导致药物渗漏，因此一般选用 CVC 或 PICC 或 PORT。在使用中应注意：

(1) 输入的速度计算要准确：根据药物总量和所需要的时间计算输入速度。如 250mL 药物需要输注 22h，则输入速度约为 11.4mL/h。

(2) 排尽空气：在排气的过程中如果不注意，储药袋和泵延长管很容易残留细小的气泡，在泵运行的过程中常常会报警而停止运行，造成患者紧张情绪。

(3) 保持管路通畅：化疗泵延长管较细长，稍不注意会造成打折或扭曲，影响输注的正常运行。因此要向患者交代用泵期间活动及日常生活的注意事项,经 PICC 输注时需注意预防堵管,每 8h 用生理盐水冲洗导管 1 次。

（4）严格床边交接班:由于输注速度缓慢,如液体泵入速度、剂量及余量仅凭肉眼观察难以判断;因此应严格床边交接班,查看泵的运行情况、泵入的速度、剂量、余量、起止时间等,并记录在护理记录和交班本上。

四、静脉输注化疗药物应注意的问题

1. 从事肿瘤专业护士必须充分了解化疗药物的作用机制、常规剂量、给药途径以及毒副作用;熟练掌握给药方法、给药顺序、用药的注意事项以及出现各种不良反应的处理方法。使用每种新化疗药物前应详细阅读说明书。

2. 评估患者对于治疗的理解水平,并给患者/看护者提供与抗肿瘤治疗有关的宣教,包括其作用机制、潜在的副作用、需要报告的症状和体征。

3. 在每个治疗周期前评估患者,包括检查分析目前实验室检查数据及诊断性测试结果、当前的用药清单（包括非处方药和补充替代疗法）、治疗前的生命体征和体重、预期治疗的副作用以及有无出现新的体征或毒性症状。

4. 对于在医疗环境中使用抗肿瘤药物的临床工作者而言,要确保个人防护装置（PPE）和工程控制技术都准备完毕。抗肿瘤药物属于危险药物,而且用于减少药物暴露风险的政策和流程也要准备到位。

5. 严格核对医嘱,包括药物名称（国产或进口）、剂量、给药途径、速度及时间。使用标准化医嘱、标准化剂量计算、明确给药剂量的极限、智能泵（如静脉泵等）。

6. 对于初次化疗患者做好宣教,取得患者合作,避免药物渗漏。

7. 采用正确的化疗药物溶媒,详细阅读药物说明书。

8. 经 CVC 或 PICC 或 PORT 给药时,需确认导管头端位于上腔静脉内方可给药。

五、抗肿瘤药物职业防护

1. 使用抗肿瘤药物的环境中可配备溢出包,内含防水隔离衣、一次性口罩、乳胶手套、面罩、护目镜、鞋套、吸水垫及垃圾袋等。

2. 给药时,操作者宜戴双层手套和一次性口罩;静脉给药时,宜采用全密闭式输注系统。

3. 配药时,操作者应戴双层手套（内层为 PVC 手套,外层为乳胶手套）一次性口罩;宜穿防水、由无絮状物材料制成、前部完全封闭的隔离衣;可佩戴护目镜;配药操作台面应垫以防渗透吸水垫,污染或操作结束时应及时更换。所有抗肿瘤药物污染物品应丢弃在有毒性药物标志的容器中。

4. **抗肿瘤药物外溢处理步骤**　①操作者应穿戴个人防护用品;②应立即标明污染范围,粉剂药物外溢应使用湿纱布垫擦拭,水剂药物外溅应使用吸水纱布垫吸附,污染表面应使用清水清洗;③如药液不慎溅在皮肤或眼睛内,应立即用清水反复冲洗;④记录外溢药物名称、时间、溢出量、处理过程及受污染人员。

参考文献

[1] 陈新谦,金有豫,汤光.陈新谦新编药物学[M].18版.北京:人民卫生出版社,2018.

[2] DERMODY E.Nurse Coaching Providing Holistic Care to Patients With Cancer[J].Clin J Oncol Nurs,2021,25(3):237-239.

[3] 童荣生,李刚,陈岷.药物比较与临床合理选择·肿瘤分册[M].北京:人民卫生出版社,2018.

[4] 王英,成琴琴,魏涛,等.肿瘤专科安宁疗护病房的建设与实践[J].中国护理管理,2019,19(6):806-810.

[5] 羊波,赵云,孟爱凤,等.对晚期肿瘤患者实施多学科护理团队安宁疗护研究[J].护理学杂志,2018,33(24):1-4.

[6] 张海霞.探讨人文关怀护理对乳腺癌围手术期患者自我护理能力的影响[J].中国医药指南,2020,18(1):199-200.

[7] BLACKBURN LM,Abel S,GREEN L,et al.The use of comfort kits to optimize adult cancer pain management[J].Pain Manag Nurs,2019,20(1):25-31.

[8] CHOW K,DAHLIN C.Integration of palliative care and oncology nursing[J].Semin Oncol Nurs,2018,34(3):192-201.

[9] 中国抗癌协会肿瘤临床化疗专业委员会,中国抗癌协会肿瘤支持治疗专业委员会.肿瘤药物治疗相关恶心呕吐防治中国专家共识(2019年版)[J].中国医学前沿杂志(电子版),2019,11(11):16-26.

[10] 侯友贤.肿瘤放疗并发症防治[M].北京:人民军医出版社,2008.

[11] 胡雁,陆箴琦.实用肿瘤护理[M].2版.上海:上海科学技术出版社,2013.

[12] 强万敏,姜永亲.肿瘤护理学[M].天津:天津科技翻译出版有限公司,2016.

[13] 闻曲,成芳,李莉.实用肿瘤护理学[M].2版.北京:人民卫生出版社,2016.

[14] 徐波,陆宇晗.肿瘤专科护理[M].北京:人民卫生出版社,2018.

[15] 陈璐,邬淑雁,邓志鸿.肿瘤科实用护理手册[M].上海:第二军医大学出版社,2010.

[16] 陈佩娟,周宏珍.放疗科护理健康教育[M].北京:科学出版社,2018.

[17] 邹艳辉,周硕艳,李艳群.实用肿瘤疾病护理手册[M].北京:化学工业出版社,2018.

[18] ROCK CL,THOMSON CA,SULLIVAN KR,et al. CA cancer[J]. J Clin,2022,72(3):230-262.

[19] 毛燕君,许秀芳,杨继金.介入治疗护理学[M].北京:人民军医出版社,2007.

[20] 肖书萍,陈冬萍,熊斌.介入治疗与护理[M].3版.北京:中国协和医科大学出版社,2016.

[21] 荆羽萌,赵海潮,肖虹.精准细胞免疫治疗中肿瘤新抗原相关研究进展[J].现代肿瘤医学,2020,28(5):847-850.

[22] 刘丹丹,韩雷,于津浦.肿瘤免疫治疗疗效和预后相关生物标志物的研究进展[J].中国肿瘤生物治疗杂志,2019,26(10):1148-1155.

[23] 魏晓婷,斯璐.肿瘤的联合免疫治疗[J].医药导报,2020,39(8):1063-1067.

[24] 张艳.生物治疗在肿瘤综合治疗中的作用[J].医学综述,2013,19(19):3507-3510.

[25] 赵静,苏春霞.肿瘤免疫治疗联合化学治疗的现状与未来[J].医药导报,2020,39(8):1084-1088.

[26] MIEST TS,CATTANEO R.New viruses for cancer therapy: meeting clinical needs[J].NatureRev Microbiol,2014,12(1):23-34.

[27] ZHANG J,WANG Y,WU Y,et al.Mannan-modified adenovirus encoding VEGFR-2 as a vaccine to induce anti-tumor immunity[J].J Cancer Res Clin,2014(140):701-712.

[28] 罗荣城,李爱民.肿瘤生物治疗学[M].2版.北京:人民卫生出版社,2015.

[29] 宋鑫,侯建红,谭晶.肿瘤生物治疗技术[M].北京:人民卫生出版社,2014.

[30] 余生,杨智慧,刘杰,等.肿瘤生物治疗现状与护理进展[C].//奉献天使心,共筑护理梦:广东省2013年护理学术年会(第二会场)论文集,2013.

[31] 张锴婷,陈乃涵.生物药在肿瘤治疗领域的临床研究进展[J].中国临床药理学与治疗学,2020,25(1):32-43.

[32] ISHIKAWA E,TAKANO S,OHNO T,et al.Adoptive cell transfer therapy for malignant gliomas[J].Adv Exp Med Biol, 2012(746):109-120.

[33] YANG B,LU XC,YU RL,et al.Repeated transfusions of autologous cytokine- induced killer cells for treatment of haematological malignancies in elderly patients: a pilot clinical trial[J].Hematol Oncol,2012,30(3):115-122.

[34] 黄晓军.实用造血干细胞移植[M].北京:人民卫生出版社,2014.

[35] 尤黎明,吴瑛.内科护理学[M].6版.北京:人民卫生出版社,2017.

[36] 谭石,张武,王金锐.高强度聚焦超声的原理及临床应用[J].中华医学超声杂志(电子版),2006,3(5):312-315.

[37] 王文见.超声治疗肿瘤与免疫[J].国外医学·肿瘤学分册,1998(6):347-349.